铁路货车技术与管理研究

李建勋　周志国　许磊　著

吉林科学技术出版社

图书在版编目（CIP）数据

铁路货车技术与管理研究 / 李建勋, 周志国, 许磊著. -- 长春：吉林科学技术出版社, 2023.3
ISBN 978-7-5744-0330-7

Ⅰ. ①铁… Ⅱ. ①李… ②周… ③许… Ⅲ. ①铁路车辆－货车－技术管理－研究 Ⅳ. ①U272

中国国家版本馆 CIP 数据核字(2023)第 066160 号

铁路货车技术与管理研究

著	李建勋　周志国　许　磊	
出 版 人	宛　霞	
责任编辑	冯　越	
封面设计	正思工作室	
制　　版	林忠平	
幅面尺寸	185mm×260mm	
开　　本	16	
字　　数	360 千字	
印　　张	16	
印　　数	1－1500 册	
版　　次	2023年3月第1版	
印　　次	2024年1月第1次印刷	

出　　版　吉林科学技术出版社
发　　行　吉林科学技术出版社
地　　址　长春市福祉大路5788号
邮　　编　130118
发行部电话/传真　0431-81629529 81629530 81629531
　　　　　　　　　81629532 81629533 81629534
储运部电话　0431-86059116
编辑部电话　0431-81629518
印　　刷　廊坊市印艺阁数字科技有限公司

书　　号　ISBN 978-7-5744-0330-7
定　　价　90.00元

版权所有　翻印必究　举报电话：0431-81629508

前 言

我国铁路货车经过几十年的发展，以技术创新为主线，以管理创新为保障，覆盖铁路货车制造、检修、技术管理等各个领域，形成了独具中国特色的铁路货车技术与管理体系，促进了我国铁路货车全面快速发展，为国民经济和铁路运输的发展做出了重要贡献。近年来，我国陆续出台了一系列相关政策，支持、规范行业的发展，为我国铁路运输行业的发展提供了良好的政治环境。相关政策提出深化铁路市场化改革，促进铁路运输市场主体多元化，研究推进铁路、港口、航运等企业股权划转和交叉持股，规范道路货运平台企业经营，建立统一开放、竞争有序的运输服务市场。随着铁路货运的发展加快，为了保障铁路货车的正常运行与工作，工作人员需要及时对货车进行技术维护与管理，加强对货车技术的监控与质量把握是重要的环节。

本书内容针对目前铁路货车技术与管理系统运行情况，结合实际的工作经验，就铁路货车技术与管理展开深入现状，并对其所存在的问题进行分析，提出对应的对策。内容安排上首要从铁路货车制造技术介绍入手，针对铁路货车检修技术、铁路货车研发与制造技术、铁路货车制动装置技术、铁路货车纵向缓冲技术以及铁路货车轮轴应用制造技术进行了分析研究；另外对铁路货车技术管理系统应用进行了重点探究，分析其货车技术管理系统技术以及货车技术管理系统实践方案等相关内容，旨在摸索出一条适合铁路货车技术与管理工作创新的科学道路，帮助其工作者在应用中少走弯路，运用科学方法，提高效率。

铁路货运是国家战略性、先导性、关键性重大基础设施，是国民经济大动脉、重大民生工程和综合交通运输体系骨干，在经济社会发展中的地位和作用至关重要，在服务和支撑中国式现代化建设中肩负着重要使命和重大责任。因此，本书在编写的过程中，为确保本书的专业性与前瞻性，作者参考借鉴了铁路货车技术领域专家的研究成果，在此向铁路货车技术的先行者们表示诚挚的谢意，未来，让我们共同见证中国铁路货车技术的发展与开展，继续为铁路货车技术领域贡献力量！

编委会

李　鹏　张盈浩

目 录

第一章 铁路货车技术综述 …………………………………………………… (1)
  第一节 铁路货车概述 ……………………………………………………… (1)
  第二节 铁路货车分类及组成 ……………………………………………… (9)
  第三节 我国铁路货车技术发展 …………………………………………… (12)

第二章 铁路货车结构知识 …………………………………………………… (16)
  第一节 铁路货车的车体 …………………………………………………… (16)
  第二节 货车车钩缓冲装置 ………………………………………………… (23)
  第三节 货车转向架 ………………………………………………………… (29)

第三章 铁路货车检修技术 …………………………………………………… (44)
  第一节 铁路货车检修概述 ………………………………………………… (44)
  第二节 铁路货车检修技术组织 …………………………………………… (59)
  第三节 KV80型煤炭漏斗车技术 ………………………………………… (75)
  第四节 KV80型煤炭漏斗车检修 ………………………………………… (102)

第四章 铁路货车研发与制造技术 …………………………………………… (121)
  第一节 铁路货车研发技术 ………………………………………………… (121)
  第二节 铁路货车制造技术 ………………………………………………… (134)

第五章 铁路货车制动装置技术 ……………………………………………… (142)
  第一节 货车制动装置概念 ………………………………………………… (142)
  第二节 货车空气制动机 …………………………………………………… (144)
  第三节 人力制动机及基础制动装置 ……………………………………… (162)

第六章 铁路货车运用技术 …………………………………………………… (169)
  第一节 铁路货车运用技术介绍 …………………………………………… (169)
  第二节 铁路货车技术检查和修理 ………………………………………… (173)
  第三节 铁路货车动态检测 ………………………………………………… (176)

第七章 铁路货车技术管理系统应用 ………………………………………… (189)
  第一节 铁路货车安全管理理念 …………………………………………… (189)
  第二节 铁路货车安全管理责任与制度 …………………………………… (201)
  第三节 铁路货车安全管理实践 …………………………………………… (227)

参考文献 ………………………………………………………………………… (247)

第一章 铁路货车技术综述

第一节 铁路货车概述

铁路货车是铁路运输的重要装备。铁路货车运用维修（以下简称：货车运用）工作是铁路运输的重要组成部分，处在确保运输安全畅通的重要环节，做好铁路货车运用工作，是保证行车安全，加快铁路货车周转，完成铁路运输任务的重要基础保障。铁路货车运用工作采用全国统一的技术管理体系，列检作业场分布在全国各地，按照统一的技术标准对铁路货车进行列车技术检查和修理，保障了铁路货车在全国运用、高效运行、安全要求高等特有条件下的铁路运输生产安全有序。

由于我国大多数的铁路货车具有无固定配属、无固定检修、不固定使用、全国运行等特点和要求，这就造成铁路货车运用工作的艰巨性和复杂性，并决定了铁路货车运用工作要着眼于无固定配属使用的基点上，具有安全要求高、列车密度大、作业时间短、工作环境差、故障形式多等特点。为此，铁路货车运用工作必须建立完善的铁路货车运用管理体系，实行科学的生产管理办法，配备先进的检修设备，制定严格的规章制度，全面适应运输发展以及铁路货车新技术、检测新技术不断进步的实际，维护运用铁路货车符合规定的运用质量技术标准，为铁路运输提供质量可靠的铁路货车，满足运输生产安全畅通，保证列车安全正点运行。

一、铁路与铁路货车的发展

(一) 我国铁路的发展

我国铁路迄今已有100多年的历史,我国铁路建设成就辉煌,铁路通车里程增长8倍,旅客发送量增长14倍,货物发送量增长58倍;我国铁路以占世界铁路6%的营业里程,完成了世界铁路25%的货运周转量,旅客周转量、货物发送量、换算周转量、铁路运输密度均占世界第一,为社会经济又好又快发展提供了强大的运力支撑。

(二) 铁路货车管理体制

铁路货车管理体制是规定在铁道部的统一管理指导下,铁路主管部门、运输企业、造修企业、研究单位等相关机构在铁路货车管理方面的管理范围、权限职责、利益及其相互关系的准则,它的核心是管理机构的设置。

我国铁路货车管理遵循的最主要的法律法规是《中华人民共和国铁路法》、《铁路运输安全保护条例》、《铁路交通事故应急救援和调查处理条例》等,《铁路技术管理规程》是我国铁路货车技术管理的根本性指导文件,作为专业管理,还制定执行《铁路货车厂修规程》、《铁路货车段修规程》、《铁路货车站修规程》、《铁路货车运用维修规程》、《铁路货车轮轴组装、检修及管理规则》、《铁路货车制动装置检修规则》等专业性技术管理规程、规则,以及相关技术管理标准、文件等。

(三) 铁路货车检修制度

我国铁路货车目前实行"日常检查、定期检修"的检修制度。在预防性计划修的框架内,开展状态修、换件修和主要零部件的专业化集中修,推广先进检测诊断手段和维修装备,形成运用、检修的现代化管理体系。定期检修指厂修、段修、辅修、轴检;日常检查修理则指列检和摘车临修、不摘车列车队修理。

目前,我国绝大多数铁路货车定期检修修程只有厂、段修两级,实行厂修、段修两级定期检修和列检、临修相结合的检修制度。如今,我国铁路货车的检修制度正处于由预防性计划修向计划性换件修转换的起步阶段,随着铁路货车大规模提速改造全面完成和新型铁路货车投入使用,特别是铁路货车技术管理信息系统功能的不断拓展,铁路货车修程的数量在大幅度减少,修程的时间间隔或里程间隔在大幅度延长,最终将实现铁路货车在使用寿命期内进行一次重造+科学换件修的目标。

（四）铁路货车运用工作发展历程

铁路货车运用工作至今已经历了四个阶段的发展，即无序、混乱的早期货车运用工作；到1982年正式颁发第一版《铁路货车运用维修规程》，使铁路货车运用工作步入正轨和得到规范；到2003年颁发的第三版《铁路货车运用维修规程》，大大深化、发展了铁路货车运用工作；再到目前货车安全防范系统的投入使用、货车运用现代化建设的全面推进，使铁路货车运用工作、列检作业方式等发生根本性的变革的阶段。

1. 铁路货车运用管理体系的发展

铁路货车运用管理体系是在对铁路货车运用工作实行一整套科学有效管理方法的基础上建立并发展起来的。它既是货车运用工作实践的理论总结，又对货车运用工作起到重要的指导作用。

2. 铁路货车列检作业布局的发展

生产力布局是指社会物质生产部门在一个国家和地区的空间分布、组合形式以及区域间的经济联系。列检作业场的设置应满足铁路运输安全和运输畅通的需要，根据到达解体列车、编组始发列车、中转列车等作业量及路企直通运输、战略装卸车点建设、机车交路、站场设置、列检安全保证区段、线路情况和铁路货车技术状态等条件进行合理设置，防止列检作业场设置过多或重复进行列检作业。列检作业的间距设置主要有三个依据，一是铁路货车技术结构，二是铁路货车技术可靠性，三是动态检测设备的采用。增大列检作业间距，延长列检安全保证区段，不仅是列检作业水平先进性的标志，更是铁路货车及其主要零部件的设计、制造、修理和与之相配套的管理水平先进性的体现，是铁路货车技术水平的综合体现。

3. 铁路货车运用工作主要任务的发展

铁路货车运用工作的主要任务在于不断适应运输发展以及铁路货车新技术不断进步实际，维护运用铁路货车符合规定的运用质量技术标准，保证列车安全正点运行，满足运输生产需要。

列检是以保证运输的安全性和使用的可靠性为重点，对列车进行检查和维护。列检无固定分解范围，重点是对列车制动系统性能进行试验，加强对基础制动装置、空气制动装置、车钩缓冲装置、轮轴、转向架外观检查，确保铁路货车运用技术状态良好。经列检作业的货物列车，须保证铁路货车各部位状态能安全运行到下一个负责检查该部位的列检作业场。

4. 铁路货车运用基层机构的发展

铁路货车运用工作的基层机构为列检作业场（列检所），其分类设置伴随四版《铁路货车运用维修规程》经历了四个阶段：

第一阶段：1982年2月，列检所的设置根据铁路运输的需要，在保证行车安全的前提下，考虑列车到发及编组工作量、车流方向、机车交路、站场设置、运行区段及线路对铁路货车运行的要求等条件，并考虑便于铁路货车检修，合理地组织布局。既要保证行车安全，也要防止设点过多或重复作业。其具体设置原则为：主要列检所设在列车编组作业量较大的或大量装卸货物的车站。区段列检所设在列车编组作业量较少或中转列车较多的车站。一般列检所设在铁路支线，厂、矿专用线或保证行车安全需要的车站。在接近长大下坡道区间的车站设制动检修所。在主要或区段列检所之间的适当地点，根据需要设轴温检查站，并属列检所领导。主要列检所的设置、撤销和变动均报部批准；区段、一般列检所、制动检修所和轴温检查站由各铁路局自行设置，并报铁道部备案。

第二阶段：1995年8月，列检所按其所处位置及工作性质分为主要列检所和区段列检所。列检所的设置根据铁路运输的需要，在保证行车安全的前提下，考虑列车到达、始发、中转及编组工作量、车流方向、机车交路、站场设置、运行区段及线路对铁路货车的运行要求等条件。同时，充分考虑便于铁路货车检修，合理的作业布局，既要保证行车安全，也要防止设点过多或重复作业。其设置原则为：主要列检所设在列车编组作业量较大的或大量装卸货物的车站。区段列检所设在列车编组作业量较少或中转列车较多的车站。对分散的装卸点（包括对翻车机翻卸前后的铁路货车及出入散装货物解冻库的铁路货车进行技术检查的装卸检修点）可由列检所或装卸检修所派驻检车人员负责铁路货车的技术交接和维修工作。在接近长大下坡道的车站设制动检修所。在主要或区段列检所之间的适当地点，设红外线轴温探测站、处理站。在干线上建立红外线轴温检测网（布点距离30 km左右）。主要列检所及铁路局交界口列检所的设置、撤销和变动均报铁道部批准，铁路局交界口列检所规定为距两局分界点最近的主要或区段列检所。区段列检所、轴温探测站、处理站可由各铁路局根据需要设置，并报铁道部备案。

第三阶段：2003年8月，列检所分为主要列检所和区段列检所。列检所的设置须满足铁路运输的需要，在保证行车安全的前提下，考虑列车到达、始发、中转以及编组工作量、车流方向、机车交路、站场设置、运行区段、线路对铁路货车运行的要求和铁路货车检修等条件合理布局，既要保证行车安全，也要防止设点过多或重复作业。其设置原则为：主要列检所设在列车编组作业量较多或大量装卸货物的车站。区段列检所设在列车编组作业量较少或中转列车较多的车站。对分散的装卸点（包括对翻车机翻卸前后的铁路货车及出入散装货物解冻库的铁路货车进行技术检查的装卸检修点）由列检所或装卸检修所派驻检车人员负责铁路货车的技术交接和维修工作。在接近长大下坡道的车站设置制动检修所。主要列检所及铁路局交界口列检所的设置、撤销和变动均报铁道部批准；区段列检所、制动检修所、红外线轴温探测站由各铁路局按规定根据需要设置，但须报铁道部备案。铁路局交接口列检所规定为距两局分界点最近的主要列检所或区段列检所。

第四阶段：2010年即将颁布新的《铁路货车运用维修规程》规定了列检作业场按照特级、一级、二级划分的基本原则，使列检设置更加适用于运输组织发展要求。具体设置原则为：在路网性和区域性编组站的到达、始发等车场设置特级列检作业场。在列车编组作业量较大或大量装卸货物的其他编组站、区段站的车场以及停车技术作业中转列车较多的区段站、中间站设置一级列检作业场。二级列检作业场设置在利用TFDS进行通过作业，且列车编组、摘挂作业量较小的区段站、中间站。装卸作业量较大的战略装卸车点和路企直通作业量较大车站设置列检作业场时，由铁路局根据运输组织需要确定列检作业场等级。在接近长大下坡道区间的车站，对列车自动制动机试验及制动检修有特殊要求的，可根据需要设置相应等级的列检作业场。铁路局交接口列检作业场规定为距两铁路局分界点最近的列检作业场，承担着铁路局交接口运用铁路货车技术质量监控评价等工作。

5. 铁路货车运用质量管理的发展

随着铁路重载、提速战略的不断深入，运用铁路货车的运行品质不断面临新的考验。如何全面、真实、可靠、快速、准确地反馈列车质量信息，是综合分析评价运用铁路货车、运用工作管理水平重要理论依据。从20世纪70年代"红旗列车"、"热轴反馈率"的评比到2001年以来的"铁路货车故障发现率和故障反馈率（以下简称两率）和轴承故障统计情况通报"；运用铁路货车质量管理工作经历了重大的变化，而如何提高列车质量和完善质量管理工作也日趋重要。

6. 铁路货车运用安全防范技术的发展

随着铁路货车运用管理工作的不断推进，大量的新设备的投入使用，运用管理工作发生了很大的变革，其中，铁路货车安全防范系统的使用，不但提高了铁路货车安全防范系数、减轻了现场检车员的劳动强度，而且改变了列检作业手段，体现了铁路货车运用工作的发展方向。

（五）铁路货车运用技术标准

由于铁路货车新技术的发展和大量投入使用、生产力布局的调整等因素，列检作业性质与作业方式经历了很大的变革，因而检查范围和质量标准也发生了很大改变。目前，按照货车运用作业场等级设置、作业性质、作业方式的不同，列检作业场列车技术检查范围和质量标准主要分为：全面检全面修、重点检重点修、TFDS动态检查、动态检拦停修。

（六）铁路货车运用列检标准化

列检标准化是为在列检工作的范围内获得最佳秩序，对实际的或潜在的铁路货车运用质量安全问题制定共同的和重复使用的规则，并有效地贯彻实施标准的一种有组织的活动过程。它包括制定、发布及实施标准的过程。列检标准化的重要意义是提高运用铁路货车质量、完善运用安全管理体系和确保运输安全、畅通。列检标准化是一个发展着的运动过程，它包括制定标准、贯彻标准、修订完善标准的全过程。做好列检标准化工作，要根据铁路货车质量要求，制定技术标准、管理标准以及工作标准的标准化管理体系，以此来实施和深化列检质量管理体系的运行，把铁路货车运用全体员工的行动都纳入标准化管理体系，强化标准化作业，做到预防为主，提高铁路货车质量。

通过制定、发布和实施标准，达到统一是列检标准化的实质。获得列检作业科学、合理及安全则是列检标准化的目的。

（七）铁路货车运用安全管理

铁路运输安全是指在铁路货车运输过程中维护铁路正常的运行秩序，保证旅客及铁路员工生命财产安全、运输设备、铁路货车和货物完整性的全部生产活动。安全是生产效率和效益的前提和保证，铁路货车运用维修生产的根本任务就是为货物运输提供技术状态良好的铁路货车，而铁路货车运用安全水平直接决定了铁路运输。

铁路货物运输对经济、社会的发展、科技进步和满足人民物质文化生活需要等方面都起着重要的作用，而铁路货车运用安全是保证货物运输安全、畅通的重要环节。安全生产不但是提高货车运用部门自身经济效益的基本保证，也直接影响到社会效益，以至铁路运输企业的声誉和形象。铁路货物运输生产的意义在于有计划、有目的、有成效地实现货物在空间位置的移动，只有使用良好的铁路货车把货物安全地送到目的地，铁路货车运用维修的整个生产过程才算最后完结，运输产量"位移"的质量和社会价值也才能得到体现。

（八）铁路货车运用工作面临的形势与挑战

我国铁路客货混线，在同一条提速干线上，不仅大量开行时速200 km及以上动车组列车，又要大量开行牵引定数5000 t级~6000 t级的系列重载货物列车，而且列车密度不断增加，这种速度、密度、载重并举的运输组织方式，世界上任何一个国家铁路面临的安全压力，与我国铁路相比，都不在一个等级上。随着铁路运能持续增长、运输组织进一步优化、运行速度不断提高、列车载重逐步增加、运行距离大幅延长、装备水平快速提升以及防范设备全面创新，货车运用工作作为确保铁路运输安全畅通的重要组成部分，从列检布局、作业组织、技术管理、质量控制以及安全防范等方面都面临严峻的挑战。

（九）铁路货车运用工作的发展方向

目前，我国铁路机车车辆都将高新技术的应用作为技术进步的基础，为大幅度提高列车载重、增加行车密度和不断提高列车速度采取一系列相应的技术措施。如随着铁路建设的快速发展和运输组织的不断创新，客运专线运行后形成客货分线运输，重载货物列车将在全路范围内大量开行，部分货物列车进入 250 km 客运专线运行，重载货物列车扩大开行范围，货运列车机车长交路区段增加，以及货物列车停车技术检查作业地点不断减少等运输组织的变化，势必增加货物列车的列检安全保证距离；机务部门加速牵引动力的改革，大力发展电力和内燃牵引；车辆部门采用大吨位铁路货车，改善铁路货车性能，提高载重，减轻自重；调度和运输部门采用微波和光纤技术，发展无线调度、机车信号和自动停车装置，安装自动闭塞或调度集中，发展集装箱运输，提高装卸、养路机械化水平等。

铁路货车运用工作应牢固树立"安全第一、预防为主"的思想，坚持主动发现和及时处理车辆故障，积极应用先进的检查、检测和修理技术，不断优化列检布局和检查方式，全面采用科学管理手段，加强安全基础建设，提高人员素质，实现"布局合理、防范有力、技术先进、管理科学、素质过硬、安全稳定"的铁路货车运用维修工作目标。

铁路货车运用工作应树立"以科技保安全，以创新促管理"的思想，利用信息网络、人工智能、自动检查检测、网络视频等现代化技术，推进列车技术作业的技术检查自动化、制动机试验智能化、故障修理专业化、安全管理科学化、质量监控网络化、作业条件规范化，不断促进列检作业方式变革，提升铁路货车运用管理、列检生产指挥、列车技术质量管理的现代化水平，满足装备现代化对铁路货车运用工作提出的新要求，实现铁路货车运用工作的全面突破和创新。

随着电子计算机技术的发展，铁路货车运用推广智能检测监控技术自动化以及管理过程的信息化成为现代科学技术革命的主要方向。使用检测自动化和信息化解决铁路货车运用生产管理中的实际问题得到较大发展。电子计算机技术在列检作业指挥、信息传递、技术检查、自动制动机试验、安全防护以及列车质量管理等方面的过程控制上，在各项生产计划和统计报表的编制、日常业务管理等方面的数据处理和信息服务上都得到广泛应用，并向实时性、系统性、综合性的铁路货车运用管理自动化发展。

二、铁路货车运用主要工作

（一）铁路货车运用工作主要内容

20 世纪 50 年代铁道部规定了列检作业过程、质量要求、人员材料配备等，统一了全路的列检工作。列车检查分为到达检查，始发检查和中转检查。列检人员按"以列定组、以辆定人"的原则配备。要求有检有修，防止只检不修，以确保运用车辆合乎质量要求。铁路货车轴检及有轻微故障的全部摘下修理，由此增加了检修车，影响了运输生产。以后对摘车的范围加以控制，要求有轻微故障的和轴检车在列车中进行处理。从此，列检人员广泛开展了"快速修"活动，后来发展到能在列车中换车轮、换车钩等。有些编组站，还增设了空气压缩机和通风管路，可在列车编成后，机车出库前，进行通风试闸，以减少列车待发时间。

（二）列检布局

由铁路货车组成的列车，在车站的到发线或停留线上进行检修。在编组站、区段站、国境站、工业站或有特殊需要的地点，均设有货物列车检修所，对到发和中转列车进行技术检查，并处理铁路货车运行中的故障，以防止事故，保证行车安全。

（三）列车技术作业方式

作业的组织分工方式主要有两种：一是以检查空气及手制动装置为主的制动检车员和以检查转向架、车钩缓冲装置为主的外部检车员两工种作业；二是不分制动和外部的一元化作业。在作业方式上也有两种：一是两侧平行作业；二是二人交替包转向架作业。

（四）专用铁路货车

1950年，根据铁路货车在各铁路局共同使用、不能固定配属的特点，全路铁路货车由铁道部统一组织维修管理。铁路货车实行全路保有制，除经批准几种专用铁路货车配属有关铁路局外，均无固定配属，在全路通行，各铁路局负责铁路货车的运用和检修。除机械保温车和部分铁路罐车、专用车外，各铁路局无固定配属，无固定维修保养单位。机械保温车、长期固定装卸地点循环的专列罐车、标记载重90t及其以上的长大货物车以及其他指定的专用铁路货车，由铁道部指定配属铁路局、车辆段负责管理和维修。固定配属的专用铁路货车按照规定式样涂打配属标记。段修、辅修、轴检均由配属车辆段负责施修。

1966年6月实施的《车辆运用保养规程（草案）》对特种铁路货车配属作出明确规定：为加强特种铁路货车的管理和维修保养，对长期固定装卸地点循环运输石油的专列罐车、机械保温列车、标记载重90t及其以上的长大货物列车以及其他少数的特种铁路货车，由铁道部指定配属铁路局，实行固定配属保养负责制。固定配属的特种铁路货车按照规定的式样及位置涂打配属标记，其段修、辅修、轴检均由配属车辆段施修。但长大货物车的辅修、轴检由车辆所在地的车辆段按期施修。对指定由工厂施修的特种铁路货车由配属局按期送车辆工厂。

1980年3月11日，为进一步加强罐车的维修和运用管理，更好地完成石油运输任务，制定《罐车配属及维修运用管理暂行办法》。办法中规定：凡属固定装卸地点、固定运行线路、固定车组运输石油的专列罐车，均实行固定配属管理。属于跨铁路局或虽不跨铁路局但装运出口石油的专列罐车，由铁道部以部令公布，配属给有关铁路局所属车辆段，负责保养及维修。铁路局管内运用的专列罐车，由各铁路局自行掌握管理。各配属铁路局对指定配属的专列罐车，均固定车型、固定编组、固定车次，在固定装卸点运用，并按照规定在罐体上涂打配属铁路局、车辆段简称，车组编号及专列标记。无铁道部命令，不得以任何理由擅自拆散、调换、或截留配属罐车。配属罐车发生丢失，配属车辆段要及时报告铁路局、铁路分局主管部门，通知罐调追查责任，将丢失铁路货车找回。对散失的配属罐车，各车站均不得使用，要立即向配属车辆段回送。为保持专列罐车的完整良好，加速列车周转和保证维修保养的正常施行，配属罐车按照以下比例配备备用车：配属500辆以下为6%左右，1000辆以下为5%，超过1000辆为4%左右。配属的备用罐车在配属铁路局、车辆段整备基地附近的车站集中存放，并经常保持良好的技术状态。备用和运用罐车定检过期或技术不良者，不得列入备用。配属的备用罐车除用作专列罐车检修时替换外，未经铁道部车辆调度批准，不得移作他用。为加强配属罐车的管理，各配属铁路局、车辆段有专人负责掌握专列罐车的定期检修、技术整备及运用动态。根据配属罐车数与专列的运输特点，各配属铁路局、车辆段根据实际情况配备整备组或配备检车乘务组，负责配属罐车的整备及检修保养工作。配属专列罐车，要定期进行整备。整备的地点在配属车辆段专门的整备基地或在专列罐车装卸到发站指定的线路上施行。各铁路局列检对配属专列罐车的技术检查，与货物列车同样对待，认真执行列车技术检查作业过程及质量标准。

第二节 铁路货车分类及组成

掌握铁路货车的分类和基本组成是从事铁路货车检修的基本要求。铁路货车的分类按用途可分为通用货车、专用货车和特种货车，按运用要求又可分为提速车和非提速车。为满足不同货物的要求，货车类型复杂，构造各不相同。但从结构组成来看，一般货车均由车体、转向架、制动装置、车钩缓冲装置、货车内部设备五个基本部分组成。

一、铁路货车分类

(一) 通用货车

主要包括棚车、敞车和平车。

1. 棚车：设有车顶和门、窗（或通风口），可防止雨水进入，供运输各种需防止湿损、日晒的货物等。

2. 敞车：其车体两侧及端部均设有 0.8 m 以上的固定墙板，无车顶，主要以装运散粒货物，如煤、焦炭等，也可以装运木材等无需严格防止湿损的货物；也可加盖篷布，装运一些怕湿损的货物；还可装运重量不大的机械设备。因此这种货车具有很大的通用性。

3. 平车：底架承载面为一平面，通常两侧设有柱插，有些还设有可活动向下翻倒的端门和侧门。

(二) 专用货车

专用货车专供运送某些种类的货物，主要有以下几种：

1. 罐车：设有罐体，供运输液体、液化气体和粉状货物等介质的货车。按结构不同分为有中梁罐车、无中梁罐车、上卸式罐车、下卸式罐车。按用途不同可分为轻油罐车、粘油罐车、机油罐车、沥青罐车、食油罐车、水罐车、化工品罐车、粉状货物罐车、液化气罐车、特种罐车等。

2. 集装箱车：设有固定集装箱的设备，供运输集装箱的货车，底架承载面与平车基本相同但无地板。

3. 矿石车：用来运送矿石和石碴的货车。自翻车是矿石车的一种，是指车厢在绕转轴向任一侧回转过程中，侧门能自动打开卸货的货车。按动力源可分为气动自翻车、液压自翻车等。

4. 水泥车：用于运输散装水泥。按卸货方式可分为上卸式水泥车和下卸式水泥车；按罐体的结构形式分为立罐式和卧罐式。

5. 漏斗车：车体为设有一个或数个带盖或不带盖的具有一定斜坡的装货斗的货车。漏斗车分为有盖漏斗车和无盖漏斗车，卸货口呈漏斗状，通常货物通过自重从漏斗口卸下。漏斗车按装载货物的品种可分为煤炭、石碴、粮食、矿石、石灰石、盐、水泥漏斗车等。

6. 保温车：车体设有隔热层，能减少车内外之间的热交换，供运输易腐或对温度有特殊要求的货物的货车。车体设有隔热材料，车内有降温及加温的设备，以调节货物保鲜所需的温度。按车内有无制冷和（或）加温设备可分为隔热车和冷藏车。冷藏车按制冷方式主要分为加冰冷藏车、冷冻板冷藏车、机械冷藏车。

机械冷藏车按运用方式可分为单节机械冷藏车和机械冷藏车组。

7. 毒品车：用于运输有毒物品（如农药等）的货车。

8. 长大货物车：供运输重量特重、长度特长或体积庞大的货物的专用货车。其货车长度一般在 19 m 以上，但少数货车长度小于19m.而车体结构特殊，如带凹底架、落下孔、钳形梁的货车，也属于长大货物车。

9. 小汽车双层平车：设有上下两层底架，专供运输小汽车的平车。

（三）特种货车

特种货车是具有特殊用途的车辆。

1. 检衡车：是指检测轨道衡机能的特殊车辆，是轨道衡静态实载法的一种检衡装备。

2. 救援车：用于排除线路障碍物及修复线路故障使用的车辆，一般编成的救援列车中，包括起重吊车、修复线路材料车、工具车、救援人员食宿车等。

3. 发电车：设有动力机械驱动的发电设备的车辆。有单节的，也有由发电车、机修车及发电人员生活用车等合编成的电站车组。

（四）提速车和非提速车

在货车标记车种车型后面标注 T、K、H 和载重为70t 及以上的为提速车货车，提速车和非提速车的区别在于装用的转向架型别。

二、铁路货车的组成

（一）车体

车体是装载货物的部分，又是安装与连接其他四个组成部分的基础。车体一般由底架、侧墙、端墙及车顶组成。底架是车体的基础，是重要的承载部件，一般由各种纵向梁、横向梁、辅助梁和地板等组成。墙体根据货车类型和结构的不同，由侧墙、端墙、车顶等组成。

（二）转向架

转向架（也称走行部或台车）是能相对车体回转的一种走行装置，位于车体与轨道之间，引导货车沿钢轨行驶和承受来自车体及线路的各种载荷并缓和动作用力，是保证货车运行品质的关键部件。转向架主要由摇枕、侧架（构架）、轮对滚动轴承装置、弹簧减振装置、基础制动装置组成。目前大部分货车的走行装置由两台二轴转向架组成。

（三）制动装置

制动装置是指货车上起制动作用的零部件所组成的一套机构，它是保证列车准确停车及安全运行所必不可少的装置，通常包括自动制动机、人力制动机、基础制动装置。由于整个列车的惯性很大，不仅要在机车上设制动装置，还应在每辆车上也设制动装置，这样才能使运行中的货车按需要减速或在规定的距离内停车。货车上常见的制动装置是通过列车主管中空气压力的变化而使制动装置产生相应的动作。此外，货车上还设有人力制动装置，在货车编组、调车作业中使用，以及作为一种辅助制动装置以备急需。

（四）车钩缓冲装置

车钩缓冲装置是使机车和货车或货车与货车之间互相连接、牵引及缓和列车运行中的冲击力等作用性能的装置，承受并传递纵向力及缓和列车运行中冲击作用。车钩缓冲装置由车钩、缓冲器、钩尾框及附属配件等组成，安装在车体两端的牵引梁上。在重载单元货车上还有采用牵引杆装置代替车钩。

（五）货车内部设备

是指为保证运输货物和货运人员的要求所需的设备，是设于车体内的固定附属装置。如保温车内设有制冷降温等设备；矿石车的自卸设备。

第三节 我国铁路货车技术发展

在我国创新驱动发展战略的指导下，我国铁路货运组织在不断的改革优化，而建设现代铁路物流新模式也成为我国铁路货运技术发展的总体目标。在新的铁路货运发展模式中，集装箱快捷运输、冷链运输、专用货运运输、重载运输等模式，展现了平稳、高效的优良特点。而为了进一步提高铁路货运技术应用效率，对铁路货运技术进行进一步优化分析就变得非常必要。

一、我国铁路货车技术发展需求分析

以往我国路网规模小、运行能源紧张的速度密度重量协调措施已无法满足现阶段发展的需要。而铁路货运提速重载技术的开发研制，也为我国铁树货车技术的优化应用提供了依据。如在既有线路运行过程中，已实现了23.0t重5500~1000t列车的编组运行，相关重载列车年均货运重量可在4×103t以上，同时在繁忙线路运行环节，重载列车间追踪间隔可在3.0min以下。这种情况下，我国铁路货车仅仅需要利用6%的里程就可以完成全球货运26.0%的货运量。铁路运输密度也将进一步增加，而货运列车间隔时间的缩短则对维修工作效率提出了更高的效率。在我国国民经济结构调整的过程中，我国国民经济已逐步迈入新常态环境中，以往以矿石、粮食、煤炭等为主的铁路货运体系，逐步转化为以集装箱运输为主的

"白货"运输模式。截止至2016年，我国整体铁路运输量在435×108t以上，同比增长6.5%左右。而在大宗货运运输需求下降的情况下，整体货运体系也主要以集装箱运输模式为主。但是在现阶段我国铁路运输模式中集装箱运输模式并没有得到有效的应用，相较于发达国家而言，仍然具有一定的差距。这种情况下我国铁路集装箱运输市场仍然具有极大的发展空间，而集装箱货物运输模式数量的增长也将成为我国铁路运输技术优化的主要动力。

二、我国铁路货车技术发展现状

（一）运输速度不快

在20世纪末期，我国快运列车速度已达到120km/h，但是在我国铁路货运方面整体列车速度始终不高，甚至部分货车运行速度仅仅在61km/h左右。与其他发达国家仍有一定差距。同时，在我国市场经济发展过程中，相较于其他运输模式而言，铁路货运速度过低促使铁路运输市场份额占比逐渐下滑，对于铁路货运业务的开展造成了阻碍。

（二）货车技术标准不高

在20世纪初期，我国铁路全面提速，这种情况下货车的设计制造技术问题逐渐突出。如在G70型轻油罐车初步投入使用一段时间后出现牵引梁尾部、补强板位置裂纹，同时期X1k型集装箱专用车辆装卸用转向架位置也在轴箱承台位置会出现裂缝。上述情况的发生表明我国稳定性整体不高，对于后期货车运行造成了极大的安全风险。

（三）大轴重货车缺少

在20世纪60年代，西方发达国家铁路货运载重已达到了35t，而我国现阶段铁路货车载重量仍在25t左右。这主要是由于我国铁路货车自重系数较大，对整体货运载重提升造成了不利的影响。而随着我国市场经济的发展，载重量不足的铁路运输模式必将受到物流市场的进一步冲击。

三、我国铁路货车技术发展模式分析

（一）提升工艺制作技术

工艺制造技术的提升，可以为我国铁路货运模式的进一步优化应用提供理论支持。工艺制造技术体系主要以技术创新、关键结构、关键技术为发展重点，通过工艺技术、工艺试验、工艺设备的研制开发，实现整体货运设备制造工艺水平的提升。为了保证工艺制造技术应用效力，相关工作人员应在工艺制造技术创新优化的基础上，针对关键工艺技术，从工艺技术工程化应用、工艺技术实施风险两个方面对其进行可行性分析，从而保证工艺制造技术的实际应用效力。如在驮背运输列车关键技术研究过程中，需要结合驮背试验检测的相关内容，逐步完善驮背列车运行可行性评估、关键结构静压力强度、动态负荷变化等评测标准。在这个基础上，针对驮背列车运行稳定性影响因素，进行新技术及新结构形式的执行。铁路驮背运输在实际应用中主要是公路货车、半挂车装载货物完毕后，在原始站点转移到铁路专用车辆上，然后经过铁路运输线路到达某个运输站点后，再由公路货车或半挂车进行货物装载运输。铁路驮背运输模式的应用，可以为铁路货运门对门运输目标的达成提供依据。相较于公路运输模式而言，铁路驮背运输形式具有全天候、绿色、节能、安全、稳定、快捷的优良特点，在现阶段综合物流货运体系中，驮背运输模式具有较为广阔的运输空间。

在现阶段我国高速铁路建设发展过程中，铁路运输网络规模不断拓展，铁路货运组织模式也在不断的改革优化，物流行业对对口货运、快捷货运也提出了更高的要求。因此在工艺制作技术优化过程中，可利用现阶段公路、铁路货运设备及技术，开展公路+铁路协同运输的驮背运输形式。在驮背运输环节，为了保证其可以与周边运输线路良好的适应性，可综合考虑公路列车、线桥、既有站点、装卸设备等相关因素，在驮背运输车车体技术的基础上，总额和采用纵垂向载荷传递、运输车车体连接、运输车底架自动升降、驮背运输车装载加固、驮背运输车与站点区域自适应等技术。为130km/h时速、6100t以上铁路货运列车的编组运行提供依据。为了保证驮背铁路货运列车的运行效率，在驮背货运列车运行过程中，应逐步制定完善公路+铁路货运技术应用管理体系，为我国铁路多模式联动运输方案的应用提供依据。

（二）巩固重载货运技术

重载货运技术主要包括专用线路重载货运、大轴重通用货运两种模式。其中大轴重通用货运技术主要是在既有干线运行的基础上，推行27.0t以上的大轴重重载运输模式。在27.0t大轴重重载运输模式运行过程中，可以在提高我国高速铁路货运效率的同时，进一步拓展其经济效益空间。现阶段我国已初步实现了多模式轴重通用货车运行体系，如漏斗车、棚车、敞车、平车、罐车等。而专用线路重载货运模式主要是在30.0t大轴重重载线路的基础上，进一步拓展大轴重专用线路建设范围。通过年均货运量需求分析，开展货运通道优化工作，为整体大轴重专用线路运行提供有效的依据。此外，为了保证鲜活货物运输附加价值，在实际货物重载运输过程中，需要结合冷藏及LNG等系列化货运产品运输技术，实现铁路现代化货运运输形式的稳定运行。在这个基础上，通过货运装备技术与现代货车产品管理模式的有效结合，可为我国一带一路发展战略的贯彻落实提供有力的支撑。

三、完善快捷货运体系

小批次、高时效、多品种的集装箱运输形式是现阶段我国铁路货物快捷运输的主要发展模式。21世纪初期，我国铁路货物科学研究机构通过与铁路货车生产机构的协同合作，就铁路货运快捷运输模式进行了可行性经济分析，确定了基本铁路快捷货运技术措施及关键模块生产需求，为整体铁路快捷货运模式运行提供了技术支持。在这个基础上，可进一步借鉴其他发达国家快捷货物模式，结合我国160km/h货运列车行驶特点，进行集装箱运输形式的进一步研究开发。从货物装卸、技术应用、经济效益、市场需求、检修维护等方面进行全面分析，解决各方面问题，为我国集装箱快捷货运技术的稳定运行提供保障。在集装箱快捷货运模式运行过程中，主要采用低纵向冲动、转向架技术、车钩缓冲技术、供电技术、安全信息监控技术等相关技术。在相关技术应用过程中，为了保证相关货物快速装卸的需求，可依据现阶段我国铁路货物快捷运输需求，逐步完善构建我国铁路快捷货运评定标准，为我国铁路快捷货运运行检测、维护检修、产品装卸等工作的顺利开展提供依据。同时通过铁路快捷货物运输模式的完善，可以将大规模客运专线、高速铁路货运进行有效结合，进一步拓展既有线路货运运输范围，为我国快捷货物运输的进一步优化发展提供了依据。在现阶段铁路货运技术发展过程中，主要采用130~160km/h，或者160km/h以上的铁路货运模式。快捷货运模式的发展可进一步提高铁路货运在物流行业中的竞争力，为铁路货运经济效益的提升提供了依据。

第二章 铁路货车结构知识

第一节 铁路货车的车体

货车按用途可分为通用货车和专用货车两类。通用货车有平车、敞车、棚车、罐车和保温车等。专用货车有长大货物车、漏斗车、自翻车等。每种车都包括几种不同构造和特点的车型。

一、车体的构造

车辆供装载货物或乘坐旅客的部分称为车体。货车车体的构造形式是根据所装载的货物种类而进行设计的,一般是由底架、车体（包括罐车）人力制动机及附属配件四大部分组成。

（一）底架

底架是车体承载货物质量的主要部分,一般是由中梁（包括牵引梁）、枕梁、端梁、侧梁、大小横梁及铁地板组焊而成。（罐车无大小横梁及铁地板）。

（二）敞车车体

敞车车体是用来装载货物,保证货物质量的可容部位。一般是由角柱、端柱、侧柱、上端梁、侧梁、上下端板、侧墙板、斜撑及侧门、中门等组成。

1. 罐车车体

主要由罐体及附属配件等组成。

2. 棚车车体

主要由端墙、顶棚、侧墙、车门等组成。

3. 人力制动机

是在没有机车牵引情况下,对单个车辆采取控制运行的一种人力制动机械。

4.附属配件

是车辆运行中或车体装货中为保证运输安全而设置的一些必要配件。敞车车体附属配件一般由边梯、扶手、票插、绳挂、门搭扣、牵引钩、上门挂钩、中门划及把手等;棚车附属配件一般有边梯、扶手、大门滑道、滑轮、防雨檐、通风窗、排污器、栓马环等;罐车附属配件有中心排油阀、侧排油阀、呼吸阀、罐车卡带、调整螺套及杆,马鞍铁及螺栓,上、下走行板及扶梯、扶手、罐体内梯、火管等。

二、检修中应注意的事项及作业标准

(一)检修中应注意的事项

1.在车体上部作业时,必须站稳并注意周围情况,用力要适当,防止失身跌下。进入车内要首先检查敞车的上翻插销是否插牢,棚车小窗是否撑住,防止作业震动落下伤人。

2.进行车体作业时,上下抛掷物件时必须设入防护或瞭望确认无人方得抛下。

3.上、下车必须确认木梯扶手、脚踏板正常后,方可扶登,不得穿硬底等容易滑倒的鞋子。守车、罐车脚踏板不能浮设,必须随拆随装,如离人要挂防护牌。

4.在车顶作业时,不准将工具、材料放在边沿脚位,防止受震后落下伤人。在敞车内作业,禁止骑在车帮上和悬空的俯身作业。

5.敞车下侧门需要撑起时,应确认前方无人,用规定的专用工具或吊钩撑牢;关闭下侧门时,要呼唤确认车下无人。修换上侧门时,要确认侧门的两侧插好扁销。修换门轴和插销座螺栓时要逐个更换,禁止全部拆除,注意防止插销座螺栓松弛受震脱落伤人。

6.拆除地板时,要确认车下无人方可作业。换下的旧木板上的铁钉,要全部打弯或拔出。大帽钉及守车上拆下带钉子的木压条要收集在一起,不得随意乱扔。

7.修换棚车侧门常轮时,要逐个拆换,不得一次全部卸除。作业人员暂时离开时,要挂上"禁止推动"的标示牌。

8.关闭保温车车门、冰箱盖,水泥车、罐车入孔盖时,要做好呼唤应答,确认车内无人后,方可关盖。

(二)作业标准

1.毒品车须消毒并有消毒合格证;罐车须经洗刷并有洗罐洗刷合格证。对装载易燃易爆货物的罐车还须在施修前按有关规定进行安全检查,用测爆仪测试合格后再进行明火试验。

2.中梁、侧梁、枕梁及其盖板，敞车上侧梁、侧柱截换时须斜接，接口与梁、柱纵向中心线夹角为：中梁、侧梁、枕梁上下梁腹板、侧柱不大于45°；中梁枕梁下盖板不大于60°。

3.车体各配件裂损、腐蚀、腐朽、变形、松动、焊缝开裂、丢失时修理、补装或更换。

4.扶手、扶手座及各圆钢制杠杆托裂纹或弯角处割伤时更换。

5.挖补、截换时，须符合原设计的材质、形状和厚度的要求。

6.上端梁、上侧梁、柱、斜撑、侧柱连铁、侧板、端板、顶板、遮光板、门窗、扶梯等钢质配件弯曲、腐蚀严重、丢失、裂纹、破损时调修、焊修、补装、挖补、补强或更换。

7.车门口处木质、竹质地板缘护铁或压铁须完整，不良时修理或更换。

8.车顶走板、端走板须安装牢固，木走板更换时，须按规定改为拉网板，拉网板厚度不小于4mm；连接者须安装弹簧垫圈或背母及开口销。

9.车体钢结构、各部钢板裂纹、腐蚀严重、破损时焊修、挖补或补强；铆结构者可焊补，补强板须盖过腐蚀处边缘20mm以上，其厚度不小于原板厚度。

10.各配件须齐全良好，门、窗开闭灵活，门与柱、板间隙或搭接量符合规定。

11.棚车、粮食车、水泥车（U1s型）、毒品车的工作室、押运间，车体门、窗须进行透光检查。车顶修补处须进行漏雨试验（冰冻期间可进行渗漏试验）。

12.内墙板、内顶板的压条用螺栓紧固者，每根压条上至少点焊2条螺栓或使用自锁螺母。

13.装用在钢结构上不符合规定的票插须更换。票插须安装在厚度为2mm的槽型钢板托上，用螺栓紧固，焊于规定位置（罐车按原设计）。

三、车体底架容易出现的故障及处理

（一）检修中车体底架容易出现的故障

货车车体底架是直接装载货物的地方，其钢结构担负着各种载荷，如车辆自重和载重的静载荷，以及通过车钩缓冲装置传来的牵引力、冲击力和车辆运行中的风力、离心力、制动力及其他动载荷等。当车辆运用一定时期后，就会产生各种各样的故障和损伤，常见的有变形、裂纹、松动、腐蚀和磨耗等几种主要形式。其如下：

1.故障部位及产生的原因

（1）架弯曲变形

底架的弯曲变形，常见的有中、侧梁下垂，牵引梁下垂及外胀，中、侧梁旁弯和底架倾斜等几种。一般情况下，引起这些变形的原因有以下几方面：①设计上不合理：底架结构的刚度不够或局部构件刚度不足，如C13型敞车枕梁以外的牵引梁部分过长，容易产生牵引梁下垂；底架承载结构的敞车中梁采用刚度较小断面时（如用145a工字钢制成中梁的C50型）敞车，容易产生中梁裂纹、下垂和旁弯。②制造和修理工艺不合理：没有按工艺规程进行修造工作，底架各构件之间的连接不牢固，或存在着过大的内应力。这样，在运用一段时间后，就会产生裂纹和变形。③运用不当：在运用中有时超载过多，机械化装卸作业时产生过大的垂直冲击，这些将导致底架变形。如不按规定限制速度进行调车作业，溜放时产生过大的纵向冲击也将引起底架变形。此外，车辆在长期运用后，各梁本身及其连接处产生腐蚀，使底架的强度和刚度削弱，特别是旧有车辆已经运用了几十年，其承载能力有一定程度降低，因此这些车辆底架的变形较为常见。

车体的变形形式：目前，车体中常见的变形有敞车侧柱的外胀或内倾，端柱的外胀，侧墙上边梁的弯曲变形，各梁、柱的局部弯曲、端墙外胀，墙板表面的凹凸和压筋板凸筋失稳变形等。其中，以端、侧柱外胀和端墙板外胀最为严重。产生变形的原因与底架弯曲变形原因大致相同，其中尤其是由于机械化卸车（翻车机卸货）造成的敞车变形最为严重。

（2）底架与车体产生裂纹

车体底架产生裂纹的部位，均发生在应力较大的地方，这些部位大多在构件断面改变处、焊缝附近、铆钉孔周围等。产生裂纹的原因，除设计不合理，使局部应力过大造成损伤外，大部分是由于工艺上的原因。例如：焊接工艺不符合要求，使结构产生较大的内应力；或因基体金属受到烧损，材质发生变化；或者在焊接前对材质、下料、组装不合乎工艺要求，存在着内在的缺陷和弊病；再加上运用中超载、过大冲击等因素使结构产生裂纹。此外，构件变形过大，当腐蚀到一定程度后，对强度削弱过大，也将导致裂纹产生。但这种情况往往在运用时期较久的旧车上产生。

（3）底架、车体梁、柱及包板的腐蚀：

对于普通碳素钢制作的车体底架结构，当防腐措施不够时，能较快地产生腐蚀损伤。腐蚀是一种正常的损伤规律，但目前腐蚀现象较为普遍和严重，主要是防腐材料和施工工艺两方面均存在着一定问题。对于薄板和厚度较薄的构件，其腐蚀相对来说就更为严重，给修理工作带来了更多困难。

（4）底架的局部磨耗：

底架上产生磨耗的地方不多，一般仅在上心盘、上旁承、冲击座及牵引梁内侧与缓冲装置相接触等处产生磨耗，磨耗也是一种正常的损伤形式。

2.检修中车体底架容易出现的故障处理方法

底架各梁弯曲主要易发生在牵引梁下垂、中梁、侧梁下垂以及其他各梁垂直、水平弯曲等处，一般采用千斤顶冷压或火焰加热法进行各梁的调修。车底架钢梁及钢地板的腐蚀裂纹和木地板的腐朽折损，除锈后按规定限度进行焊补、挖补、截换或更换；对折损、裂纹或腐蚀、腐朽程度较大的地板应进行更换或补强。车体涨出：采用丝杠式或风动油压千斤顶调直器调直侧端立柱或墙板。车体倾斜：车体倾斜主要是由于车体结构松弛，弹簧衰弱或偏载等原因所造成，因此，要及时更换衰弱弹簧或将货物摆正。车门、车窗的故障：车门、车窗要求必须保持作用良好，如果缺少关闭装置或关闭装置失效，配件损伤及关闭不严都不能用以装货，应及时进行修理或更换。

（二）运用中常见车体故障及处理方法

1.运用中车体底架常见故障

货车车体底架是直接装运货物的地方，承担着车体底架本身的重量和车体内货物的重量以及机车和车辆之间的牵引力、冲击力和运行时的风力、离心力及其它动载荷等。当车辆运行一定时间后，会产生各种故障和损伤，常见的有变形、裂纹、腐蚀和磨耗等四种形式。

2.货车底架常见故障及处理

（1）裂纹

裂纹的产生主要是制造中未按工艺规程施焊，存在焊接缺陷及车辆装载货物超载、偏载或集中载荷超过底架强度所致。另外，底架各梁腐蚀或材质疲劳以及调车作业中的冲撞使底架产生裂纹较多。

底架裂纹的产生部位绝大多数发生在受力较大处，截面积变形较大处，易产生应力集中处（弯角）、焊缝附近及铆钉周围。主要有：

①中梁下盖板端头附近。

②中梁与枕梁结合处。

③加过补强板或电焊过的中梁之边缘处。

④大横梁根部，制动主管孔及缓解阀拉手过梁孔处。

⑤杠杆铆钉孔处及制动缸、副风缸吊架铆钉孔处。

⑥横梁与中梁的结合处。

⑦上心盘座及隔板处。

⑧牵引梁与枕梁结合处。

⑨从板座铆钉孔。

⑩钩尾框托板螺栓孔和端梁的冲击座铆钉孔等部位。

上述裂纹产生部位中尤以中梁裂纹在运用中危害最大。由于中梁裂纹而引起的中梁折断事故，已成为列检的惯性事故之一，必须引起我们的高度重视与防范。列检人员在进行底架检查时，应做跨轨探身检查，检查时应找好角度，注意上述易产生裂纹的重要部位，检查应注意车种车型的实际情况，运用实际工作经验检查，认真判断。如列车进入检查时，发现中梁上下颤动较大的或中梁下垂变形明显的易产生裂纹；中梁油漆呈线条状崩裂或有红线道产生裂纹；老车型的中侧梁下垂腐蚀严重也易产生裂纹。

(2) 腐蚀

腐蚀原因主要是防腐材料不合要求或未按工艺规程施工以及装载盐、碱、酸类等货物造成的。

对于普通碳素钢制作的底架结构，当防腐措施不好使时，能较快产生腐蚀。各梁腐蚀后削弱了强度，也易产生裂纹，列检人员在作接车作业时应作跨轨探身检查，细心观察，认真判断，及时处理。

(3) 磨耗

车底架磨耗的地方不多，仅发生于上心盘、上旁承、前后从板座以及牵引梁内侧和缓冲器接触处。列检人员在进行接车作业时应认真检查，正确判断。

(4) 变形

底架变形多是由于超载、偏载、调车冲击以及事故所致。底架变形主要有三种：底架中、侧梁下垂或旁弯，牵引梁或端梁上挠或下垂，牵引梁甩头或外胀等。

处理方法：

①以上几种故障形式中最严重者是产生裂纹，需要及时进行修理，防止由于裂纹继续扩大甚至延及整个梁件断裂而影响行车安全或造成重大事故。列检作业时，检车人员应对中、侧、端及牵引梁进行仔细的检查，发现各梁有裂纹的车辆必须扣车焊修补强。

②车体底架的过大变形也是不允许的，如底架变形过大，除了会使承载能力大大下降外，还会影响到车辆连挂，或者超出限界尺寸，检车作业时发现底架变形过大时应扣车进行及时修理。

③运用中，如发现底架腐蚀和磨耗过限时，应及时扣车采取堆焊、挖补加强或更换的方法修复，保持车底架良好的技术状况，确保铁路运输安全。

3.主要故障的防范与处理

(1) 货车中梁裂纹

①列检人员进行作业时应跨轨探身检查，检查时可采用光照法，并根据车种车型，运用经验，注意大横梁根部、制动主管孔及缓解阀拉杆过梁孔处、杠杆铆钉孔处、制动缸、副风缸吊架铆钉孔处以及中梁盖板焊接处、中梁心盘处、中梁

腹板等裂纹集中处和加过补强板或电焊过的中梁之边缘处。发现中梁裂纹必须扣修。

②列检进入检查时，发现中梁上下颤动较大的或中梁下垂变形明显的、中梁油漆呈线条状崩裂或红绣及车辆运用时间长、中侧梁下垂腐蚀严重的车辆，应扣车送修。

（2）货车牵引梁内侧磨耗裂纹

①各单位在焊装磨耗板时，应采用两侧满焊或分段焊，不准采用单侧焊，以保证从板磨耗板的焊接质量，防止从板磨耗板在实际运用中脱落丢失。

②列检工作人员作业时，应加强对牵引梁内侧从板磨耗板的检查，对于从板磨耗板发生丢失、磨耗过限而造成牵引梁内侧面磨耗裂纹时，应立即扣车修理。

（3）货车车体有变形、裂纹和腐蚀

处理方法：

①运用中发现车体端、侧柱外胀，车体墙板局部外胀和车体倾斜过限时，应作扣车送修处理。车体端、侧柱、车体墙板局部外胀不太严重时，可用调梁机进行调修。若外胀严重时采用热调。车体倾斜过限时须调修至规定的限度内。

②运用检查中发现车体侧、端、角柱腐蚀深度超限时，应作扣修处理，并用补强板进行补强。

③运用中发现车体裂纹时，必须扣车焊修，并按规定进行补强。对于罐车罐体裂纹，也须按规定采用电焊修理。

（4）货车车体墙板局部外胀

钢质敞、棚车车体可能因散装货物的侧压力以及运行中的冲击力作用造成侧端墙板局部胀出的现象。其检查方法是：

①水平方向测量法

以车体未变形的一侧为基准，量出变形处最大宽度减去不变形的最大宽度就是外胀量。

②垂直方向测量法

用吊线锤挂于变形处的墙板的最上部，下部以未变形的端、侧梁为基准，量出吊线与墙之间的最大距离就是外胀量。在列检检查作业中发现车体外胀超过规定限度的，应扣修处理。

（5）货车车体倾斜

货车车体倾斜一般是由于装载偏重引起弹簧下沉不均衡，以及纵向冲击力过大造成的。另外，钢骨架腐蚀变形、底架扭曲不平整（如中、侧梁、牵引梁下垂或上挠）、心盘偏磨、旁承游间过大摇枕不水平（如枕簧自由高度不一，心盘及枕簧垫板厚度不一及摇枕本身扭曲）等均可造成车体倾斜。其检查方法如下：用吊线锤挂于车顶端,侧面往下吊,量出吊线与端、侧梁之间的最大距离,就是车体倾斜的尺寸。在列检检查作业中发现车体倾斜超过规定限度的,应扣修处理。

(6) 车门脱落

近年来,货车运用中车门脱落掉下的行车事故时有发生,车门脱落掉下不仅容易造成车辆脱轨,列车分离,打坏车辆,砸坏道岔、钢轨、枕木、信号灯等行车设备,还会造成人员伤亡。造成车门脱落的主要原因有:车门配件丢失严重;犯罪分子撬锁盗窃造成车门脱落;车辆定检质量不高;违章野蛮装卸造成车门脱落。

防止车门脱落的对策:

①加大铁路沿线综合治理力度,严厉打击盗窃铁路货车运输物资的犯罪分子。

②加焊棚车车门安全链条。

③提高货车车门的定检质量。

④列检作业时,应对车门进行仔细的检查,发现车门脱落丢失的车辆,应作摘车处理。

(7) 敞车车体锈蚀

运用货车中的货车敞车比较严重的质量问题是车体锈蚀比较严重,有的车门腐蚀程度直至报废。这种腐蚀严重的车辆在运用中也危及行车安全,散装的货物大量漏泄,一定程度上影响了铁路的安全生产。

防止敞车锈蚀的措施:

①敞车做厂修时,车体表面的防锈要干净彻底,喷涂高质量的防锈漆及面漆。

②侧柱根部在铆接时必须进行除锈处理,并刷防锈底漆。

③对装载腐蚀性物品,如食盐、盐酸类,卸货后必须严格清洗,彻底清除车内表面的腐蚀物,使敞车车体不受腐蚀。

第二节 货车车钩缓冲装置

一、车钩缓冲装置的构造

(一) 车钩缓冲装置的组成

车钩缓冲装置是车辆最重要部件之一,通过它使机车和车辆或车辆与车辆之间实现联挂,并且传递和缓和列车在运行或调车作业时所产生的牵引力和冲击力。车钩缓冲装置由车钩、缓冲器、钩尾框、从板等零部件成。在钩尾框内依装有前从板、缓冲器和后从板(有时不需要后从板),借助钩销把车钩和钩尾框连成一个整体，因此车钩缓冲装置具有连挂、牵引和缓冲3个基本作用。

（二）在车上安装位置及作用力的传递

车钩缓冲装置一般组成一个整体安装于车底架两端的牵引梁内。其前、后从板及缓冲器卡装在牵引梁的前后从板座之间，下部靠钩尾框托板及钩体托梁托住。为保证车辆的连接安全可靠和车钩缓冲装置安装的互换性，我国机车车辆有关规程规定：车钩缓冲装置装车后，其车钩钩舌的水平中心线距钢轨面在空车状态下的高度为（880±10）mm；同一车辆两钩相差不得超过10mm；两相邻车辆的车钩水平中心线最大高度差不得大于75mm；牵引梁前、后从板座之间距离为625mm，牵引梁两腹板内侧距为350mm。

当车辆受牵拉时，作用力的传递过程为：车钩→钩尾销→钩尾框→后从板→缓冲器→前从板→前从板座→牵引梁。

当车辆受冲击时，作用力的传递过程为：车钩→前从板→缓冲器→后从板→后从板座→牵引梁。由此可知，车钩缓冲装置无论是承受牵引力，还是冲击力，都要经过缓冲器将力传递给牵引梁。这样就可以使车辆间纵向冲击振动得到缓和、削减，从而改善了运行条件，保证车辆及货物不受损坏。

二、易出现的故障及处理方法

车钩缓冲装置是用来传递牵引力和冲击力的，特别是在调车作业和运行途中，经常受到很大的冲击力作用，致使各部分产生裂纹、变形、磨耗及三态作用不良等故障。

（一）车钩缓冲装置在检修中的常见故障和处理方法

1.钩体故障及检修

（1）钩体裂纹

随着列车牵引吨位的增加，速度的提高，钩体部分经常出现裂纹，一般多发生在钩头上下牵引突缘的根部、钩耳、钩身棱角、钩尾扁销孔、钩头与钩身连接处前后等部位，所以在检修过程中，这些受力较大的部位要重点检查。

检修及处理要求如下：

①钩身横裂纹在同一断面长度之和不大于50mm时焊修，超过时更换。

②钩尾扁销孔后壁与钩尾端面间裂纹长度不大于该处厚度50%时焊修，大于时更换。

③钩耳裂纹长度不大于15mm时焊修，大于时更换。钩耳内侧弧面上、下弯角处裂纹长度之和不大于25mm时焊修，大于时更换。

④牵引台、冲击台根部裂纹长度不大于20mm或裂纹未延及钩耳体时焊修，

超限时更换。

（2）钩体变形

钩体变形的表现主要是钩身弯曲、钩耳变形和钩腕外胀。其原因多是由于运行及调车作业中的过大冲击造成的。钩身弯曲过大时，在运用中将会产生较大的弯矩，容易造成钩舌及钩耳的裂纹。钩腕外胀严重时，即失去了控制对方钩舌的能力，将导致车钩自动分离。

检修及处理要求如下：

①使用钩身弯曲检查样板检查钩身弯曲。当钩腕外胀变形大于15mm时更换。

②钩耳上、下弯曲影响组装钩舌销或三态作用时加热调修。

③钩腕端部外胀变形影响闭锁位置时调修、堆焊或焊装厚度为5-15mm、高度为60-70mm的梯形断面钢板，钢板需有两个20mm的塞焊孔，焊后打磨平整。

（3）钩体磨耗

钩体磨耗是钩体与相配合零件相对摩擦的结果。磨耗部位多发生在钩耳孔及钩身下面，其次是钩尾侧面、端面、钩锁腔侧壁及钩锁腔内防脱（跳）台处。车钩磨耗后，削弱了强度，而且会影响车钩的作用。如防跳台磨耗后，将会使车钩失去防跳作用。所以，在钩缓检修过程中，这些部位必须使用样板重点检查。

检修及处理要求如下：

①货车钩耳孔或衬套直径磨耗超过3mm时镶套或换套。衬套松动、裂纹时更换。镶套后，过缘允许有宽1.5mm，深5mm以内的间隙。钩耳孔直径大于54mm时堆焊加工。十三号车钩钩耳孔镶套时须镶异型衬套，椭圆孔的长径方向与车钩纵向中心线平行。

②钩腔上防跳台磨耗超限时堆焊后磨修或更换，前导向角须恢复6mm凸台原型。钩腔下防跳台磨耗超限时堆焊后磨修恢复原型，长度方向为16mm。

③上锁销孔前后磨耗之和大于3mm时堆焊后磨修恢复原型。

④钩身磨耗时须堆焊磨平后焊装磨耗板，磨耗板磨耗超限时更换，丢失时补装。磨耗板须焊装在钩身下平面距钩肩50mm处，两侧段焊，焊波长度各为30mm。

⑤钩尾端部与钩尾扁销孔边缘距离，上、下之差超过2mm或钩尾扁销孔磨耗超过3mm时焊修。焊修后钩尾端部与钩尾扁销孔边缘距离：十三号车钩不足40mm时，在钩尾端面堆焊或加装钢板后（四周满焊）打磨平整。

2.钩舌故障与检修

钩舌的故障主要有裂纹、外胀和磨耗三种。裂纹多发生在钩舌内侧面的上下弯角处，钩舌销孔、牵引突缘及冲击凸肩的根部也经常发生裂纹。磨耗的主要部位是钩舌内侧面，其次是钩舌尾部侧面（与钩锁接触面及钩舌销孔）。

检修及处理要求如下：

（1）牵引面的弯角部和上下弯角处须探伤检查。

（2）普炭钢钩舌裂纹更换。C级钢、E级钢钩舌弯角处裂纹时更换，内侧面裂纹焊修。牵引台根部圆弧裂纹长度不大于30mm时焊修，大于时更换。钩舌护销突缘部分缺损时更换，裂纹向销孔内延伸（突缘高度除外）不大于10mm时焊修，大于时更换。钩舌护销突缘处焊修时，焊波须高于基准面2mm。

（3）钩舌外胀大于6mm时更换。

（4）内侧面和正面磨耗剩余厚度超限时，堆焊后加工，内侧面磨耗时，须采用埋弧焊等先进工艺堆焊，并使用具有仿形功能的设备加工，恢复原型。

（5）钩舌锁面磨耗大于3mm时堆焊后磨平（严禁焊装垫板等）；钩锁入坐量小于45mm时，修理恢复原型，该部位不得在现车堆焊。

（6）钩舌销孔或衬套内径磨耗超过3mm时换套或扩孔镶套；原有衬套松动、裂纹、缺损时更换。测量部位由突缘顶部深入孔内20mm为准，镶套后，边缘允许有宽1.5mm、深10mm的间隙。

3.钩锁腔内部配件故障与检修

（1）钩舌推铁

钩舌推铁的主要故障是变形和磨耗，变形原因主要是刚度不足或入为调车失误造成撞击变形的。钩舌推铁弯曲影响车钩三态作用，向外弯曲造成开钩不良，向内弯曲严重则不能形成闭锁位。

检修及处理要求如下：

钩舌推铁裂纹时更换，弯曲调修。钩舌推铁锁座处磨耗超过2mm时焊修，并打磨恢复原型圆弧。

（2）钩锁销

钩锁销主要故障是磨耗。磨耗部位主要是锁销杆防脱（跳）台磨耗和上锁销杆挂钩上部圆弧磨耗。

当锁销杆上部防跳台长度方向磨耗不足24mm时，将造成与车钩防跳台的作用接触面搭接量减少，严重者将失去防跳作用。上锁销杆挂钩圆弧磨耗过限时，将影响与锁铁的配合，使锁铁移动量加大，也会造成防跳作用不良。

检修及处理要求如下：

①十三号钩车钩上、下锁销杆的圆销孔、销轴、防跳台磨耗超过2mm时堆焊加修。防跳台须加工恢复24mm*（18±1）mm、R30mm的弧面，导入端须高于平面尾部2mm，导入端圆弧不大于R5mm。

②上锁销杆挂钩上部圆弧磨耗超过1mm时更换，此部位严禁加修。

（3）钩锁

钩锁的主要故障是磨耗，磨耗部位大多在钩锁与钩舌尾部的接触处和钩锁挂钩轴处。由于钩锁是承受压力的部位，固其变形和裂纹较少。

检修及处理要求如下：

①钩锁与钩舌锁面摩擦面及各导向角、导向面磨耗超过2mm时，堆焊后打磨平整。

②钩锁有裂纹时更换。

③钩锁挂钩轴磨耗超过1mm时更换，此部位严禁加修。

4.钩尾框故障与检修

钩尾框是承受纵向冲击最大的配件，有的钩尾框表面，材质粗糙、有气孔、砂眼，钩尾框弯角过陡或有沟痕时，都会减弱强度并且造成应力集中。钩尾框主要故障是磨耗和裂纹，裂纹多发生在钩尾框弯角处及钩尾扁销孔周围。

检修及处理要求如下：

①框身厚度磨耗大于3mm，其他部位大于4mm时纵向堆焊后磨平。

②钩尾扁销孔磨耗超限时堆焊后用镗床加工。

③钩尾框下框身平面磨耗时须堆焊磨平后焊装磨耗板原磨耗板磨耗过限或丢失时补装。

④钩尾框后端上下弯角50mm范围内裂纹时更换，其他部位纵裂纹时焊修，横裂纹不大于30mm时焊修，大于时更换。

（二）缓冲器故障与检修

1.2号缓冲器

（1）2号缓冲器的主要故障有：

①弹簧盒盖、弹簧座裂纹。

②环簧裂纹。这一故障主要是由于弹簧的刚度过大或过小，受较大冲击力所至。

③环簧锥面的磨耗。这是缓冲器受力压缩时，内外环簧相互挤压，并沿其锥形斜面滑动摩擦而产生的。

④内外环簧咬合，冲击过后不能复原。主要原因是环簧配合尺寸不正确及缓冲器内缺油造成的。

（2）检修及处理要求如下：

①弹簧盒端部弯角处裂纹长度不大于80mm时焊修，大于时更换。弹簧盒盖、弹簧座裂纹时焊修或更换，底板裂纹时更换。

②弹簧咬合时，可用铁链将环簧捆牢，再用大锤轻轻敲击即可。

③自由高不足时，可更换新环簧或加一块厚度不超过10mm，直径不小于

150mm的钢板。

④组装时，环簧摩擦面须涂适量Ⅲ号钙基润滑脂。

2.MT-3型缓冲器

MT-3型缓冲器质量保证期为六年，分解检修周期为九年。

在检修周期内缓冲器随车作段修时，只进行外观检查，不得有下列故障：

（1）测量自由高不小于572mm。

（2）箱体无裂损、不得有影响作用的严重变形。

（3）其外露部件无折损或缺件。

若外观检查发现故障，则一律返厂检修。另外，使用MT-3缓冲器，钩肩到冲击座距离应为（91+10）mm，不符合不得装用。

3.ST型缓冲器

ST型缓冲器主要故障为螺栓杆折断、弹簧折断、六方口部裂纹、摩擦楔块裂纹、推力锥裂纹。

检修及处理要求如下：

（1）六方口裂纹长度小于30mm，内六方面磨耗小于3mm时焊修后磨平，大于或箱体各部裂损时更换。

（2）摩擦楔块裂纹、厚度小于20mm、51°31'摩擦面磨耗深度大于2mm或11°支承面局部凹坑深度大于2mm更换，不得焊修。

（3）推力锥裂纹、破损或磨耗深度大于2mm时更换。

（4）内外簧裂纹、折断或电弧灼伤，外簧自由高小于393mm，内簧自由高小于362mm时更换新品。

（5）组装时摩擦楔块须装入箱体原位置。弹簧组装时，内外弹簧旋相须相反。

（三）运用中的车钩常见故障

运用中的车钩主要故障是车钩三态作用不良。

1.闭锁位置不良

钩锁不能充分落下，是由于钩舌与钩锁接触面磨耗后焊修时堆焊过多，造成作用不灵活。

2.自动开锁

（1）车钩防跳不良，未能卡住；

（2）钩锁销反装，造成防跳失效；

（3）钩提链松余量过短；

（4）下作用式车钩提钩杆的扁平部未入槽；

（5）人力制动机链反装于提钩杆下方。

3. 开锁位置不良

（1）止锁座磨耗；

（2）锁脚弯曲；

（3）钩头内部底壁有台阶形磨耗。

4. 全开位置不良

（1）钩提链过长，提钩力不足；

（2）钩舌推铁两端磨耗过限或弯曲变形。

此外，还包括车钩裂纹折损，钩头、钩舌、钩身、钩尾等部。位及钩舌销弯曲折损，车钩各部磨耗过限、钩身弯曲等故障。

（四）防止列车分离事故的方法

防止车钩分离"五字"检查法

1. 检

检查钩提杆及座是否弯曲、变形、别劲，钩提杆座有无松动、变形；钩提杆是否被异物缠绕；钩肩有无与冲击座撞击痕迹；上锁销及马蹄环是否别劲；钩舌、钩腮、钩身、上下钩耳有无裂损。

2. 测

检查中对两连挂车钩互差及钩提杆马蹄环松余量限度有疑问者、下作用车钩钩提杆与座间隙有疑问者，使用一号样板或量具进行测量。

3. 探

探身检查钩舌销是否折断，钩锁铁是否落实（露出下锁销轴孔），跨装货物钩提杆捆绑是否牢固；钩尾框、丛板及缓冲器有无破损；丛板座铆钉有无折断。

4. 摘

与客车和机保车连挂的货车上作用马蹄环必须摘开。

5. 敲

用检点锤敲击钩尾和缓冲器托板螺栓是否松动、折损。

第三节 货车转向架

一、车辆转向架的构造

随着铁路运输事业的迅猛发展，铁路运输事业发展的初期的二轴车在载重、长度和容积等多方面都不能满足要求。相继出现三轴、多轴转向架。常见的多轴车辆是采用带转向架结构形式的。把两个或三个轮对用专门的构架（侧架）组成的一个小车，称之为转向架。

转向架基本作用：

1. 承担车辆的自重和载重，并将载荷传递到钢轨上。

2. 通过安装圆形或球形心盘，车体与转向架可相对自由转动，使车辆顺利通过曲线，降低运行阻力。

3. 通过安装弹簧及减震装置以缓和车辆承受的冲击和振动。

4. 通过增加轴数以提高车辆的载重。

5. 转向架是一个独立的结构，易从车下推出，便于检修。

由于车辆的用途、运行条件、制造和检修能力及历史传统等因素，使得转向架的类型繁多，结构各异。但不同的转向架有共同的特点。

（一）转向架的组成

一般转向架的组成可以分为以下几个部分：

1. 轮对及轴承装置

轮对沿钢轨滚动，传递车辆重量及轮轨之间的各种作用力（包括牵引力和制动力）。轴箱与轴承装置联系构架（或侧架），使轮对的滚动转化为车体沿钢轨的平动。

2. 构架（或侧架）

构架（或侧架）是转向架的基础，它把转向架的各零部件组成一个整体。

3. 弹性减震装置

转向架在轮对与构架（侧架）之间或构架（侧架）与车体（摇枕）之间设有弹性悬挂装置。前者称为轴箱悬挂装置（又称第一系悬挂），后者称为摇枕（中央）悬挂装置（又称第二系悬挂）。

4. 基础制动装置

为使运行中的车辆在规定的距离内停车，必须安装制动装置，其作用是传递和放大制动缸制动力，使闸瓦与车轮间的转向架内摩擦力转化为轮轨间的外摩擦力，即制动力。从而使车辆承受前进方向的阻力，产生制动效果。

5. 转向架支承车体装置

转向架支承车体的方式（又称转向架的承载方式）应满足两个基本要求：安全可靠地支承车体，承载并传递各作用力（如垂向力、振动力等）；使车辆顺利通过曲线，车体与转向架间应能绕不变的旋转中心相对转动。

目前我国铁路货车（大型车、机保车除外）转向架型号主。要有12种：转9、转8A、转8AG、转8G、转K1、转K2、转K3、转K4、转K5、转K6、2TN、控制型等。

近年生产的新型转向架型号主要有7种：转8G、转K1、转K2、转K3、转K4型、转K5、转K6等。各种转向架的主要区别在于：转向架的轴数和类型，弹簧悬挂系统的结构与参数，垂向载荷的传递方式，轮对支承方式，轴箱定位方式，制动装置的类型与安装，以及构架、侧架结构等诸多方面。

（二）转向架的结构及特点

一般货车转向架主要由轮对轴箱装置、弹簧减震装置、构架或侧架摇枕、基础制动部分组成。我国的货车转向架结构主要有三种结构形式：

1. 采用构架式焊接转向架

转向架采用H形整体焊接构架，轴箱弹簧悬挂，双斜楔摩擦减震及吊挂式制动装置，心盘承载。其优点为：簧下质量小，轮轨动力作用低，抗菱刚度大，轮对定位好，蛇形运动临界速度高。缺点为：抗扭刚度大，均载性能不如三大件式转向架，生产成本较高。

2. 采用三大件式转向架

转8A型转向架就是三大件式转向架。这种转向架簧下质量大，部件配合松弛，抗菱刚度小，蛇形运动临界速度低。

3. 采用准构架式转向架

这种转向架由两个侧架一个摇枕通过定位销及橡胶套组成，采用旁承承载结构，轴箱弹簧减震装置。它一方面保留了三大件式转向架均载性能好的优点，一方面又综合了构架式转向架簧下配件质量低，抗菱刚度大的特点。动力学试验表明，该转向架轮轨动力作用较小，蛇形运动临界速度高，各项动力学性能指标良好。

二、转向架的检修与运用

（一）构架的检修

1. 车辆检修前要对构架进行冲洗

（1）冲洗有下列4项要求：

①冲洗介质不得使用碱水。

②构架冲洗水温及时间须符合有关要求。

③不得借助交叉杆或弹簧托板吊装、支撑或移动转向架。

④冲洗后，构架表面不得有锈垢。

（2）冲洗后对摇枕、侧架以下部位重点检查

①摇枕、侧架正位检查时，摇枕应重点检查端部内腔、摇枕弹簧支承面、斜楔摩擦面（弯角）、下旁承盒、下旁承盒至上漏水孔区、内腔中心销座、心盘安装

座上平面及螺栓孔、心盘安装座两侧下面与摇枕侧面结合处、摇枕侧面、制动梁安全链座、固定杠杆支点座、一体式心盘的底面、立面及圆脐；侧架应重点检查导框弯角处、承载鞍支撑圆脐上平面与侧架结合处、导框A部位、三角孔周边、三角孔内腔、摇枕弹簧承台周边、立柱、中央方框上横梁、制动梁滑槽磨耗板、斜楔挡、交叉杆支撑座及周边焊缝、横跨梁托。

②摇枕、侧架翻转位检查时，摇枕应重点检查B部位两漏水孔周边、A部位漏水孔周边、内腔中心盘座内平面、弹簧座与摇枕底面过渡弯角处；侧架应重点检查下面B部位漏水孔周边、摇枕弹簧座下面、底平面。

2.侧架裂纹焊修须符合下列技术要求

（1）侧架易裂部位

①侧架承台弯角处裂

②侧架导框弯角处裂

③转8A型侧架导框上部

④侧架三角孔立筋处

（2）侧架裂纹焊修技术要求

①侧架弯角处横裂纹长度不大于裂纹处断面周长的30%，转K4型侧架摇动座支承安装槽底面横裂纹长度不大于60mm，其他部位的横裂纹长度不大于裂纹处断面周长的50%时焊修，焊波须高于基准面2mm，焊修后须进行热处理；大于时更换。

②侧架斜楔挡裂纹时焊修或更换。

③支撑座裂纹及支撑座、侧架、连接板间焊缝开裂时须

铲除裂纹后焊修，并须符合支撑座及侧架、连接板间焊缝焊修技术条件。

④支撑座贯通裂纹、经过焊修再次裂纹或原焊修焊缝开裂时更换；更换时不得伤及侧架母材。

⑤分解后保持环裂纹时更换新品，更换保持环时，须使用专用组装定位胎具；焊缝开裂时焊修。

⑥横跨梁托裂纹时更换，焊缝开裂时焊修。

⑦转K1型锥柱裂纹时更换。

⑧转K1型锥柱与座板、座板与侧架间焊缝开裂时清除裂纹后焊修。

3.制动梁滑槽磨耗板的检修要求

（1）平板式制动梁滑槽磨耗板的检修要求。

平板式制动梁滑槽磨耗板磨耗深度大于3mm时更换新品。平板式滑槽磨耗板材质为27SiMn，硬度须为40~50HRC，更换时须三面满焊；焊装磨耗板后其上、下承台间距应为56~58mm。

(2) 卡入式滑槽磨耗板的检修要求

卡入式滑槽磨耗板磨耗深度大于3mm时更换新品。转8AG、转8G、转K2转K4型材质为T10或47Mn2Si2TiB；T10硬度须为36~42HRC，47Mn2Si2TiB硬度须为43~58HRC，须镶嵌牢固。

(3) 转8A、转8AG、转8G、控制型侧架立柱磨耗板的检修要求

①转8A、转8AG、转8G侧架立柱磨耗板丢失时补装，磨耗深度大于2mm或松动时更换，采用平头铆钉液压热铆牢固。

②新装磨耗板与侧架的间隙，用厚度为1mm的塞尺检查，不得触及铆钉杆。

③转8A、转8AG、转8G型侧架两立柱内侧距离（以侧架两立柱安装磨耗板的突出部分最下方向上10mm处测量为准）大于509mm时，堆焊后加工（加工后局部可有黑皮）或更换；小于505mm时，铆装厚度为10mm的磨耗板；大于505mm时，铆装厚度为12mm的磨耗板。

④侧架立柱磨耗板的材质：转8A型为45号钢，表面热处理后硬度为38~50HRC，转8AG、转8G型为47Mn2Si2TiB；表面热处理后硬度为43~58HRC；淬火层深度须大于3mm。

⑤控制型侧架立柱磨耗板须符合图样QCZ49-20-01，上、下部须焊装定位装置。

4. 转K2、转K4型侧架立柱磨耗板的检修要求

(1) 侧架立柱磨耗板丢失时补装，磨耗深度大于3mm或松动时更换，须采用折头螺栓紧固。

(2) 新装磨耗板与侧架的间隙，用厚度为1mm的塞尺检查，不得触及螺杆。

(3) 侧架立柱磨耗板的材质：转K2型为T10（斜楔材质为针状马氏体铸铁）或47Mn2Si2TiB（斜楔材质为贝氏体球墨铸铁），表面热处理后对应硬度分别为365~415HBS或43~58HRC；转K4型为47Mn2Si2TiB，表面热处理后硬度为43~58HRC；淬火层深度须大于3mm。

5. 支撑座的检修

由于支撑座和保持环相对于侧架有着严格的尺寸要求，它关系到转向架组装后是否正位和交叉杆的受力大小，如不采用专用组对夹具进行支撑座和保持环的组对，则无法保证支撑座和保持环相对于侧架的尺寸。

支撑座专用组对夹具在使用中应注意以下事项：

(1) 放置支撑座专用组对夹具时应轻稳。

(2) 调整专用组对夹具内侧定位挡与侧架导框内侧面的两侧间隙差不大于0.5mm，调整合格后转动专用组对夹具的丝杠使夹具与侧架夹紧。

(3) 放上支撑座和保持环，穿入定位块，调整支撑座与侧架的组对间隙不大

于2mm、保持环与支撑座接触面的间隙不大于0.5mm,合格后紧固定位块方可施焊。

(4)支撑座组对完成后,卸下定位块、松开夹紧丝杠后方可吊出传用组对夹具。

(5)专用组对夹具在使用中不得敲击、不得火烤,不得使用专用组对夹具吊起侧架,专用组对夹具不用时应在专用存放架上放置,以防止破坏使用精度。专用组对夹具应进行定期检定,精度不合格时应修理调整后使用。

组对支撑座后的侧架应对组对的相关尺寸进行检测,检测的方法为平台划线测量或三维坐标检测仪测量,主要检测内容为支撑座的中心距、支撑座中心相对于侧架纵向中心线的距离、支撑座中心到同侧导框内面的距离差或支撑座中心到侧架横向中心线的距离、支撑座内保持环平面与侧架纵向中心线平面的角度、支撑座内保持环平面相对于侧架纵向中心线平面的垂直度。

支撑座裂纹及支撑座、侧架、连接板间焊缝发现裂纹后,应彻底清除裂纹和需焊接部位的污垢、锈蚀等,经探伤复查确认无裂纹时方可焊修;对于焊接成型不良的焊缝应予以打磨光滑,焊后应进行探伤检查确认无裂纹后方可使用。焊修时应严格按照焊修工艺要求进行,焊接时可采用碱性焊条电弧焊。

焊接要求:焊接时采用平焊或船形位焊接;如需多层焊接时,焊接层间温度控制在150~300℃之间,各层焊缝应熔合良好,每层焊完清除熔渣后方可焊接下一层;焊缝尺寸应符合图纸要求。焊缝表面不得有气孔、夹渣、咬边等外观缺陷;焊缝表面成形良好,否则应打磨处理;焊后须进行湿法磁粉探伤检查。

6.摇枕裂纹焊修技术要求

(1)摇枕易裂部位

①摇枕下腹部漏水孔处

②摇枕下旁承附近

③摇枕斜楔槽内两侧

④摇枕内部加强筋

⑤下心盘螺栓孔处

⑥距下心盘安装座400mm附近

(2)摇枕裂纹焊修技术要求有下列5项

①摇枕上平面、侧面横裂纹长度不大于裂纹处断面周长的20%,底面横裂纹长度不大于底面宽的20%时焊修(测量周长或宽度时,铸孔计算在内,测量裂纹长度时,铸孔不计算在内),焊修前消除裂纹,焊波须高于基准面2mm,焊修后进行热处理;大于时更换。

②纵裂纹或内壁加强筋、心盘销座裂纹时焊修。

③摇枕挡或下旁承盒裂纹、缺损时焊修或更换。

④裂纹判断有疑问的摇枕须进行除锈，并对该部位进行磁粉探伤。

⑤转8AG、转8G、转K2型交叉杆安全链吊座裂纹时焊修或更换。

7.摇枕斜楔摩擦面磨耗板检修要求

（1）摇枕斜楔摩擦面磨耗板检修要求有下列4项

①焊缝开裂时焊修，裂纹时更换新品；转8A、转8AG、转8G、转K4型摇枕斜楔摩擦面磨耗板磨耗深度大于3mm时更换新品，转K1、转K2型磨耗深度大于2mm时更换新品。

②更换时，转8A、转8AG型转向架摇枕斜楔摩擦面有铸台者须用原型样板以弹簧支承面及凸脐中心为基准进行检查、修理，每侧间隙不大于4mm，间隙差不大于2mm；各面须焊装140mm×80mm×（3~5）mm的磨耗板；无铸台者焊装（145~155）mm×80mm×（3~5）mm的磨耗板。

③焊装磨耗板前摇枕斜楔摩擦面基准面须平整，否则须堆焊后磨平，磨耗板须正位、密贴，上、下端面与摇枕须满焊。

④控制型摇枕原设计无磨耗板者，须更换为符合图样，QCZ49-40-01的摇枕。

（2）焊装注意事项有下列5项

①将摇枕斜楔摩擦面调整到水平位置。

②焊装磨耗板前摇枕斜楔摩擦面基准面须平整，否则须堆焊后磨平，磨耗板须正位、密贴，焊接面与磨耗板平面基本同高。

③摇枕斜楔摩擦面磨耗板或分离式斜楔插板上、下端面与摇枕须满焊，不得有焊接缺陷，焊后将高出磨耗板表面的焊缝打磨平整。

④转8A、转8AG、转8G、转K1、控制型摇枕斜楔摩擦面磨耗板焊装时使用J506焊条，电流强度为180~220A。

⑤转K2、转K4型斜楔摩擦面磨耗板焊装时使用A302焊条，电流强度为140~180A。

8.交叉支撑装置检修

（1）交叉支撑装置检修应注意：

①对于有支撑座的侧架在检修、运输、存放、装用过程中，不得冲击、堆压支撑座，不得借助支撑座吊运侧架。

②交叉杆的运输应有专用运输存放架，不得使杆体承受较大的载荷。

③不得借助交叉杆吊装、支撑或移动转向架。交叉支撑装置应检查的部位为：端头螺栓（母）、双耳防松垫圈、轴向橡胶垫、橡胶锥套（转K1型）、交叉杆杆体（重点是压型处和环焊处）、盖板（扣板）、连接螺母及盖板（扣板）焊缝等。

（2）转8AG、转8G型交叉支撑装置组装作业过程

①将交叉支撑组成吊至交叉支撑装置专用定位胎具承载梁上摆正,且将下盖板一端圆弧中间部分靠在定位挡上。

②吊起侧架与摇枕组成,轻稳落在交叉支撑组装定位装置上,保证侧架导框落入定位装置的导框内。

③将内侧的轴向橡胶垫安装在侧架支撑座上保持环的孔中,同时抬起交叉支撑组成的一侧,将连接孔对正,用穿入双耳垫圈、标志板、锁紧板、轴向橡胶垫的螺栓(涂黑铅粉油)连接。保证锁紧板的防松片定位孔呈上、下位置。

④用智能扳机旋紧螺栓,保证扭矩达到675~700NM,并全部采用手动扭力扳手校核。用手锤、扁铲将垫圈相对的两个防松叶片折弯贴靠螺栓。为了防止螺栓紧固力矩未到规定值而出现确认合格的问题、造成列车运行时出现螺栓脱落事故,因此,在交叉杆端部螺栓用智能扭力扳机紧固后必须用手动扭力扳手进行逐个校正、检查。

检测合格后,将交叉支撑装置吊下交叉支撑装置专用定位胎具。

(3) 转K2型交叉支撑装置组装作业过程

①将上下交叉杆吊至交叉支撑装置专用定位胎具承载梁上摆正位置。

②吊起侧架与摇枕组成,轻稳落在交叉支撑组装定位装置上,保证侧架导框落入定位装置的导框内。

③将内侧的轴向橡胶垫安装在侧架支撑座上保持环的孔中,同时抬起交叉支撑组成的一侧,将连接孔对正,用穿入双耳垫圈、标志板、锁紧板、轴向橡胶垫的螺栓(涂黑铅粉油)连接。保证锁紧板的防松片定位孔呈上、下位置。

④用智能扳机旋紧螺栓,保证扭矩达到675~700NM以上,并全部采用手动扭力扳手校核。用手锤、扁铲将垫圈相对的两个防松叶片折弯贴靠螺栓。为了防止螺栓紧固力矩未到规定值而出现确认合格的问题、造成列车运行时出现螺栓脱落事故,因此,在交叉杆端部螺栓用智能扭力扳机紧固后必须用手动扭力扳手进行逐个校正、检查。

⑤检测合格后,上、下交叉杆中部焊有扣板,利用2组M12螺栓、螺母、平垫圈将扣板紧固,同时将螺母点焊固,扣板和扣板之间有4处塞焊点和两条平焊缝,把上、下交叉杆固定成1个整体。

⑥将交叉支撑装置吊下交叉支撑装置专用定位胎具。

(4) 交叉支撑装置在组装时应注意如下8项要求:

①交叉杆必须轻拿轻放,不得摔碰。

②在吊运构架上交叉支撑装置专用定位胎具时,注意不要使支撑座下部压上交叉杆端部。

③在组装交叉支撑装置前,应使侧架处于基本正位的状态。

④交叉支撑装置组装时，不得硬撬、敲击交叉杆杆体。

⑤在紧固交叉支撑装置端部螺栓时应对角采用智能扭力扳机紧固，紧固后必须采用手动扭力扳手逐个进行扭力矩校核。

⑥交叉杆扣板和螺栓电焊时，不得在杆体上打火。

⑦交叉支撑装置组装后，不得借助交叉杆吊装、支撑或移动构架。

⑧组装交叉支撑装置后的转向架不得叠放。

9.装有交叉支撑装置的转向架在运用中常见故障部位

（1）下交叉杆式转向架的交叉杆弯曲、折断；

（2）K2、K1型的空重车调整装置作用失效；

（3）K2型的中拉杆夹板磨制动梁槽钢梁；

（4）K2型的立柱磨耗板裂纹；

（5）K2、K1的摇枕斜面磨耗板裂纹；

（6）K1型的锥柱焊缝裂纹；

（7）转向架旁承摩擦板侧面磨耗严重。

（二）承载鞍检修

1.转8A、转8AG、转8G型承载鞍的检修

（1）由转向架上卸下的承载鞍须将其表面尘锈清除干净。

（2）承载鞍裂纹、变形时更换。原有铸造缺陷及焊痕，经运用后未发现异状者可继续使用。

（3）将承载鞍置于检测平台上，测量以下5个尺寸：

①承载鞍导框挡边内侧面水平距离原型型为Ⅱ（170±1）mm，Ⅰ型为（166+1）mm，一侧磨耗大于2mm或两侧磨耗之和大于3mm时更换。

②承载鞍导框底面水平距离原型为309°-1mm，一侧磨耗大于2mm或两侧磨耗之和大于3mm时更换。

③承载鞍推力挡肩距原型为153 +1.60mm，两端磨耗后不大于155.8mm时，清除棱角后使用，磨耗后大于155.8mm时更换。

④将基准环置于承载鞍鞍面上，承载鞍鞍面直径原型为φ230（+0.1，-0.05）mm，用0.5mm塞尺检测其径向磨耗间隙，超过时更换。

（4）承载鞍顶面偏磨大于1.5mm时刨（铣）修平整，顶面磨耗超过5mm时更换。

（5）加工面粗糙度须达Ra6.5μm须符合要求。

2.转K1、转K2、转K4、控制型承载鞍的检修

（1）由转向架上卸下的承载鞍须将其表面尘锈清除干净。

（2）承载鞍裂纹、变形时更换。原有铸造缺陷及焊痕，经运用后未发现异状者可继续使用。

（3）将承载鞍置于检测平台上，测量以下5个尺寸：

①转K1、转K2、控制型承载鞍导框档边内侧面水平距离原型为93+1 0mm，一侧磨耗大于2mm或两侧磨耗之和大于3mm时更换；转K4型原型为75mm，一侧磨耗大于2mm或两侧磨耗之和大于6mm时更换。

②转K1、转K2、控制型承载鞍导框底面水平距离原型为1810 -1mm，转K4型为182mm，一侧磨耗大于2mm或两侧磨耗之和大于3mm时更换。

③承载鞍推力挡肩距原型为153+1.60mm，两端磨耗后不大于155.8mm时，清除棱角后使用，磨耗后大于155.8mm时更换。

④测量承载鞍底面至顶面的垂直距离，转K2型承载鞍顶面偏磨1.5mm时刨（铣）修平整，顶面磨耗超过5mm时更换；转K1、转K4型、控制型承载鞍凹形顶面磨耗超过3mm时更换。

⑤将基准环置于承载鞍鞍面上，承载鞍鞍面直径原型为230+0.1 -0.05mm，用0.5mm塞尺检测其径向磨耗间隙，超过时更换。

（三）斜楔检修

斜楔的主、副摩擦面在运用中因分别与侧架立柱磨耗板、摇枕斜楔槽斜面经常摩擦而造成磨耗。若磨耗过大，使减震弹簧上升达到自由高时会造成减震器失效。为此，厂、段修时主要检查斜楔主、副摩擦面的磨耗量。

斜楔的检修技术要求如下：

1.斜楔体裂纹、破损时更换新品。

2.转8A、转8AG、转8G型斜楔主摩擦面或副摩擦面磨耗大于3mm，转K1型斜楔主摩擦面磨耗大于6mm或副摩擦面磨耗大于2mm，转K2型斜楔主摩擦面磨耗大于6.4mm或副摩擦面磨耗大于2mm，转K3型主摩擦面大于3mm时更换新品。

（四）下旁承检修要求

1.转8AG、转8G、转K1、转K2型下旁承检修有下列5项要求

（1）尼龙摩擦板破损时更换。

（2）尼龙摩擦板顶面磨耗转8AG、转8G型大于2mm，转K1、转K2型大于3mm时更换。

（3）尼龙摩擦板与旁承座配合侧面（单侧）磨耗大于3mm时更换。

（4）尼龙摩擦板更换时须拧紧两侧螺钉，螺钉头低于摩擦板表面3mm。

（5）弹性旁承橡胶体允许有龟裂，但橡胶体表面出现的裂纹深度大于5mm或水平投影长度大于该边长的30%时更换。

2.转8AG、转8G、转K1、转K2型下旁承组成附属零部件的检修要求

（1）旁承滚子、滚子轴径向磨耗、腐蚀深度大于2mm或严重变形影响作用时更换。

（2）旁承滚子与滚子轴的间隙不大于1mm。

（3）旁承座底面、侧面磨耗深度大于2mm时，堆焊后加工或更换。

（4）旁承座与滚子轴接触凹槽磨耗大于3mm时焊修，恢复原型。

3.转8AG、转8G、转K1、转K2型摇枕弹簧及减震弹簧组装要求

（1）转8AG、转8G、转K1、转K2型同一转向架同组减震弹簧、同规格的摇枕弹簧，转8AG、转8G同组外圈减震弹簧与摇枕弹簧自由高度差均不大于2mm。

（2）同一组两级刚度摇枕弹簧内外圈自由高度差：转8AG、转8G、转K2型为20~25mm，转K1型为23~28mm。

（3）各型圆弹簧内、外圈旋向相反。

（4）全车弹簧须一致。

（五）心盘磨耗盘（衬垫）检修要求

1.心盘磨耗盘（衬垫）使用时间满6年时更换。

2.心盘磨耗盘允许有1处从周边至中心孔的裂纹或2处以上长度之和不大于150mm的裂纹，裂纹超限时更换。

3.转8AG、转8G型心盘磨耗盘立面与底面（原型厚度5mm）磨耗后剩余厚度小于3mm时更换。

4.转K1、转K2、转K4型心盘磨耗盘立面（原型厚度6mm）与底面（原型厚度7mm）磨耗后剩余厚度小于4mm时更换。

球面心盘衬垫破损或磨耗大于2mm（原型厚度8mm）时更换。

（六）平面下心盘段修要求

1.下心盘裂纹易发生在螺栓孔处，立棱上，立棱圆周根部，环形平面及背部筋处。

2.心盘裂纹可施行焊修，但焊前须在裂纹末端钻止裂孔，沿裂纹铲坡口，预热后焊修，焊后进行正火热处理（经埋弧自动堆焊处除外），以便消除内应力。

3.平面磨耗超限时焊修后加工，恢复原型。

4.转8AG、转8G型下心盘变形时调修，直径磨耗超限时须使用心盘自动焊机堆焊，焊修后加工，恢复原型。

（七）横跨梁组成的检修要求

横跨梁组成须分解检修，且须符合下列8项要求。

1.横跨梁纵裂纹焊修，横裂纹或破损时更换；变形大于5mm时调修或更换，

腐蚀大于20%时更换。

2. 横跨梁垫板（80mm x 80mm x 6mm）与磨耗板（触板规格为150mmx80mmx6mm，0Cr18Ni9材质者规格为150mmX80mm x 8mm）工作面须平整，磨耗板平面磨耗大于2mm更换。

3. 横跨梁螺栓孔处平面磨耗大于1mm时焊修，孔径（原型为$\varphi22mm$）磨耗大于3mm时堆焊后重新钻孔。

4. 横跨梁链吊座孔磨耗大于2mm时更换。

5. 横跨梁调整垫板孔径磨耗大于3mm，单侧磨耗大于2mm更换。

6. 横跨梁安全链裂纹或磨耗深度大于2mm更换。

7. 横跨梁磨耗垫板磨耗深度大于2mm更换。

8. 横跨梁定位螺栓破损时更换。

（八）转向架组装时对摇枕、侧架的要求

转向架组装时，摇枕上平面与侧架的间隙不小于10mm；打枕心盘安装座与心盘接触面螺栓孔周围的毛刺须清除，凸起须月平。同一转向架两侧架固定轴距差：转8A型不大于5mm，车8AG、转8G、转K1、转K2、转K4、控制型不大于2mm（即具有相同的铲豆）；同一转向架两侧架上的横跨梁托与横跨梁的间隙不大于1mm；控制型侧架与摇枕斜楔槽两侧间隙之和为10~18mm。

（九）转向架组装

1. 转向架组装交验时应检查的项目

摇枕上平面与侧架的间隙；斜楔正位；侧架导框与承载鞍顶部及前后、左右的配合间隙；承载鞍、挡键与轴承及前盖、后挡的相互间隙；制动梁及制动零部件组装状态，安全链松余量；交叉支撑装置的组装状态；下拉杆与制动梁安全吊间隙；交叉支撑装置与下拉杆及闸瓦托各部间隙；下旁承组装状态；下心盘组装等。转向架组成后须经过下部限界检查，各部间隙符合规定。

未装心盘磨耗盘或衬垫的下心盘，转8A型侧架导框支承面、内侧面、承载鞍顶面，各圆销表面，转8A、转8AG、转8C型导框摩擦面，制动梁滑槽磨耗板表面，转K3型转向架副摩擦板工作面、制动梁端头与闸瓦托的滑动摩擦面等部位须涂适量润滑脂；下心盘内润滑脂须均匀涂抹在下心盘平面和立面上。

由于提速转向架采用了增加回转阻力矩的方式来抑制车辆的蛇形运动，因此常接触式弹性旁承与上旁承磨耗板间、滚子表面、上下心盘与磨耗盘间、承载鞍与导框顶部、承载鞍与轴承间等不得涂抹润滑脂，以防止降低摩擦系数而影响了回转阻力矩的产生，从而导致车辆在低速时蛇形失稳。所以，转8AG、转8G、转K1、转K2、转K4型转向架轴承外圈与承载鞍内鞍面间、承载鞍顶面与侧架导框

支承面（座）间、上下心盘间、上下旁承间，转K4型转向架摇动座与摇动座支承间均不得涂抹润滑脂。

2. 段修时下心盘的组装质量的控制

（1）下心盘组装时，须使用FS型、BY-B型或BY-A型防松螺母，安装04mm开口销，并配套使用强度符合GB3098.1规定的10.9级，精度等级符合GB9145标准6g要求的螺栓，螺栓头部须有10.9级标记；装用BY-B型防松螺母时，须安装弹簧垫圈。

（2）心盘组装前，摇枕心盘面、心盘底平面、螺栓孔周围的毛刺须清除，凸起须磨平，组装后不得有间隙。

（3）心盘垫板必须按规定使用钢垫板或竹质垫板，不得使用木质心盘垫板。

①竹质垫板厚度不大于40mm；钢质、竹质垫板混装时，钢质垫板须放于底层。

②螺栓组装的下心盘垫板总厚度不大于60mm，厚度小于20mm时，须使用每块厚度不小于8mm的钢质垫板，钢质垫板超过1层时，须在钢板层间四周点焊固。

③竹质垫板可于车辆横向2块拼装，各占一半。

④竹质垫板除可与钢质垫板叠装外，须单层使用，厚度不小于20mm。

⑤转K4、控制型须使用钢质垫板，不超过2块，总厚度不大于40mm。

（4）下心盘内不得有异物，并且必须均匀填加心盘专用润滑脂。（装有心盘磨耗盘或心盘衬垫的不得涂抹润滑脂）。

3. 转8AG、转8G、转K1、转K2型下旁承组成的组装有下列5项要求

（1）转8AG、转8G型转向架下旁承上平面与下心盘上平面的距离（含心盘磨耗盘）须为（92+2）mm，超限时可调整下旁承座及下旁承垫板，下旁承座底部高度不得大于30mm，下旁承垫板总厚度为2~14mm，数量为1~2块。

（2）转K2型转向架下旁承上平面与下心盘上平面的距离（含心盘磨耗盘）须为（86+2）mm，超限时可调整下旁承垫板，下旁承垫板总厚度为2~25mm，数量为1~3块。

（3）下旁承磨耗板上平面距滚子上部距离为（14+1）mm。

（5）旁承座与旁承盒间的纵向间隙之和不大于2mm，超限时用调整垫板调整，调整垫板与旁承盒上边缘焊固。

（5）旁承座安装方向须为：同一摇枕相反，同一车辆同侧同向。当下旁承上平面与下心盘上平面的距离不符合要求时，可做如下调整：

①转8AG、转8G型转向架下旁承上平面与下心盘上平面的距离（含心盘磨耗盘）须为（92+2）mm，不符时可调整下旁承座及下旁承垫板，下旁承座底部高度不得大于30mm，下旁承垫板总厚度为2~14mm，数量为1~2块。

②转K3型转向架下心盘底平面至下旁承顶面的距离为（131 +2） mm，不符时可增减下旁承垫板，但不得超过3块。

③转K4型转向架下旁承上平面与下心盘上平面的距离（含磨耗盘）为（71+2）mm，不符时可调整下旁承垫板。

4.斜楔及枕簧的组装要求

斜楔及枕簧的组装有下列5项要求：

（1）同一车辆斜楔型式和材质须一致。

（2）转K2型斜楔主摩擦面磨耗限度高度标记为19.1mm，超出摇枕上平面时，须将斜楔、侧架立柱磨耗板和摇枕斜楔摩擦面磨耗板或分离式斜楔插板成套更换。

（3）落车后斜楔立面与侧架立柱磨耗板须接触良好，垂直向不得有贯通间隙，横向以10mm×2mm塞尺测量不得深入50mm。

（4）转8A、转8AG、转8G型斜楔的弹簧支承面不得高于摇枕的弹簧支承面。

（5）将选配合格的摇枕弹簧及减震弹簧组装，弹簧须落入相应弹簧定位脐及挡边之内，不得有卡阻现象。

5.承载鞍及承载鞍垫板的组装要求

承载鞍的组装要求有下列3项：

（1）同一车辆上承载鞍须一致，I、II型承载鞍不得混装。

（2）承载鞍与侧架导框的间隙，须符合下列要求：

①转8A型前后之和为2~9mm，左右之和I型承载鞍为5~12mm、II型承载鞍为9~12mm。

②转8AG、转8G型前后之和为3~9mm，左右之和为9~14mm，同一轮对导框内侧横向间隙之和与外侧横向间隙之和均不小于4mm。

③转K1型前后之和为4~9mm，左右之和为9~15mm。

④转K2型前后之和为3~9mm，左右之和为6~14.5mm。

⑤转K4型前后之和为1.5~8mm，左右之和为6~18mm。

⑥控制型转向架前后之和为3~8mm，左右之和为6~14mm；侧架与摇枕斜楔槽两侧间隙之和为10~18mm。

（3）转8A、转8AG、转8G型转向架承载鞍顶面可安装钢垫板。

（4）转8AG、转8G型同一转向架4个承载鞍上平面距轨面高度差大于1mm时，可在承载鞍顶面安装1块不同厚度的垫板调整，同一轮对须同时安装垫板。

（5）转8AG、转8G型转向架的车轮直径小于φ770mm时，须在承载鞍上安装1块钢垫板。

（6）安装钢垫板时，装有交叉支撑装置的转向架同一轮对的侧架端须同时起降，禁止顶升侧架一端。

（7）转8A、转8AG、转8G型转向架侧架承载鞍支承面与承载鞍顶面（或与磨耗板顶面）须接触良好，轴向局部间隙用1mm塞尺检查，其深入量不得大于20mm。

第三章 铁路货车检修技术

第一节 铁路货车检修概述

一、铁路货车检修制度

目前，我国铁路货车的检修制度是以计划预防修为主，状态修为辅的检修制度，即在计划预防修的框架下，逐步扩大实施状态修、换件修和主要零部件的专业化集中修。计划预防性检修制度分为定期检修和日常维修两大类。

（一）定期检修

定期检修是货车每运用一定时间对货车的全部或部分零件进行一定程度的检修。在货车尚未发生故障之前就对货车进行检修，消除零部件的缺陷和故障，预防事故的发生。

定期检修分为厂修、段修、辅修、轴检四级修程。由于装用滑动轴承铁路货车的淘汰，基本取消了轴检；随着铁路货车的修制改革，提速国铁货车取消了辅修。货车检修坚持质量第一的原则，贯彻以工装保工艺、以工艺保质量、以质量保安全的指导思想，实现安全稳定、质量可靠、工艺科学、装备先进、管理规范，以提高修车质量，保证货车使用性能。

1. 厂修

厂修一般在车辆修理工厂进行，也可以在有条件的车辆段进行。厂修时对铁路货车各部装置按规定进行全面分解、检查和彻底修理，并进行必要的技术改造，全面恢复铁路货车的基本性能，使之与新造货车基本接近；主要配件恢复原有性能，保持其应有的强度，以保证货车在长期运用中技术状态良好。

2. 段修

段修一般在车辆段检修车间进行。段修主要是维护货车的基本性能，保持在下次相应修程之前各部状态、性能良好；减少临修，提高货车的使用效率。对铁路货车进行全面检查、重点分解，着重分解检查货车的走行部、车钩缓冲装置和制动装置等部件；检查并修理货车故障，保证各装置作用良好，防止行车事故发生。

3. 辅修

辅修一般在站修作业场进行。辅修主要是对铁路货车的制动装置、车钩缓冲装置和滑动轴承进行分解、检查、修理，同时对其他部件进行外观检查、修理，以保证这些部件在运用中保持良好的状态。

4. 轴检

轴检是基于滑动轴承特点而设的，对滑动轴承和其他部分进行外观检查、修理。摘车轴检在站修线进行，不摘车轴检在列车中进行，两种轴检均应保证在下次辅修到期前不发生轴箱油润装置故障。

（二）按运行里程检修

按运行里程检修的货车，检修修程分为大修、全面检查和重点检查，与厂修、段修、辅修检修范围和内容类似，现应用于部分大秦线运煤专用车。

（三）日常维修

日常维修又称运用维修，货车的日常维修由铁路沿线的列检作业场进行。其基本任务是对到达、始发和中转的货物列车进行技术检查，及时发现并消除运用中发生的故障，确保运用中的铁路货车具有良好的技术状态，防止造成事故，保证行车安全。

（四）换件修

换件修是指用符合技术条件和要求的备用零部件或模块更换故障、损坏的零部件或模块的检修方法。换件修能满足及时和快速维修的要求，对维修级别和维修人员的技能要求不高，因此在当今运输条件下，特别是高速运输条件下，换件修可缩短检修停时，保证维修质量，节省人力，较快地将故障或损坏的装备重新投入使用，因而愈来愈多地被采用，成为货车维修的一种非常重要的方法。特别是当今货车设计中愈来愈多地引入模块化设计的概念，将货车中的特定部件设计成模块，这些模块在检修时进行直接更换，给货车的维修工作带来很大的方便，不但缩短维修停时，也更好地保证了维修质量。

换件修要求装备的标准化程度高，备件要具有互换性，同时还应科学地确定备件的品种和数量，对换下来的零部件是废弃还是修复或者降级使用，也要进行

权衡分析

（五）专业化集中修

铁路货车配件实行寿命管理和换件修后，货车在检修中需更换的配件数量将会有很大的增加，专业化集中修是维系零部件换件修的基础，也是实现铁路货车检修现代化、专业化的途径。

专业化集中修是指将铁路货车主要零部件的检修进行专业化分工，按照车型及零部件种类相对集中到技术力量较强的施修单位进行维修的方法。由此可见，专业化集中修有两方面的含义：一方面是将货车的检修集中到技术力量较强的检修基地，这样可提高检修基地的检修能力和试验手段，从而节约投资，提高检修质量，提高货车运用效率；另一方面是将那些需要原件检修的零部件拆下来分门别类地送往专业化的单位进行集中检修，从而降低维修成本，提高维修质量。

（六）寿命管理

在新的铁路货车检修规程的规定中，货车主要零部件的寿命管理工作正在从理论研究阶段进入到检修实践管理阶段。在实行寿命管理和制造质量保证期的条件下，应采用科学的方法计算出如侧架、摇枕、轴承、轮对、轴箱定位装置、车钩、钩舌、缓冲器、钩尾框、摇枕弹簧、轴箱弹簧等的经济使用寿命，并要求配件制造单位在这些配件上的标识永久性制造日期和制造厂代号标记。

（七）质量保证

质量保证是指在保证期限内，货车在正常运用中不应发生的质量故障。凡由于运用中不正常冲撞、脱轨、超载、装卸碰撞、偏载、商务错装（车型不符），或由于操作不良，擅自拆卸等情况而导致的损坏，均不属质量保证范围。

检修单位要对整车质量负责。经过厂修的货车在正常运用、维修的情况下，在质量保证期内由于厂修质量不良，不能满足质量保证要求时，应返厂检修；遇有临小修理，经当地车辆段同意代为修理时，应由责任工厂承担修理费用。在正常使用条件下，凡在制造质量保证期限内配件发生质量问题时，主要由配件制造单位承担质量保证责任，装用单位承担装用责任。货车在检修中因设计、制造原因，需改造的项目或零部件在质量保证期内超过段修限度或产生裂损等影响使用的缺陷，需更换的零部件是由车辆制造或检修单位无偿以旧换新，车辆制造或检修单位继续向配件生产单位进行质量追溯。在使用寿命期内，因内部缺陷造成事故时由配件制造单位负责。质量保证期时间统计精确到月。

向铁路货车上安装的轮对，按月计算其超声波探伤的剩余保证期，应达到下次段修到期月份。第一次组装的轮对在组装质量保证期内，轮座镶入部、轴颈、防尘板座或轮座外侧的外露部位发生断轴事故时，由组装单位承担事故责任；但轴承（或轴承内圈）如经退卸，轴颈发生断轴事故时由重新压装轴承的单位负责。超过轮对组装质量保证期时，由向车辆上安装的单位负责。两次及以上组装的轮对在组装质量保证期内，轮座镶入部发生断轴事故时，由轮对末次组装单位承担事故责任。超过轮对组装质量保证期时，由向车辆上安装的单位负责。

二、铁路货车检修限度

铁路货车检修限度是指货车在检修时，对货车零部件允许存在的损伤程度的规定，它是一种极为重要的货车技术规定。检修限度制订得合理与否，直接影响到运用车的质量与货车检修的经济效果。因此，合理地制订检修限度标准，对提高质量完成铁路运输任务具有重要的意义。

由于影响货车零部件的损伤和使用寿命的因素十分复杂，用理论计算的方法，往往不能充分反映实际工作条件的各种影响，要以理论分析计算为基础，并结合大量实际调研、论证，才能较好地制订出检修限度标准。各级修程检修限度一般呈逐级递减的状态，高级修程的检修限度要严于低级修程，主要考虑在故障或超限的发生概率一般能够在到达下一次同级修程前不发生超过低级修程的检修限度。因此高级修程的检修限度要覆盖低级修程的检修限度，其目的就是减少低级修程的工作量，提高车辆的安全可靠性。货车检修限度的分类，以及制订检修限度时需考虑的主要因素，主要有以下几个方面：

（一）检修限度的分类

货车零部件运用中的损伤程度，如磨损、腐蚀、裂纹、变形、擦伤、剥离、间隙等，都是以尺寸的大小来表示的，因此，检修限度标准中，一般是以尺寸值来表示。只要规定各种损伤的尺寸限度，控制货车零部件的损伤程度，藉以确保货车运用中的安全性。与现行的货车检修制度和修程种类相适应，铁路货车检修限度分为运用限度、辅修限度、段修限度和厂修限度4种。

1. 运用限度

铁路货车的检修限度是指在日常维护和修理中，对于货车各个部位的磨损、松动、腐蚀等情况所规定的允许范围。根据实际需要和安全要求，铁路货车的检修限度可以分为以下几类：

（1）轮对限度：包括轮辋直径、轮辋厚度、轮缘高度等参数的检修限度。这些参数的超出范围可能导致轮对运行不稳定，甚至引发意外情况。

（2）轴箱限度：涉及轴箱底板磨损、轴承孔磨损、轴箱间隙等方面的检修限度。轴箱是支撑轮对运行并传递载荷的关键部件，过大的磨损或间隙可能会影响轮对的正常工作和运行安全。

（3）车体限度：涉及货车车体结构、衔接处、承载力等方面的检修限度。车体的异常磨损、变形或者结构松动都会对货车的使用寿命和运行安全产生不利影响。

（4）制动系统限度：包括制动盘磨损、制动鞋厚度、制动气缸密封等参数的检修限度。制动系统是确保货车运行安全的重要组成部分，超出限度的磨损或损坏可能导致制动效果下降或失灵。

（5）空气制动管路限度：涉及空气制动管路连接处、软管老化、泄漏等方面的检修限度。空气制动系统是控制货车制动的关键系统，管路的异常情况会影响制动效果和运行安全。

在实际的货车检修工作中，铁路相关部门会依据国家标准和技术规范，对这些检修限度进行具体的规定和监督，确保货车的安全性和可靠性。同时，货车的检修限度还需要根据不同的车型和使用情况进行调整，以满足实际运营需求和技术要求。

2. 辅修限度

辅修限度是指在进行车辆辅助设备维护和修理时，对于设备各个部位的磨损、故障等情况所规定的允许范围。辅修限度的合理确定和执行对于保证车辆辅助设备的正常运行和安全性至关重要。根据不同的辅助设备类型和具体要求，辅修限度可以分为以下几类：

（1）电气设备限度：包括发电机、电动机、开关元件等电气设备的检修限度。这些设备的磨损、老化或故障可能导致电气系统失效，影响车辆的正常运行和安全。

（2）空调设备限度：涉及空调压缩机、风扇、冷凝器等空调设备的检修限度。通过检修限度，可以确保空调系统的正常工作、制冷效果和舒适度。

（3）制动设备限度：包括制动阀、制动驱动装置、制动电磁阀等制动设备的检修限度。这些设备的故障或磨损会影响车辆制动效果，甚至引发危险情况。

（4）车门设备限度：涉及车门电机、门锁、门控制系统等车门设备的检修限度。这些设备的异常运行和故障可能导致车门无法正常开启或关闭，影响乘客的安全乘车。

（5）通信设备限度：包括车载对讲机、调度台、无线电台等通信设备的检修限度。通信设备的正常运行对于车辆的安全和正常运营至关重要。

辅修限度的确定需要结合相关的技术标准、制造商的要求以及实际使用情况进行评估和判断。同时，在进行辅修工作时，相关维修人员也需要严格按照限度要求进行检查、维护和修理，确保车辆辅助设备的可靠性和稳定性，保障乘客和车辆的安全。

3. 段修限度

段修限度是指在进行铁路线路的维护和修理时，对于路基、道床、轨道等各个部位的磨损、变形、损坏等情况所规定的允许范围。段修限度的合理确定和执行对于保证铁路线路的正常运行和安全性至关重要。根据不同的线路类型和使用情况，段修限度可以分为以下几类：

（1）轨道限度：包括轨道净高、轨面磨耗、轨缘磨耗等参数的检修限度。这些参数的超出范围可能导致列车运行不稳定，增加车轮与轨道之间的摩擦，甚至引发脱轨等危险情况。

（2）道床限度：涉及道床沉降、路基侧面倾斜、路基稳定性等方面的检修限度。道床是支撑轨道和承载列车荷载的关键部分，超出限度的沉降或倾斜可能会影响轨道的几何形状和稳定性。

（3）桥梁隧道限度：包括桥梁墩身破损、隧道壁面开裂、桥梁荷载限制等参数的检修限度。桥梁和隧道是铁路线路中重要的工程结构，超出限度的损坏可能会导致结构安全隐患和运行风险。

（4）电气设备限度：涉及信号设备、通信设备、接触网等电气设备的检修限度。这些设备的故障或老化可能会导致列车运行受阻或信息传输中断，影响线路的正常运行和安全性。

（5）防护设施限度：包括防火隔离带、防护栏杆、信号标志等防护设施的检修限度。这些设施的破损或缺失会增加列车和乘客的安全风险。

在实际的段修工作中，铁路相关部门会依据国家标准和技术规范，对这些检修限度进行具体的规定和监督，确保铁路线路的安全性和可靠性。同时，段修限度还需要根据不同的线路类型、车辆负荷和使用情况进行调整，以满足实际运营需求和技术要求。

4. 厂修限度

厂修限度是指在进行设备维修时，工厂所能够达到的最大限度。根据维修的具体要求和设备的特点，厂修限度可以分为以下几类：

（1）部分维修限度：这种情况下，只有设备中出现问题的部分进行维修，而其他部分则保持原状。例如，当设备的某个部件损坏时，只需更换该部件，而不需要对整个设备进行修复。

（2）整体维修限度：在这种情况下，整个设备都需要进行维修，包括检查所有的部件和系统，并对其进行必要的维护和保养。通常，整体维修限度适用于设备老化严重、长时间没有进行维护或遭受较大损坏的情况。

（3）时间限度：在进行设备维修时，工厂可能面临着时间的限制。如果维修所需的时间过长，可能会导致生产线停工，从而影响生产进度和交货期。因此，在制定厂修限度时，必须考虑到维修所需的时间，并尽量缩短维修周期。

（4）成本限度：维修所需的成本也是确定厂修限度的一个重要因素。如果维修费用过高，超出了工厂的预算范围，那么工厂可能会选择部分维修或寻求替代方案。因此，在制定厂修限度时，必须考虑到维修的成本，并尽量降低维修费用。

（5）技术限度：维修所需的技术和人员能力也是确定厂修限度的一个关键因素。如果需要特殊的技术或专业知识来进行维修，而工厂没有相关的技术人员，则可能需要寻求外部帮助或采取其他解决方案。因此，在制定厂修限度时，必须考虑到维修所需的技术和人员能力，并确保可以满足维修要求。

综上所述，厂修限度根据具体情况可以分为部分维修限度、整体维修限度、时间限度、成本限度和技术限度等不同类别。在设备维修过程中，工厂需要综合考虑这些因素，以确定适当的维修限度，从而确保设备的正常运行和生产效率的提高。

（二）检修限度的确定

1. 确定最大检修限度的基本原则

最大检修限度是指极限限度，但并不一定是检修限度，检修限度是在此基础上留有一定安全裕量。制订检修限度时首先是从最大检修限度来考虑的，亦即从衡量该零件在什么条件下不能正常工作为出发点，来确定最大检修限度。然而，零件损伤到什么程度就不能继续使用是一个比较复杂的问题，往往不能通过单纯的理论计算来确定。为了确定一项检修限度，首先要分析该零件的工作条件，调查统计常见的损伤情况，并结合长期的实践经验，以及经济上的合理性与技术上的先进性等原则，综合分析比较后方能确定。

（1）零件本身的工作条件

制订最大检修限度时，就零件本身的工作条件而言，主要考虑损伤程度是否破坏了零件的强度条件，以及损伤程度是否能使已有的损伤迅速发展而达到危险的程度。

检修限度中，许多零件的最大限度，就是从零件本身的强度条件确定的。因为大多数损伤，如磨损、腐蚀、裂纹等，均导致零件的有效断面的减小，因而在相同载荷条件下产生的应力则显著增大。当损伤程度发展到零件内产生的应力超过材料的强度极限时，则使零件遭致破坏。因此，这时的损伤程度就是确定最大检修限度的依据。例如：轴颈磨损后的最小直径，整体车轮轮辋的最小厚度，底架各梁腐蚀的最大深度和最大面积，轴类和杆件裂纹的最大深度和最大长度等最大检修限度，都是以强度条件为基础而确定的。

在考虑零件本身强度条件的同时，还应考虑到零件的疲劳强度，特别是受动载荷或交变载荷作用的零件，尤其应考虑其疲劳强度。对疲劳强度影响最大的是应力集中，因应力集中能极大地降低零件的疲劳极限。有些零件损伤的最大检修限度就是据此而定的。例如：车轴各部的横向裂纹与擦伤的深度，车轴各部位圆角的最小半径等。

（2）零部件间配合的工作条件

许多零件损伤的最大限度，除考虑零件本身的工作条件外，还要从损伤对零件在部件中与其他零件的配合工作条件的影响程度来考虑，一般有以下几种情况。

①轮对与钢轨的配合：在制订轮对的一些最大检修限度时，主要是从轮对在钢轨上的正常工作条件来考虑的。当车轮踏面磨损后，并不致于影响车轮本身的强度，但踏面磨损将破坏轮对在钢轨上的正常滚动，使运行阻力增大，轮缘垂直磨损加剧。车轮踏面的最大磨损限度就是从轮轨间的正常配合工作条件来确定的。轮对内侧距、踏面擦伤、同一轮对上两车轮的直径差等最大检修限度，都是从轮对与钢轨的配合工作条件出发而确定的。

②销与孔的配合：货车上有大量的销类与孔类的零件，其最大磨损限度，不能只考虑零件本身的强度条件，主要应从销与孔配合的间隙大小来考虑，其最大允许间隙应保证整个部件仍能正常运用。基础制动装置中许多销与孔的最大磨损限度，就是据此而确定的。

③其他配合：除上述所说的情况外，货车上还有许多其他的配合形式，如轴颈与滚动轴承内圈的配合。对轴颈和轴承内圈的一些限度的规定，是以保证轴颈与滚动轴承内圈间配合的牢固性为原则。又如车钩零件的最大磨损限度的确定，以保证车钩三态作用灵活，不发生自动开钩为考虑的主要原则。

（3）对整个货车运用性能的影响

许多检修限度的确定，不仅要考虑零件本身或配合工作条件，还要以货车运行的安全性和平稳性，以及经济、技术上的合理性为出发点来确定。

①运行中的安全性：铁路运输中保证行车安全是对货车的基本要求。例如对于货车车体的要求：棚车不漏雨、车门作用良好以及敞车侧壁外胀、车体倾斜的限度等，都是从保证安全运输来考虑的。又如闸瓦的最大磨损限度也是从保证行车安全来考虑的。

②列车运行的平稳性：车轮踏面的不圆度、擦伤和剥离，将引起货车运行中的硬性冲击；车轮踏面的磨损破坏了踏面轮廓形状，加剧了轮对的蛇行运动，影响货车的横向平稳性。因此，在规定此等检修限度时，均应联系整个货车的运行品质来考虑。

③经济上与技术上的合理性：检修限度直接影响到检修次数和货车技术状态，若限度规定过严，货车的技术状态虽然有了保证，但会导致检修频繁，而增加维

修费用。反之。限度规定过宽时，能减少检修次数，节约维修费用，而不能保证货车应有的技术状态。因此，最合理的检修限度，应该既能使货车具有良好的技术状态，保证列车安全运行，又能减少不必要的维修次数，降低修车费用，这就应在经济上和技术上作全面的分析比较，才能制订出合理的检修限度。

2.确定中间限度的方法

中间限度是指厂修、段修和辅修等修程所规定的检修限度。中间限度也是区分各零件的损伤在各级修程中是否需要检修的依据。它直接影响到货车检修后的技术质量，以及各修程的作业范围、检修工作量的大小与修车成本的多少。制订中间限度时，应考虑以下几个主要问题。

（1）保证零件能安全地运用到下一次同级或高级的定期检修

这是确定中间限度的基本原则，零件从这次定期检修到下一次定期检修有一定的运用期间，要保证零件在这一期间内作用良好，所以可在零件的最大检修限度的基础上，考虑该零件在两次定期检修间隔时间内能安全运用，亦即满足该修程应有的保证期限来确定。

（2）各修程间的相互配合

中间限度对不同修程提出不同的质量要求，也是明确划分各级修程的检修范围的一个标准。因此，制订中间限度时应考虑各修程间互相配合。例如：在进行高一级修程时，要为低一级修程创造方便条件，即把检修工作量大、检修工艺比较复杂，需要特殊的专用设备和技术要求高的检修工作，尽可能放在高一级修程中来完成。

（3）在保证检修质量的基础上贯彻节约的原则

货车零件的检修限度，既是货车检修工作的主要依据，又直接影响到货车的检修质量和修车成本。因此，在制订各种中间限度时，应该在保证检修质量和运用期限的基础上，尽可能考虑节约原材料和新配件的消耗量等因素。例如随着焊修工艺水平的提高，各零件磨损后的焊修质量也有较大提高，从而可适当放宽其限度要求，以减少修换零件的数量，降低修车成本。

综上所述，在制订各级修程的检修限度时，应进行全面的科学分析，并充分考虑生产实践中的检修经验，才能制订出合理的检修限度。同时，制订检修限度的原则，随着客观情况的变化，如车型与结构的变化、货车用原材料的变化，以及货车检修工艺的改变等，都直接影响到限度标准的大小和制订限度时应考虑的因素。

（三）各级修程检修限度的关系

各级修程的检修限度不同，检修限度高级修程严于低级修程，一是由于各级修程的任务不同决定的，厂修是恢复货车的基本性能，段修是维护货车的基本性能，辅修是维护货车的运用基本性能；二是各级修程的质量保证内容和保证期限不同，高级修程比低级修程的质量保证内容要多，保证期限要长；三是各级修程的工艺装备不同，有些检修工作在低级修程无法完成，所以检修限度高级修程要严于低级修程。

三、铁路货车检修工艺

铁路货车检修工艺包括工艺文件、工艺装备、检测量具、检修环境、人员素质、质量检验、基本工艺过程、检修作业组织等。本章重点叙述的是铁路货车检修的工艺过程、工艺装备、检测量具、检修作业组织等。

（一）铁路货车检修作业组织

提高和完善货车修理作业检修组织的水平，是缩短货车停修时间，提高货车检修质量，降低货车修理成本和改善劳动条件的有效途径之一。

在货车的定期检修时，主要有两种基本的检修组织形式，即定位作业检修组织与流水作业检修组织。定位作业检修组织是指在同一地点完成检修作业的分解、检查、修理、组装等主要工序的全部工作的检修组织形式。其特点是各项作业人员相对集中，工人的综合技术素质要求高，不需要很大的场地和很多的设备。适用于检修对象的批量较小，体积较大，不便于移动，结构较为复杂，型号规格多且不统一，检查修理的工作量大，修理时间差别较大，厂房面积较小等情况。流水作业检修组织是指在不同的地点按规定的路线和节奏移动完成分解、检查、修理、组装等主要工序及其内部各工步的检修作业组织形式，其特点是各项作业人员相对分散，分工明确，需移动检修对象，所需场地大、设备多。适用于检修对象的批量较大，体积较小，便于移动，结构较为简单，型号规格较为统一，修理的工作量较小，检查修理时间一致性好，厂房面积较大的情况。

在货车定期检修时，是要将整车分解为车体、转向架、钩缓、制动四个主要部分，再根据各级修程的规定将各部分继续分解、检查、修理。因此在确定采用何种检修组织形式时，要根据具体的检修内容和要求，以及检修条件，分别对货车的四个主要部分确定检修作业组织形式

在建国后相当长的时间内，由于我国铁路货车保有量小，车体及其主要零部件品种多，结构复杂，检修手段落后，故障种类和数量较多，多采用定位作业检修组织形式，即将待修车停放在固定的工作位置（以下简称台位）上，由一个包括各种不同工种的人员组成检查修理小组，完成待修车各部分的全部修理工作，包括车体、转向架、钩缓、制动的分解、检查、修理、组装。在检修过程中，将

需要的配件、材料和工具设备等搬运到检修台位处，一辆车修好后，修理小组的工人及所需的配件、材料、工具设备等均要转移到另一修车台位上，对另一辆待修车进行修理。这种修车方法的缺点是：效率低，停修时间长，产量低，搬运量大，各工种之间互相干扰比较严重，检修秩序比较乱，不便于采用专用设备，劳动条件较差，因需要同一工人完成不同零部件的四个主要工序的工作，就要求工人具有很高的综合技术素质。并且，因为检查修理手段过于简单，严重存在着检查修理的不彻底和质量不高的问题。

随着检修技术进步，检修对象增加，货车技术结构简统化，各检修单位将检修工作分在几个车间或工组进行。待修车及其转向架、钩缓、制动等固定放在不同车间或班组的某一台位上。这时的检修组织一般划分为货车分解、钢结构检查修理、转向架分解检修、钩缓装置检修、制动装置检修、货车组装及油漆等车间或班组。这种检修组织形式，对货车检修作业进行了初步的分工，在一定程度上提高了货车检修的质量及劳动生产率，但由于货车各部分仍在采用定位检修组织形式，因此，虽有所改善，但还是存在定位作业的不足。

1998年开始，在货车检修中全面推广流水作业检修组织形式，一般在修理工厂采用全部流水作业检修组织形式，由于段修对车体是采取状态修，分解检查修理的范围较小，场地面积较小，因此在车辆段车体检修是采取定位作业检修组织形式，其他部分则采取流水作业检修组织形式。流水作业检修组织形式是指检修对象按规定的路线和节奏移动，在这种检修组织方式的每个修车台位上，作业人员分布在流水线的各工位上，工人分工明确，检修对象和要求相对单一，对技术素质的要求也相对单一，可配备的专用设备和工量具。这样，既能提高检修效率，又能保证检修质量，还能保证均衡地进行检修。流水作业检修组织方式是一种更为完善与先进的检修组织形式，在货车修理中已得到较为广泛的推广和应用，但也存在物流频繁的缺点。车体检修中流水作业组织的基本特点与种类，流水线设计要点，以及实行流水作业的技术组织措施等如下。

1. 车体检修流水作业的组织形式

货车检修中采用的车体及主要零部件流水作业检修组织，是指车体及主要零部件流水线上的每个台位，有固定的作业范围，全部检修作业，是按规定的作业过程，依次在不同的台位上完成的。各台位的作业延续时间，是相等的或互成倍数的，以保证流水线上所有台位作业的同步性。且流水线上可使用专用的设备，保证及时而又均衡地完成各台位的检修工作，使车体或主要零部件等的零部件由一个台位移到下一个台位。因此，检修过程的不间断性和节奏性，是流水作业检修组织的基本特点。

货车检修中的流水作业检修组织，按车间或厂房平面布置的特点，以及货车在检修过程中移动方式的不同，可分为横向流水作业与纵向流水作业两种基本形式。

2. 流水作业的检修组织

货车定期检修由定位作业过渡到流水作业，涉及检修组织各个方面，大到整个厂房检修面积和工艺布局的调整，小到工组的划分和专业分工问题，都应在现代化工业企业管理的理论指导下进行，是检修组织方面一次现代化的深刻而广泛的重大改革。在试行与推广流水作业时，为了流水线能顺利地进行正常工作，要采取一系列技术上和组织上的相应措施，主要有以下几方面：

（1）加强检修的计划调度工作

货车定期检修中，组织流水作业检修的主要困难是检修工作量差别极大。即使是同一种车型，也因各辆车及其零部件的破损程度不同，使检修工作量也有较大的差别。因此，在组织货车定期检修的流水作业检修时，要在检修的计划调度和工艺组织方面采取有效的措施，方能保证流水作业检修正常进行。

根据目前运用货车的现状和组织流水作业检修的实践经验，车辆修理单位通常采用下列措施，以解决检修流水作业中型号不一、工作量差别大的矛盾。

在普遍推行流水作业的同时，应保留一定数量的定位作业检修线或定位检修台位，用以对不适于进入流水作业线或工作量极大的货车及其零部件，进行不定检修节奏的流水作业或固定台位的检修。

考虑到纳入流水作业的货车，工作量的变动有时也较大，例如车体钢结构的损伤情况经常是差别很大的，为了能在规定的检修节奏内完成各台位的检修作业，常在工作量变动较大的台位内增设修车台位（或称缓冲台位），以便延长该台位的检修延时，从而保证该台位能按流水线的检修节奏，及时向下一台位送出。或将破损严重的在专用台位上，检修至适于进入流水作业线的要求时，再送入流水线继续完成各台位的检修工作。

向流水作业线送入时，要根据待修车预检的情况，分线送入或按工作量的轻重搭配后送入流水线。这样可使流水线上各台位的工作量较为稳定，以利于按破损的情况，进行流水线之间或台位之间的劳动力的调配。总之，上述措施均应以现代化管理工程学的基本理论为基础，对各流水线严格按网络计划技术制订与执行检修计划，及时掌握各控制点上的信息反馈，运用调度理论，及时调整流水线上的薄弱环节，方能保证流水线按既定的检修节奏，正常地均衡地进行检修。

（2）合理地组织零部件的检修工作

合理地组织从流水线上拆下的零部件的检修，并及时供应流水线上组装的需要，是保证流水线正常检修的主要条件之一。因此在组织主流水线检修的同时，要妥善地组织零部件检修工段的检修。

首先，零部件检修分流水线的检修节奏，要服从主流水线检修节奏的要求。对于采用互换修的零部件来说，可不受主流水线检修节奏的严格控制，但零部件在组合库或备品库中的存贮量和零部件的检修能力，要能满足主流水线的检修要求。

其次，为了提高流水线的检修能力，减少在主流水线上的现车作业，应采用以部件为单元的分流水线组织检修。例如，转向架，车钩缓冲装置，制动装置，车门，敞车的端、侧墙等，均应组织流水线进行检修，这样使主流水线上都以部件形式拆装，简化了主流水线的组织，提高检修效率。应注意加强零部件检修工作的组织管理，提供数量足够质量良好的零部件，以保证流水线的正常检修。

（3）做好材料配件的储备和供应工作

在实行流水作业检修中，材料、零部件的供应工作，直接影响到流水线各台位的检修进度。为了及时向流水线供应数量足够、质量良好的材料和零部件，要做好材料配件的储备和供应工作。

（4）不断提高流水线检修的机械化和自动化水平

流水作业的最大优越性之一，是为广泛采用各种专用设备提供了最大的可能性。同时，只有不断采用新工艺、新技术和新的工艺装备，才能不断提高修车质量和检修效率，并在不断提高劳动生产率的基础上，逐渐缩短流水线的检修节奏，把货车检修中的流水作业推向更高水平。

修车机械化首先应从工作量特别繁重的开始，以缩短检修延时，并减轻笨重的体力劳动，改善操作工人的劳动条件。以车体流水作业线采用的专用设备为例：在清洗除锈时，目前广泛采用了高压水冲洗、化学除垢、抛（喷）丸除锈等新技术；在繁重的调修作业方面，采用固定式液压调梁机及轻便的液压调修小车等设备。其他各大部件的分解与组装，如车钩缓冲装置，在流水线及零部件检修工段内，分别设有风动或液压的车钩缓冲装置分解组装小车与工作台。为了便于操作，在焊修、木工及油漆作业台位上，普遍设有液压或机械升降工作台。

（二）铁路货车检修基础工艺

1.基本要求

（1）工艺流程合理，工艺标准具体规范，工艺装备配套完善，置场管理有序，零部件检修、运输有序、存放有架，质量控制要求责任明确、有记录，管理制度健全，人员素质达标。

（2）工序的布置衔接和顺畅，零部件在检修传递过程中不倒流和迂回。工序设置做到"三分开"，即检查、检测与修理分开，修理与组装分开，在修、待修品与成品分开。

（3）工艺标准或作业指导书覆盖全面，工序作业范围、操作程序、使用的装备及工具、产品的标准明确。

（4）工装、设备、工具、量具、工位辅助器具及场地（台位）等满足检修要求，实现定置区域色带管理，有定量清洁度及温度、湿度要求的检修场所采取密闭和防尘等相应措施，对产生环境污染、危害人身健康的工序采取环保措施，有条件的采取异地修、集中修。

2. 基础工艺

（1）厂修基础工艺

为满足厂修工艺的有效实施，目前厂修分为十条基础检修工艺线。分别是：轮对检修工艺线、轴承一般检修工艺线、摇枕及侧架检修工艺线、车钩缓冲装置检修工艺线、制动梁检修工艺线、制动阀检修工艺线、转向架附件检修工艺线、转向架落成检修工艺线、制动配件检修等。

（2）段修基础工艺

为满足段修工艺的有效实施，段修应配备九条基础检修工艺线。分别是：转向架检修工艺线、轮对检修工艺线、轴承一般检修工艺线、制动梁检修工艺线、车钩缓冲装置检修工艺线、制动阀检修工艺线、车体检修工艺线、配件检修工艺线、段修管理信息系统。

三、厂、段修基本工艺过程

铁路货车厂修在车辆工厂（部分在车辆段）进行，段修在车辆段（也可在部分车辆工厂）进行。扣修车送入厂、段，直至落成修竣出线的全过程，称为货车厂修或段修的检修过程。车辆厂（段）修的检修过程，一般包括以下几个基本程序：

（一）原车检修

1. 指检修车上不需分解的零部件，在现车上直接检修，消除缺陷，段修时采用较多。

2. 需要分解检修的零部件，从现车分解后，经过检修消除其缺陷后仍要装回原车，零部件不互换。

检修的第一道工序是货车的分解。货车的分解范围，按照规定的范围，根据货车的结构特点与修程及技术状态决定。例如货车厂修时，以螺栓联接的零件，均应进行分解，而车体钢结构则以破损程度及检修范围，确定其分解工作量。货车段修时车体钢结大部分采用现车修。货车转向架、车钩缓冲装置、空气制动装置等重要零部件，厂修或段修，均要分解检修，消除其不良状态。

采用现车检修作业方式，除报废零件从备品库领取新品外，其他零部件均待修竣后装回原车，因此，常因等待零部件的检修而延长货车停修时间，并导致零部件的检修质量得不到可靠的保证，其唯一优点是不需要贮备过多的备用零件，这种方法主要用于检修老旧型车，或检修工作量不大的货车。

（二）换件修

换件修是在过去货车零部件互换制检修的基础上提出的新要求，换件修包含两个方面的内容：

1.零部件故障超出规程规定的限度，不再进行检修，用相同的零部件替换；空气制动配件检修时橡胶配件更换新品，零部件超过寿命期限更换等，此种方式是货车检修的发展方向，正在逐步扩大范围。

2.互换制检修，是指从检修车上分解下来的零部件，按技术条件进行检修，检修合格后可装于使用同型号零部件的其他车上，不一定装回原车。

实行互换制检修，要求零部件有一定的储备周转量，货车的检修时间不受其零部件检修时间的影响。因此，互换制检修最大优点是为流水作业方式、检修组织创造有利条件，能最大限度地缩短货车检修时间，有效地提高劳动生产率和台位利用率。

全面采取互换制检修，需要有一定数量的备用件和大量的互换件，在车种、车型较多的情况下有一定的困难。目前大部分零部件可以采用互换制检修，例如轮轴、空气制动装置、车钩缓冲装置以及部分车体配件与车内设备等都可以实行互换制检修。

四、制订检修周期的基本方法

随着新型车技术水平的不断提高，检修和运用部门的检修技术与管理方法的不断改进，运用车的技术状态也处于不断改善之中。因此，铁路货车定期检修的修程与周期，也应进行相应的调整。其中，确定各级修程的检修周期是影响运用车技术状态的主要因素。制订检修周期时要考虑的问题很多，如各种零部件的使用期限、运用车的类型和结构、工厂和车辆段的检修能力和设备情况以及日常维修的工作状况等。当然，最基本的因素是货车零件的损伤规律，根据损伤规律可以确定零件的使用期限，同时根据货车的经济使用寿命系数，以便选定铁路货车定期检修的循环结构。

（一）铁路货车零件的使用期限

在实行计划预防性检修时，根据确定了的检修结构与检修周期，每隔一定时间对铁路货车进行一定程度的检查和检修。该间隔时间的长短取决于零件的正常使用期限。

零件的使用期限是指该零件从开始使用至零件因使用而引起的损伤达到了极限程度，从而要对它进行检修为止的全部使用时间。零件的使用期限不同于一般概念中的使用寿命，使用寿命是指零件从开始使用到报废为止的全部使用时间。

（二）铁路货车的经济使用寿命

采用计划预防检修制度，货车经过大修时应消除在运用中产生的一切不良状态，使其技术状态接近于新造车的水平。这样，从理论上讲，只要对货车按既定的检修周期进行大修，就可使货车无限期地使用下去。但在实际工作中，考虑到检修的经济效益时，并不这样做，而是当货车运用到一定程度，经过若干次厂修后，不再进行修而报废。从而需要计算、确定货车的经济使用寿命。

根据极限损伤程度确定了零部件的使用期限后，并不能直接确定货车的使用寿命。货车的使用寿命指标，应以能反映货车的运用性能为依据。货车的经济使用寿命，就是依据货车投入运用的时间与进行检修时间的比值，这一货车最主要的运用指标之一来表示的。

（三）制订检修周期的基本方法

制订经济合理而切实可行的货车检修制度，需要考虑的因素很多，但主要考虑零部件的使用期限与货车经济使用寿命这两方面的要求。

五、铁路货车检修制度发展趋势

铁路货车的检修制度正处于由预防性计划修向计划性换件修转换的起步阶段，随着货车大规模提速改造全面完成和新型货车投入使用，特别是铁路货车技术管理信息系统（HMIS）的功能不断拓展，修程的数量在大幅度减少，修程的时间间隔或里程间隔在大幅度延长。但仍需清醒地认识到当前的要求，一是新型和旧型货车及其相配套的技术同时在使用，并且这种并存的情况将会存在较长的时间，二是铁路运输能力紧张对运输秩序和铁路货车使用效率的要求不可能降低，三是货车的检修成本不会也不应该随修程数量的减少和间隔的延长而较大幅度的增加。

第二节 铁路货车检修技术组织

一、铁路货车管理体制

铁路货车是承载着物资运输重任的重要组成部分，其管理体制对于保障物资运输的顺畅和高效至关重要。在铁路货车管理体制中，需要注重以下几个方面：

(一）货车调度与运力配置

货车调度和运力配置是铁路货车管理体制的核心内容之一。通过科学合理的货车调度，可以实现货物运输的最佳利用，提高运输效率。在货车调度方面，应考虑到货物的种类、数量、目的地等因素，精确安排货车的发车时间和线路，避免滞留和拥堵现象的发生。同时，根据运输需求的变化，灵活配置货车运力，确保货物能够及时准确地送达目的地。

（二）车辆状态监控与维护

货车作为重要的物资运输工具，其良好的状态对于保障运输任务的完成至关重要。因此，在铁路货车管理体制中，需要建立健全的车辆状态监控与维护机制。通过实时监控货车的运行情况，可以及时发现并解决车辆故障和问题，确保货车的正常运行。同时，也需要定期对货车进行维护和检修，保证其性能和安全性符合标准要求。

（三）货车运输安全管理

货车运输安全是铁路货车管理体制中的重点内容。在货车运输过程中，需要加强对货物的装载、固定和包装等环节的监管，确保货物稳定安全地运输。同时，也需要加强对货车驾驶员的培训和管理，提高其安全意识和应急处理能力。此外，还需要建立健全的事故预防和应急处置机制，以应对可能发生的突发情况。

（四）货车信息化管理

随着信息技术的快速发展，货车信息化管理已成为铁路货车管理体制中不可或缺的一部分。通过建立信息化管理系统，可以实现对货车运输过程的全程追踪和监控，提高货车调度的精确度和灵活性。同时，也可以实现货车运输信息的共享和交流，提升货物运输的效率和准确性。

综上所述，铁路货车管理体制对于保障物资运输的顺畅和高效具有重要意义。通过科学合理的货车调度与运力配置、车辆状态监控与维护、货车运输安全管理以及货车信息化管理等方面的努力，可以实现铁路货车的优化管理，为物资运输提供良好的保障。

二、铁路货车检修组织机构及其主要职能

（一）铁道部运输局装备部

铁道部运输局装备部是全国铁路车辆系统最高专业管理部门，负责全国铁路货车的产权管理，制定车辆的发展规划和政策，颁布铁路货车造修技术标准，进行铁路货车造修单位的资质管理，合理地组织布置铁路车辆的检修、维修和运用

维护等工作，组织车辆新技术、新结构、新材料、新工艺的研究和推广，组织车辆信息化建设，组织车辆重要行车安全监控系统的建设和应用管理，开展车辆安全和质量动态分析，进行车辆检修质量验收，组织车辆检修质量抽查和标准落实情况检查，组织新造、检修产品招、投标管理，使车辆能安全、准确、迅速、经济、便利地运送货物，顺利完成运输任务。

（二）铁路局车辆处

铁路局车辆处在铁道部运输局装备部的指导下、在铁路局的领导下工作，执行铁道部颁发的法令、法规和规章制度，根据铁道部布置的工作任务，及时、合理地向车辆段下达工作计划，组织完成各项生产任务；保持铁路车辆设备完好，保证车辆运行安全。

主要工作包括组织车辆段贯彻执行部颁技术规程、规则、技术标准和要求；指导、检查、协调车辆段货车检修和运用维修管理；组织货车新技术、新结构、新材料、新工艺的研究和推广；建立货车技术管理体系，制定货车技术管理程序；负责货车资产和货车段固定资产的管理；对各车辆段的货车检修及加装改造等资金费用

进行审核结算；组织制定货车检修工艺规则和工艺布局调整；组织货车段进行技术改造、技术创新和相关货车试验；制定并提出货车检修发展规划；组织货车段信息化、货车重要行车安全监控系统的建设和应用管理；

组织货车段进行货车安全和质量动态分析，制定对策、措施；进行货车检修和配件生产的质量验收管理。

（三）车辆段

车辆段是货车检查、维修、运用保养的基地，是货车部门的基层生产单位，设在编组站、国境站和运输枢纽，以及铁路货车大量集散和始发终到旅客列车较多的地区。它的基本任务是贯彻执行各项规程、命令及有关要求，完成车辆处下达的车辆做厂修、段修、站修（辅修、轴检、临修）和日常维修等项工作任务，为铁路运输提供足够的技术状态良好的车辆。在检修质量保证期内和保证区段内，确保车辆运行安全。

主要工作包括贯彻执行铁道部、铁路局颁发的技术规程、规则、技术标准和要求；实施货车检修和运用维修管理；执行铁路局制定的检修工艺，编制作业指导书和检测、试验办法；进行货车新技术、新结构、新材料、新工艺的研究和推广；建立货车段技术管理体系；进行技术改造、技术创新和相关货车试验；开展货车检修质量鉴定、检修工艺对规和专用检修设备、器具使用和管理；进行货车信息化建设和应用及其技术管理；负责货车重要行车安全监控系统的建设、使用

及其管理；进行备用轮轴及部件管理工作；开展货车安全和质量动态分析，制定对策、措施；进行货车检修和配件生产的质量验收管理。

（四）检修车间

1. 车轮（轮轴）车间

货车段检修车间主要负责铁路货车段修工作，配备货车检修库（简称修车库）、油漆库、货车停留线和轮对存放库，并有相应的起重、动力、配件检修、储油、废油及污水和污物处理、试验、化验、照明和货车信息化系统的设备和设施等。

实施铁路货车轮轴检修工作，主要进行轮轴厂修。贯彻执行铁道部、铁路局颁发的技术规程、规则、技术标准和要求；执行铁路局制定的轮对、轴承检修工艺、实施细则和检测、试验办法，并编制作业指导书；建立车辆段车辆（含轮轴）技术管理体系；有轴承一般检修资质的车轮车间进行轴承集中一般检修；监督大修、新造轴承质量；开展轮对、轴承检修质量鉴定、检修工艺对规和专用检修设备、器具使用和管理；进行备用轮轴及部件管理工作；进行轮轴信息化建设和应用及其技术管理；开展轮对、轴承安全和质量动态分析，制定对策、措施；进行无损探伤工的培训、考核和管理。

2. 动态检测车间

动态检测车间主要负责铁路货车运行安全监控系统等设备的日常维护。贯彻落实上级有关技术、安全、管理的各项规定，组织完成车辆轴温智能探测系统（THDS）、车辆运行品质轨边监测系统（TPDS）、车辆滚动轴承故障轨边声学诊断系统（TADS）、货车故障轨边图像检测系统（TFDS）、车号自动识别系统地面设备（AEI）、列检电动脱轨器、微控试风、列车尾部风压检测仪等设备设施的日常维护和故障处理，配合完成设备的更新改造和大中修。当车辆运行安全信息复示站（5T复示站）设在动态检测车间时，负责5T复示站的管理，实时监控管内5T、AEI设备状态，及时发现设备故障并组织、协调处理。

（五）运用车间

1. 站修作业场

原称站修所，是铁路货车检修的重要基地，从事站修工作，站修作业场对铁路货车站修质量负全部责任。站修作业场的工作任务：

（1）施行铁路货车定期检修：辅修、轴检；

（2）施行铁路货车临修，包括修复破损程度较轻的事故车；

（3）整备配属专列铁路货车及守车；

（4）修制一般车辆配件和工具维修。

2. 列检作业场

原称列检所，是负责编组场到发及中转货物列车检修和扣车业务的单位，具备列车检修、作业组织、安全防护、材料储备、车间管理等必要条件。

（1）分为主要列检作业场和区段列检作业场。列检作业场的设置根据铁路运输的需要，在保证行车安全的前提下，考虑列车到达、始发、中转以及编组工作量、车流方向、机车交路、站场设置、运行区段、线路对车辆运行的要求和车辆检修等条件合理布局，既要保证行车安全，也要防止设点过多或重复作业。

主要列检作业场设在列车编组作业量较多或大量装卸货物的车站；区段列检作业场设在列车编组作业量较少或中转列车较多的车站；对分散的装卸点（包括对翻车机翻卸前后的车辆及出入解冻库的车辆进行技术检查的装卸检修点）应设置车辆技术交接作业场或装卸检修作业场，在接近长大下坡道的车站应设置制动检修作业场；铁路局交接口列检作业场规定为距两局分界点最近的主要或区段列检作业场。

主要列检作业场及铁路局交接口列检作业场的设置、撤销和变动均由铁道部批准；区段列检作业场、制动检修作业场、红外线轴温探测站由铁路局按规定根据需要设置，报铁道部备案。

主要列检作业场、区段列检作业场根据需要可配置以下设备：车辆轴温智能探测系统（THDS）、车辆运行品质轨边监测系统（TPDS）、车辆滚动轴承故障轨边声学诊断系统（TADS）、货车故障轨边图像检测系统（TFDS）、车号自动识别系统地面设备（AEI）、列检电动脱轨器、微控试风、列车尾部风压检测仪、空压机等设备和设施。

（2）装卸检修作业场

装卸检修作业场是列检作业场的派出机构。

①装卸检修作业场设在每昼夜装卸车在100辆以上的车站或装卸地点，或每昼夜装卸车虽然不足100辆但损坏车较严重和实际情况需要的车站或装卸地点。装卸点比较分散时，由装卸检修作业场派出爱车人员巡回检查。装卸检修作业场的人员按装卸车数由铁路局自定。

②装卸检修作业场的主要任务

a.负责进入货场、专用线、专用铁路、厂矿企业装卸车地点监督检查车辆使用情况，监督用车单位合理使用车辆、收集散失车辆配件。

b.利用车辆在装卸线上的停留时间对装车前和卸车后的车辆技术状态进行检查，同时处理对装卸货物或行车安全有影响的车辆故障。

c.办理进出厂矿企业专用线损坏车辆的赔偿手续。

d.宣传爱车工作，检查爱车制度、车辆技术交接协议的执行情况。对违反铁路车辆使用规定，违章操作损坏铁路车辆或装卸货物影响行车安全的行为，有权制止并通知有关部门处理，同时向上级主管部门报告。

（3）车辆技术交接作业场

在厂矿、港口、地方、合资铁路、企业专用线和工程临管线内进行自装自卸，且装卸量每日平均在200辆及以上的地点设路厂（矿、港口、企业）车辆技术交接作业场。

车辆技术交接作业场的主要任务如下：

①负责办理出入厂、矿、港口、地方、合资铁路、企业专用线和工程临管线车辆的技术交接和爱车宣传工作。厂、矿、港口、地方、合资铁路、企业专用线和工程临管线每年要与所在地车辆段签订车辆技术交接协议。车辆技术交接作业场根据需要可设在铁路与企业专用线或地方铁路相接的站场上。

②车辆技术交接范围按铁道部现行运用车技术条件，由铁路车辆部门和有关的厂、矿、港口、企业、地方、合资铁路、工程临管部门等，在签订车辆技术交接协议中具体确定。未办理技术交接的车辆一律不准进入铁路营业线运行。损坏车辆时，要填写车辆破损技术记录，由双方共同检查确认，签字盖章，作为损坏车辆赔偿清算的依据。

（六）货车检修工厂

货车检修工厂承担的主要任务是实施铁路货车厂修工作，根据生产任务可开展铁路货车段修、提速改造等工作。主要工作包括车辆新技术、新结构、新材料、新工艺的研究和推广；贯彻执行铁道部颁发的技术规程、规则、技术标准和要求；实施车辆检修管理，建立技术管理体系；编制并实施铁路货车检修工艺规程和检测、试验办法；进行技术改造和相关车辆试验；开展车辆检修质量鉴定、检修工艺对规和专用检修设备、器具使用和管理；进行备用轮轴及部件管理工作；进行车辆信息化建设和应用及其技术管理；开展车辆安全和质量动态分析，制定对策、措施。

三、铁路货车检修资质管理

（一）基本要求

设计、生产、维修或者进口新型的铁路机车车辆应当符合国家产业发展政策、技术发展政策及铁路装备

现代化的要求，符合铁路用户的需求。设计、生产、维修或者进口新型的铁路机车车辆，应当经铁道部许可。设计出新型的机车车辆，应当通过技术鉴定并取得型号合格证；取得型号合格证的产品，在投入批量生产之前，应当取得生产

许可证；从事铁路机车车辆维修业务，应当取得维修合格证；进口新型的铁路机车车辆，在正式签订供货合同前，应当取得型号认可证。

（二）维修行政许可的申请和审查

1. 取得维修合格证应当具备的条件

（1）通过拟维修型号的机车车辆维修技术准备报告审查；

（2）通过维修样车的相关试验；

（3）通过对该型号机车车辆的维修技术审查；

（4）申请人应具有相应的专业技术人员，有完备的产品质量保证体系和管理制度，有完备的技术条件和保证持续批量维修的能力；

（5）申请人已维修的相关产品近3年内无严重质量不良记录；6.法律法规规定的其他条件。

2. 申请维修合格证应当提交的材料

（1）行政许可申请书（采用格式文本）；

（2）拟维修型号的机车车辆维修技术准备报告；

（3）专业技术人员基本情况，产品质量保证体系和管理制度等资料

（5）维修设备等证明维修能力的说明材料；

3. 行政许可决定

自受理申请之日起20日内作出行政许可决定。20日内不能作出决定的，经铁道部主管领导批准，可以延长10日，并将延长期限的理由告知申请人。型式试验、运行考核、专家评审及鉴定所需时间不计算在该期限内。作出准予行政许可的决定后，应当自作出许可决定之日起10日内向申请人颁发相应的许可证书。

4. 行政许可管理

行政许可证书应当注明有效期。在行政许可证书的有效期内，企业必须在使用说明书和产品合格证上标明行政许可证书的有效期和编号。生产、维修或者进口的铁路机车车辆，在投入使用前，应当经过验收合格。加强对被许可人的监督检查，监督检查时被许可人应提交相关材料。

（三）检修资质管理

维修（检修）是指铁路货车整机性能的恢复性修理或维护性修理，需要办理维修合格证的有厂修、段修和辅修。为保证产品维修质量，确保铁路运输安全，铁道部对铁路货车维修实施统一的行政许可管理。

1. 管理要求

在我国境内维修，并在我国铁路使用的货车，应当符合国家产业发展政策、技术发展政策及铁路装备现代化的要求，符合铁路用户的需求，铁路货车维修企

业应按照规定的程序，取得货车相应车种、车型的维修合格证。《铁路车辆设计生产维修被许可企业名录》按车种公布了各维修企业厂修、段修和辅修企业自备车维修合格证名录。各维修企业在申请维修合格证时，应按车型申报。

2.申请维修许可的条件

为保证维修产品质量，确保产品维修周期内的安全性能，对申请维修合格证的产品性能和维修单位的资质、人力资源、质量管理体系、制造能力等方面提出了要求，取得维修合格证应当具备下列条件：

（1）申请人应具有铁路货车生产、维修资质，或具有连续3年以上生产大型机械产品的经历，或为铁道部认可的新建专用车辆维修基地。

（2）申请铁路货车维修许可的申请人，其注册资本原则上不低于上一年度铁路货车通用车型平均检修单价的1000倍；如果申请人具有多个生产基地，申请时应明确维修地点；申请在生产基地维修的，其生产基地固定资产总额原则上不低于上一年度铁路货车通用车型平均检修单价的1 000倍。

（3）申请人应具有维修产品的图样、工艺等技术文件和相关技术资料。

（4）申请人主要管理人员应具备相应的生产管理能力和经验，申请人具有能够满足维修生产要求，并保证车辆维修质量的相应人员，包括车辆、机械制造、焊接等中高级专业技术人员，计量、理化等检验人员及机械加工、焊接、铆接、装配等技术操作人员。其中，中、高级专业技术人员总人数不低于员工总数的1%，

（5）申请人具有能够保证车辆维修质量和持续批量维修能力的生产设施、设备、工艺装备。

（6）申请人具有完善的质量管理体系、管理制度和用户服务体系。

（7）申请人具有能够验证车辆质量的计量、检验、试验手段。

（8）申请人具有良好的产品质量信誉，近3年内维修的相关产品无严重质量不良记录。

（9）《维修技术准备报告》通过审查。

（10）维修样车按规定进行的相关试验合格。

（11）维修样车通过生产质量鉴定。

（12）法律法规规定的其他条件。

3.维修合格证的申请

符合规定条件的申请人，可向行政许可机构提出维修许可申请，并提交申请材料，申请应当采用由铁道部提供的格式文本，申请人应当如实反映有关情况，并对所提供资料的全面性、真实性、有效性负责，所提供的材料要加盖申请人公章。

4.维修许可的审查

行政许可机构受理申请人的维修许可申请后,组织专家对申请内容进行审查,对首次申请铁路货车维修许可的或审查部门认为必要时,要对其现场生产条件(生产设施、生产设备、检测手段和工作环境等)进行考察及对重要部件和子系统进行专项审查。审查通过后,通知申请人完成铁路货车的试修及相关试验,试验须有铁道部驻厂(局)车辆验收室参加,相关试验应按现行的相关技术规范和规程进行。审查合格的做出准予行政许可决定;审查不合格的做出不予行政许可决定,说明理由并通知申请人。

进行维修许可审查需聘请专家时,专家应与申请人无直接利害关系。专家应对申请人的相关资料和信息保密,审查结束后,相关资料须交回。审查应遵循科学、公正、真实的原则。

四、铁路货车检修能力

铁路货车检修能力包含铁路货车检修能力的管理、货车维修行政许可、检修单位的设置、检修车的属性、修程、完成的数量等。铁路货车检修能力是为铁路运输提供状态良好车辆的保证。

(一) 检修能力

铁路货车检修能力的管理归属铁道部,各铁路局协助铁道部完成铁路货车检修能力的管理,车辆工厂、车辆段、从事企业自备车检修单位所完成的铁路货车检修是铁路货车检修能力的体现。

铁路货车的检修又称为维修,维修是指铁路货车整机性能的恢复性修理或维护性修理,需要办理维修合格证的有厂修、段修和辅修。为保证产品维修质量,确保铁路运输安全,铁道部对铁路货车维修实施统一的行政许可管理。

检修单位的设置由铁道部确定,全路范围内生产力布局重大调整、车辆段规模扩大使检修能力得到了进一步的优化和提升。铁路货车的检修由车辆工厂、车辆段、地方企业自备车检修单位完成。

铁路货车检修能力分为检修车属性,即国铁铁路货车、企业自备铁路货车,国铁铁路货车又包括通用铁路货车和专用铁路货车;铁路货车检修能力又分为具备哪一级修程的检修能力,即厂修、段修、辅修。

铁路货车的检修能力具体体现在检修数量上,从事铁路货车检修单位各修程的检修数量由招标获得。

(二) 铁路货车检修能力布局、建设要求

铁路货车检修能力是为铁路运输提供状态良好货车的保证,能力的布局、建

设要求要满足铁路货车检修能力的需要,满足铁路运输大形势的要求。

1.布局原则

总体要求：按照统一规划、分步实施的要求,坚持区域整合,科学合理确定检修基地,充分利用既有资源,提高检修台位利用率,实现货车检修"规模化、专业化、集约化"。

设置原则：处于路网性、区域性、地方性编组站与运输配套的枢纽地区应设置1~2个检修基地。大型港口、主要国境口岸、主要运输干线、大型工矿企业或战略装车点可设置必要的检修基地。

2.建设原则

以检修规程要求确定检修工艺,以检修工艺确定工艺布局、工艺流程、工艺装备,确保"以工艺保质量,以质量保安全"。

3.建设目标

依照检修工艺要求开展铁路货车检修能力建设,促进检修能力工艺布局、检修管理、生产能力、作业方式、检测手段、管理制度、生产组织的转变,优化资源配置,推进修制改革,全面提升检修能力,使铁路货车检修工作适应新技术、新体制下质量、安全、效率的要求,满足安全和运输需要

4.建设标准

铁路货车检修能力建设要实现"规模化、集约化、自动化、信息化",即：具有充分满足管内运输需要的规模；按照"检修分开,检测为主,换件修理,辆份配送"的原则进行工艺布局,实现检修方式集约化；依靠科技进步,实现检测手段、工艺装备的自动化；依托信息技术,提高检修工作管理水平,实现检修管理的信息化。

5.建设重点

(1)必须严格执行建设工作程序。纠正"先建后管"的错误做法,克服建设与检修要求、生产实际脱节、使用者不参与建设的问题,明确工艺布局、工艺装备必须确保检修工艺落实的原则,要坚持按照以规程要求确定检修工艺,以检修工艺确定工艺布局、工艺流程、工艺装备的建设工作程序,严禁反序操作；检修管理人员要做好工艺设计,全程参与、指导检修能力建设。

(2)实现"以机代人"。在建设中工艺装备要优先采用自动化、信息化工装、管理系统,优化工艺流程,减少人为因素对作业的影响,摆脱"人盯人"的管理模式,确保规章制度的落实,实现用先进的工装代替人,保证检修作业质量。

(3)强化"三检一验"。要避免因为工艺布局、流程、工装设计、配置不合理造成质量监督流于形式,加强质量监控力度,提高质量控制水平。要采用科学、合理的质量检测手段,加强各工序质量自控能力；各作业工序间要建立互控关系；

按照工艺要求，合理设置相应的质检、验收工位，质量监控与检修作业同步进行，实现全过程监控。

（4）突出"检测为主"。铁路货车段修工作的基础在于检查发现故障，要克服"重修轻检"的习惯，提高检测、检查器具的自动化、信息化、光电化、数字化水平，保证检测、检查的质量，快步推进换件修理。

（5）实现"检、修分开"。要克服以往检、修工作界限不清、责任不明、工序相互干扰的弊端，通过重新规划建设，实行检、修分开，平行作业，以利于明确质量责任，提高检修质量，以利于集约化生产，提高检修效率。

（6）要进行系统化建设。要统筹安排，系统开展工作，理顺作业关系，系统整合检修作业点、线、网，做好各点、线、网间的工作信息衔接，实现无缝对接，形成有机整体。要合理设计工艺，各部位、各工序、各环节的检修规模、节拍等均须相匹配。各项检修工作均须系统配置相应的工装、场地、检测器具、风水电管路、信息化装备、人员、工艺文件、材料储备、管理制度、质量监控措施等，充分满足检修以及各项改造工作需要。要系统规划，同步配套建设安全、环保、交通、休息、餐饮、文娱等后勤设施、设备，构建和谐检修，以利于生产管理的顺利进行。

（7）要有前瞻性，做好能力储备。能力建设不仅要满足当前铁路货车检修需要，针对铁路技术、管理、装备的发展方向，做好发展预想，以前瞻性的思维、前瞻性的规划、前瞻性的举措开展建设，预留足够的场地、空间以及工装能力，避免重复建设破坏生产布局、工艺流程和造成投资浪费。

（8）要加强"软件"建设。要避免只重视工装设备建设，忽视管理建设的习惯，以计算机技术为主要手段，建设管理信息网络，提高技术管理水平。所采用的自动化设备应有接口，满足设备联网联控要求；非自动化设备要具备数据采集、记录等功能，并及时进行升级改造。

6.建设要求

铁路货车检修能力建设工作分为检修规模、工艺布局、工装配置三个层面，要充分考虑检修模式、质量控制、管理手段、劳动组织、生产效率、修制改革、技术发展等因素，按照以运输需要确定检修能力，以检修质量标准和检修能力确定工艺布局及工艺流程，以工艺布局和工艺流程确定工装配置的工作程序，规划建设方案。

（1）检修规模

能力建设的宗旨是保障运输安全，及时为运输一线提供更多更好的运用车。在发展检修规模设置上要紧密配合运输能力布局，适应运输组织的发展，以专业化、规模化、集约化为发展方向，按照"有利于安全管理，有利于提高设备质量，有利于提高运输效率"的原则,制订相关标准要求,规范检修能力建设,科学设置和调整检修资源配置,做到"普通车就近修,特殊车集中修",实现资源和管理的优化整合;对枢纽地区、六大干线、大秦、侯月运煤通道以及西部重点地区的检修基地进行重点加强;不断加强专用、特种车型专业化检修基地建设。对重点地区车辆段要"做精、做强、做大";对与运输布局不适应,工作量持续减少,没有发展潜力的车辆段、检修车间要适时进行撤销、合并、转型。

能力设置要紧密配合运输生产力布局,要依据所处区域国铁及自备铁路货车保有量、车种车型分布、车流特点、运输组织、发展规划等因素,科学合理地设置和调整检修能力。车辆段能力设置应同时满足国铁、自备货车厂、段、辅、临修,以及货车的各项改造和各类临时任务的需要。重点区域货车检修车间除少数数量少、特殊用途货车外,应满足管内全部检修到期车、各车种车型、各种修程的检修需要;非重点区域货车检修车间应满足管内通用车型、常用特种车型的段修、辅修、临修需要,需要时可适当设置厂修。货车零部件的检修能力应与整车检修以及相应修程相匹配。

(1) 满足运输需要。货车检修规模的建设必须满足管内国铁、自备车的检修需要。检修规模的设置要符合以下基本要求:要明确检修单位的扣车区域,依据所辖区域运输发展中、长期规划计算货车的保有量,测算货车检修发生数,按台位利用率确定段修台位,在此基础上应有10%的能力裕量,以满足货车的各项改造和各类临时任务的需要;厂修台位数量应按照不少于段修台位的12.5%设置;站修应有修车库(棚),台位数量应满足管内货车辅、临修需要。正常情况下应按所辖区域运输组织长期规划进行测算并建设检修台位,确有困难时应按所辖区域中期规划测算并建设检修台位,同时预留足够的场地及基础设施以满足运输长期发展所需检修台位的建设需要。厂、段、站修场所应相邻设置,以便于调车及生产组织、质量监控。为保证检修工作的顺利完成和方便调车作业,存车线长度不小于日检修货车数总长度的2.5倍,存车线不少于2条,交换线不少于1条,存车线、交换线不应分散设置。站、段修在同一地点时要设置至少1条机走线。

(2) 满足管内各车种车型检修需求。重点区域货车检修单位的建设,除少数数量少、特殊用途货车外,必须满足区域内全部国铁、自备货车车种车型(C、N、P、G、K、NX、X、L等)的检修需要,兼容新、旧车型修理,实现规模化生产,及时修理管内发生的检修车;进行罐车检修的单位必须具备相应的洗罐、水压试验、罐车阀类检修能力,并相应配套安全、环保、消防设施;进行毒品车等装载有害物品货车检修的单位必须具备相应的货车清洗消毒能力;进行特种车、专用车检修的单位应具备相应的专用零部件检修能力。

(3) 满足货车各级修程。重点检修货车单位不仅要确保段修任务的完成,还应配置相应的厂修能力，并满足辅修、临修、运用维修、配件检修等工作需要。各级修程工装、场地应集中设置，逐步适应货车"大进大出，成组检修"的要求。承担货车厂修工作的单位，必须配备整车抛丸、喷漆、烘干，车体翻转，漏雨试验，转向架压吨，摇枕侧架抛丸除锈探伤，车辆限界检测，轨道衡，称重等工装。

7. 工艺布局

检修工艺布局须做到检修点、线、网有机整合，确保各项质量标准和技术要求得到有效落实，提高生产效率。工艺点实现检测手段光电化、信息采集判别自动化、检修机械化，保证生产信息的有效性和检修标准的落实；工艺线实现工装组合系统化、流程自动化，保证工序衔接的顺畅；工艺网络布局实现生产信息分析信息化，保证生产指挥的实时性和生产重点、难点的可预见性；最终实现生产组织、检修质量由人控转变为机控。检修工艺布局要体现系统化，将质检、验收、车辆调度、物流供应及设备校验等辅助工作一并在检修工艺布局中统筹考虑。工艺布局要有利于以下工作目标的实现。

（1）工艺布局要有利于提高检修效率。

①要有利于工序优化。工步、工序、工艺线、检修区域之间的生产衔接要实现自动化，避免人为操作的干预，避免自动化生产流程的中断和停顿，保持生产流程的自动持续进行；要尽可能减少产品在生产转移过程中的交接环节，减少检修过程中的运输工作量、距离、时间。

要保证各作业班组、人员的同时作业，减少因工序设置造成的"待工"现象。

进一步加强"预检""预修"工作，要在修车库外设置作业场地，提供风、水、电、防雨、运输搬运、信息化设备等基本作业条件，进行"预检"、"预修"作业。对计划入库检修货车进行预检，可将破损车门、墙板、地板的分解修理以及货车车体底架的调修、喷涂油漆标记、现车制动装置的分解检修、手工除锈等操作简单、工装条件要求不高、对环境影响较大的工作安排在"预修"环节，减少检修库内检修工作量，压缩检修时间，改善检修库生产环境。"预检"、"预修"工作岗位应配置信息化管理的条件。

工艺流程设置要避免反向逆流；在同一工作时间段内，尽可能减少生产流程路径的交叉，减少生产空间的重叠，减少人员、设备的共用；各检修点、线、区域要尽可能实现平行作业，提高检修效率。

②要有利于生产流水线整合，建立物流网络、信息网络。要在"八条基础工艺线"的基础上对新增的检修装置进行整合，重点优化各工艺线之间的工序衔接、物流管理、信息整合，建设物流网络、信息网络，联线成网，最终形成工序合理、流程通畅、信息共享的修车网络。工序衔接重点加强检修线间相邻工序合理设置、工装设施的匹配，检修线要实现全线自动传输；物流管理重点将选配、仓储、包

装、运输、装卸等环节按物流工作规律统筹安排,形成合理的物流工作流程,实现原材料、半成品、成品的全过程受控管理,保证生产主要流程的通畅,要建立制动阀、制动梁、轴承、轮对、软管、塞门等各种主要零部件的智能存储、自动选配系统,并实现传输自动化;信息整合重点加强各工序生产信息的采集、记录、传递、统计、共享、分析、利用,要采用计算机技术建设信息网络,将分散的生产信息实时汇总,实时掌握生产进度、评判工作质量、分析解决存在问题,用数字化手段实现扁平化管理。

③要有利于各零部件检修能力与修车能力的匹配。要考虑检修配件以及检修工作性质、工装、场地等因素,设置各检修区域,合理配置转向架、轮轴、钩缓、车体等各部位以及预检、预修、检测、修理、组装、检查、试验、物流等各环节的能力,必须满足所检修的车种车型、修程、数量以及各项临时工作的需要;检修库应根据台位数量及生产组织形式、生产流程、作业节拍等因素设置生产区域,保证检修能力的一致性。

根据检修质量要求以及生产实际需要均衡设计检修生产节拍,工艺布局要保证生产节拍衔接紧密,设置合理,有流水线作业的每个工序生产节拍原则上不超过 10 min;要根据生产节拍以及检修产品数量合理设置各工序的生产场地,保证检修产品能分类集中放置,同时减少工序间运输距离。不要出现因工艺布局设置不合理出现生产"瓶颈"现象。

④要适应运输组织的发展。运输组织方式正迅速向长大编组、大牵引重量、短周转时间、高运营速度、固定循环使用的方向发展,货车扣修、检修方式等生产组织方式将有较大转变,工艺布局必须适应这一变化要求,向压缩货车休车时间、提高检修效率方向发展,适应运输组织的发展,对"五定班列"等固定配属、循环使用的货车试行成组检修,大进大出,提高检修效率,压缩休车时间。工艺布局要充分考虑运输组织的发展。

⑤要有兼容性。要兼容交叉支撑装置、摆式转向架的检修,设备要有较强的适应性,尽可能兼容各车型、各修程、各型号产品需要。工艺布局要体现模块化,可针对不同车型的检修要求进行组合,根据货车发展方向,预留发展空间及接口,有针对性地做好能力储备,尽可能满足今后货车新技术的检修需要。

(2) 工艺布局要有利于质量控制

①要有利于质量自控。各零配件在分解、修理后均应设置相应检测、试验工序,并配置相应的自动化、信息化工装和作业场地,逐步用计算机代替人对检测数据进行判断,加强各工序质量自控能力。

②要有利于质量互控。要根据检修车型、修程设置必要的检测区域、加修区域,实行"检修分开,辆份配送"的检修模式。非互换零配件分类集中,就近检

测；互换零配件检测、修理以及非互换配件修理应全部集中在专门区域进行。所有装车的零配件、材料须按辆份配备、并有相应的防护设施、按修车计划适时送至相应工位，对必换件要核对新、旧零配件数量，配料、核查人员不得是分解、组装者本人。"分解→检查（检测）→修理→组装→质检"等基本工序应分岗设置，

③要有利于质量监控。各项检修作业均须设置相应的质检工序，并配置相应检测器具、工装，需要时设置专用检验场所。要建立信息化管理系统，工艺布局要有利于数据采集、传递，利用信息化手段，通过工艺网络，实时反映、集中控制、监控各工序作业质量情况，集中指挥生产全局，实现扁平化管理。

④要有利于对货车主要故障的检修。要对检修基础数据进行统计分析，测算不同车型、不同配件的主要故障类型、发生数量以及变化趋势，加强相应的工装配置，提高检修能力。如：针对换件修理范围不断扩大，应重点加强货车检测、试验、焊接、组装能力；对可更换新品进行检修的配件，可以视发展情况弱化其修理能力；针对提速重载运输可能造成钩缓、车轮、轴承等部件故障增多的趋势，应加强钩缓、轮轴检修能力。

（3）工艺布局设计须有前瞻性

①要充分适应检修对象的变化。要按照"重载提速"的货车技术发展方向，适应铁路货车车型发展，检修工艺布局须以70t级提速重载货车检修为主，兼顾60t级提速货车检修，可视需要配置60t级非提速货车检修能力；车辆段须以段修为主，兼顾厂修、临修，视需要配置辅修能力；须以通用车型检修为主，兼顾特种车型检修。

②要充分适应检修工作发展方向。当前检修工作正不断扩大修制改革的广度和深度，修制将由当前的"计划性预防修"向"计划性换件修"发展，检修模式由检、修并重向"检测为主、检修分开、换件修理、辆份配送"的方式转变，以适应客货分线和货车向重载发展的需要。其突出特点是：将现车与配件分线检修、平行作业，推行换件修和检修分开，实行"检测为主、检修分开、换件修理、辆份配送"，达到以配件质量保整车质量，以整车质量保运用安全的目的。

"检测为主、检修分开"：在整车、配件检修过程中，以程序化、工作内容一致、工作项目固定的"分解、检测（检查）、组装、试验、质检"为生产主线，相应的流水线要全而实现自动化作业；以随机性较强的"修理、物流"为生产辅线，将整车与零部件分开、检测（检查）和修理分开，分线平行作业。辅线检修工作不能影响主线工作流程、进度，并应完全满足主线工作需要。

"换件修理、辆份配送"：非互换零配件分类集中，就近检测；互换零配件检测、修理以及非互换配件修理应全部集中在专门区域进行；所有装车的零配件、

材料应实行辆份配送,根据检修车型、修程按辆份配备,并有相应的防护设施,按修车计划适时送至相应工位。

③要充分适应检修要求的变化。工艺布局必须满足不断提高的检修要求,应按照质量标准由低等级修程向高等级修程发展,检修手段由人工向自动化发展,检修工艺由各部件相对独立检修向综合检修发展的基本方向进行设置,预留相应能力、场地。工艺装备应确保检修精度、范围充分满足规定,并储备高于规定标准的能力。对直接关系到安全的交叉支撑装置、常接触式弹性旁承、两级刚度弹簧、组合式斜楔、轴箱橡胶垫、摇动座、摇动座支承、导框摇动座、轮对、轴承等主要部件将研究进一步提高检修工艺要求。

④要充分适应检修工艺装备的变化

工艺装备将不断向自动化、信息化、数字化、光电化、图像化、系列化发展,性能精度、适用范围将进一步提高,工艺装备要与检修流水线相匹配。要预留轮对B超探伤、钩舌自动检测、承载鞍自动检测等新型检测设备场地。暂时无法配置的工装须在相应的检修线上预留空间和相关设备接口。

(4) 工艺布局要适应生产组织方式的变化

生产组织方式应不断向保证产品质量、提高生产效率、减轻劳动强度方向发展,检修单位可根据运输需要、地域特点、劳动力组织需要、生产实际,采取单班、两班、循环流水生产等生产组织形式,工艺布局须充分保证生产组织的顺利实施,并可适应今后生产组织方式的变化。

(5) 工艺布局要适应先进的管理手段

管理手段要向自动化、信息化、扁平化、数字化发展,进一步提高管理的实时性、针对性、有效性。要充分利用类似"铁路货车段修安全质量信息化管理系统"的信息化管理手段,通过建立大型配件编码等信息数据,合理设置信息节点,通过信息化手段将检修作业点、流水线联成完整的生产管理网络,增强现场生产指挥的实时性、有效性和针对性,实现信息化管理,强化对生产质量控制能力。

3.工装配置

工装配置应符合检修规模、检修工艺布局的要求,满足货车检修工作发展需要,具备"自动化、信息化、光电化、数字化"等基本性能,实现"以机代人"。要有利于确保规章标准、管理制度的落实,减少人为因素对产品质量、生产效率的影响;有利于减轻职工劳动强度;有利于生产流程的顺畅;有利于验证、追溯作业结果,要充分考虑通用性和兼容性,并满足不断发展的货车新车型、新技术检修需要。

(1) 检修工装应充分满足工艺要求,须与生产流程、生产组织、生产规模等相适应,工装之间要相匹配、保证工作过程衔接良好;要尽可能实现"自动化、信息化、光电化、数字化、模块化",具备与计算机连接、设备自检功能,要具有较强的兼容性、安全性。

(2)适应货车检修规模化、模块化的发展方向,满足货车检修的自动化、信息化要求,努力降低检修生产的劳动强度,提高生产效率。通过采用修车网络数据共享及自动数据采集等方式,减少书面记录和键盘录入可能带来的人为因素干扰。

(3)重点加强检修工艺装备的检测能力,体现"检测为主、换件修理"的工艺发展方向。要运用成熟、先进的检测手段,保证检测精度并提高对各类故障自动化判别水平。

(4)检修工艺装备应按工艺要求具备计算机信息的综合管理功能,对采集的信息进行信息化汇总、分析、判断和预警。要按工艺要求存贮或打印规定的数据,为检修货车提供充分的证据支持。

(5)满足货车检修的信息化要求,对检修信息进行全面的采集和存储,并实现与HMIS系统信息共享,为货车检修的生产、质量管理提供及时、准确的依据。轮对、轴承等有关检修装备要接入货车运用信息或预留接口。

(6)检修工艺装备的配置作为工艺建设的一项基础内容,应符合生产流程工艺布局,配置应具有前瞻性,能够为新车型、新技术的发展预留空间及接口。货车零部件的焊修、热处理、机加工要满足B、C、E级钢的要求。

(7)检修装备应具备稳定、可靠的性能,检测设备应具备对检测结果的可重复性。自动检测探伤、试验设备还应具备系统自检功能,对非正常状态具备监控及预警功能。

(8)能适应不同地区货车检修场地及环境的要求:微控设备、探伤设备应满足最大适应工作温度-30~+30 ℃,其他安装于检修库的一般设备应满足最大适应工作温度-5~+45℃,库(室)外设备应满足最大适应工作温度-50~+60 ℃。

(9)检修工艺装备应具备便于维护、修理的设计结构,并尽量采用通用型配件供应,保证售后的配件供应。工装的设计应便于普通维修人员完成日常维修工作。

第三节 KV80型煤炭漏斗车技术

本节关于铁路货车检修实践分析主要以KV80型煤炭漏斗车为例,KV80型煤炭漏斗车是一种专门用于运输煤炭的铁路货车。它的主要部件包括车体、转向架、漏斗、卸煤机构等。漏斗的主要作用是存放和卸载煤炭,而卸煤机构则负责将煤炭从漏斗中卸下。这种车型在煤炭运输领域具有重要地位,因此其检修工作必须高度关注。

一、车辆基本信息

（一）概述

1.用途

80t级不锈钢煤炭漏斗车是在中国标准轨距铁路上运行，通过与地面开关门碰头配合，实现重车边走边卸，空车边走边关门的下卸式煤炭运输车辆。

该车每2辆为一组，由主车和从车组成，主、从车采用无间隙牵引杆连接在一起，形成一个车组；车组之间通过17型车钩连接成一列车。每辆车手制动机手轮刷黄色漆，显示列车的运行方向。

货车在卸煤站卸煤时的运行速度为0-3km/h，卸煤站地面设备提供800-900kg的力使门打开，200kg～500kg的力使门关闭。

煤通过车辆的3组底卸门倾卸，每2个横向底门为一组。

通过脚蹬和扶手可以到达货车端部和进行手制动的操作。

2.主要性能参数

自重——21t/每辆

载重——79t/每辆

容积（考虑堆高）——86m³/每辆

轴重——25t

商业运行速度——120km/h

通过最小曲线半径——145m

净制动率

重车——25.8%

空车——17%

轨距——1435mm

空车重心高度——948mm

3.主要规格尺寸

每组车辆长度——28400mm

车辆定距——10340mm

车辆最大宽度——3360mm

车辆最大高度——3770mm

车钩中心线高——880±10mm

卸货口尺寸（长宽）——2792mm500mm

漏斗板倾角——纵向55

横向90

限界：符合GB146.1-1983《标准轨距铁路机车车辆限界》的规定。

4.主要结构

该车主要由车体、底门及开闭机构、转向架、空气制动装置、手制动装置、车钩缓冲装置、牵引杆缓冲装置等部分组成。每组两辆车间采用带有缓冲器的牵引杆相互连接在一起，每组车的两端设有车钩缓冲装置。整车结构见图3.1。

（1）车体

车体为全钢焊接结构，由底架、侧墙、端墙、底门等组成。侧墙、端墙、底门、脊背等与煤接触部位采用屈服强度345MPa的不锈钢，底架等采用符合运装货车〔2003〕387号文件要求的Q450NQR1高强度耐候钢。

①底架由牵枕组成、横梁组成、脊背组成、中梁、下侧梁、端梁等组成。中梁采用310×250mm矩型冷弯型钢，侧梁采用专用冷弯型钢，与枕梁搭接；牵枕组成由上、下盖板与腹板组焊而成，其中枕梁为双腹板结构，装用直径为358mm的锻钢上心盘及材质为C级铸钢的一体式冲击座，心盘座与后从板座为一体式组焊结构；横梁板、脊背板与水平面的夹角为55°；脚蹬采用符合运装货车〔2007〕163号文件要求的专用拉铆钉铆接。装用铁路货车车号自动识别系统车辆标签。底架结构见图3.2

②侧墙采用圆弧包板式结构，由侧板、隔板、上侧梁及撑杆等组焊而成，上侧梁采用冷弯开口槽型钢。侧墙结构见图3.3。

③端墙由端板、上端梁、端柱、横带和斜撑板等组焊而成。上端梁采用梯形冷弯型钢，端柱、横带等采用U形压型结构，端板与水平面的夹角为50°。端墙结构见图3.4。

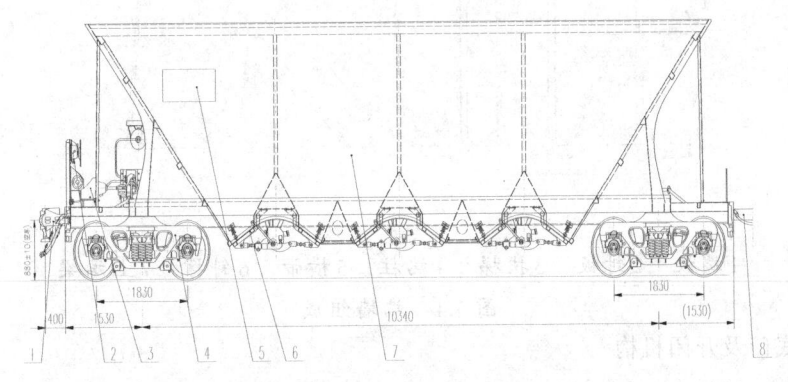

1 车钩缓冲装置　2 手制动装置　3 空气制动装置　4 转向架　5 标记
6 底门及开闭机构　7 车体　8 牵引杆缓冲装置

图3.1 整车示意图

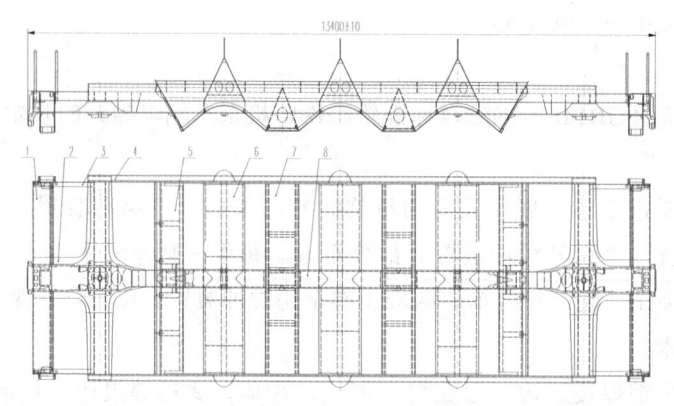

1 端梁　　2 牵枕　　3 小侧梁　4 侧梁　5 端漏斗板　6 大横梁　7 脊背　8 中梁

图 3.2　底架组成

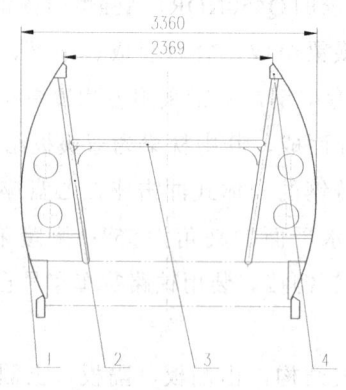

1 侧墙板　2 斜撑杆　3 水平撑杆　4 上侧梁

图 3.3　侧墙组成

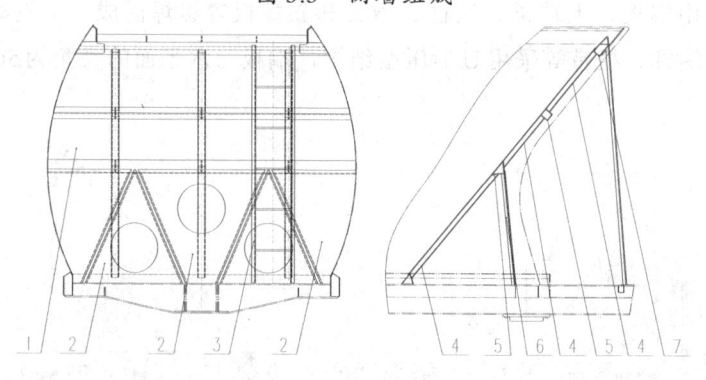

1 端板　2 封板　3 扶梯　4 端柱　5 横带　6 斜撑　7 上端梁

图 3.4　端墙组成

④底门及开闭机构

底门由门板、门框、折页等组焊而成，通过折页安装在车辆底架上，在不需要焊接或切割的情况下可以从车辆上拆卸和进行更换底门。

底门开闭机构采用四连杆开闭机构，主要由连杆组成、双联杠杆、传动轴、开门连杆、关门连杆、轴承座等组成,通过连杆机构的过轴偏心距将门锁闭,安全可靠。开闭机构沿车体横向布置,全车设有三组。

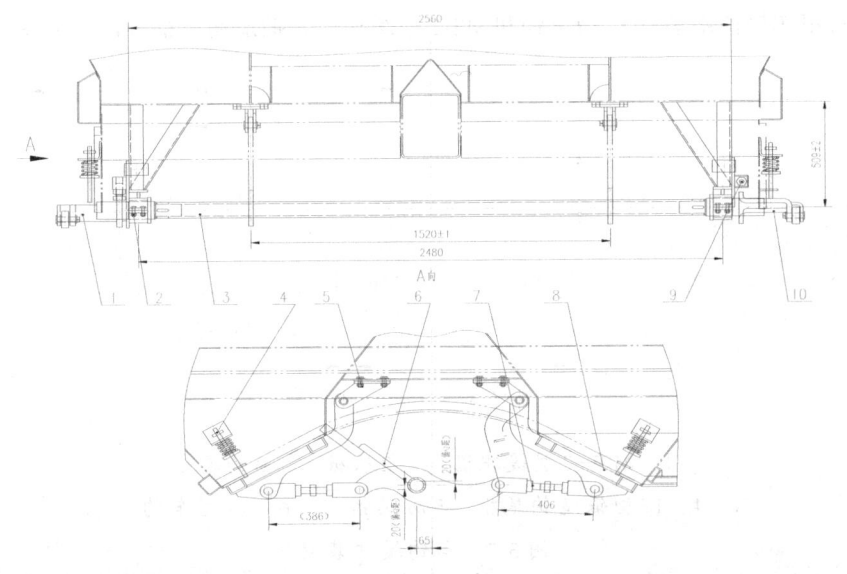

1—开门连杆组成 2—轴承座 3—传动轴组成 4—关门缓解装置 5—折页座
6—开关门指示牌 7—连杆组成 8—底门组成 9—调整支座及螺栓 10—关门连杆组成

图 3.5 底门及开闭机构

(2) 空气制动装置

每辆车设有独立的空气制动系统进行控制。主要由 120 型控制阀、305×254mm 整体旋压密封式制动缸、ST1-600 型闸调器、KZW-A 改进型空重车自动调整装置等组成。采用编织制动软管总成、奥一贝球铁衬套、不锈钢嵌入式储风缸、不锈钢法兰接头等制动配件和管系。

符合运装货车〔2002〕11 号文件要求的 HGM-C 型高摩合成闸瓦。

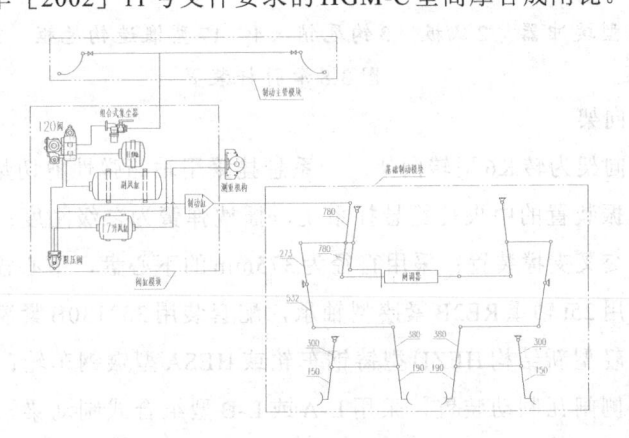

图 3.6 制动原理图

(3) 手制动装置

手制动装置采用NSW型手制动机，手轮直径为400mm。

（4）车钩缓冲装置

每组车辆两端装有17型车钩和MT-2型缓冲器、锻造钩尾框等，参见图3.7。

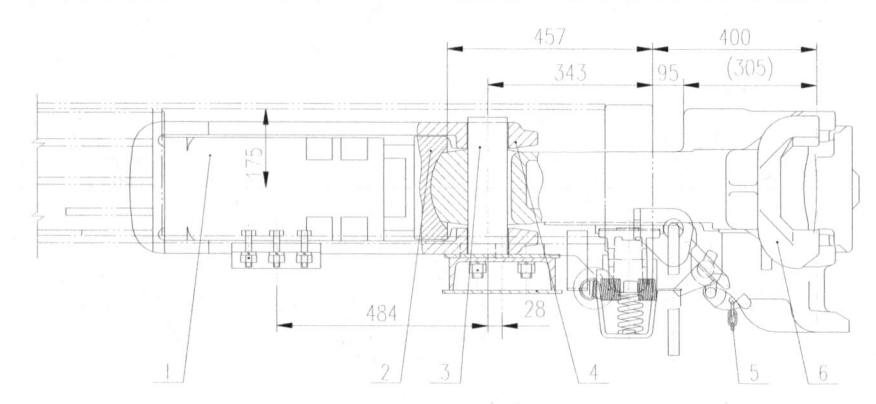

1　MT-2型缓冲器　2从板　3钩尾销
4　17型锻造钩尾框　5防跳插销　6　17型车钩

图3.7　车钩缓冲装置

（5）牵引杆缓冲装置

每组车间采用牵引杆缓冲装置，包括牵引杆、MT-2型缓冲器、锻造钩尾框等，参见图3.8。

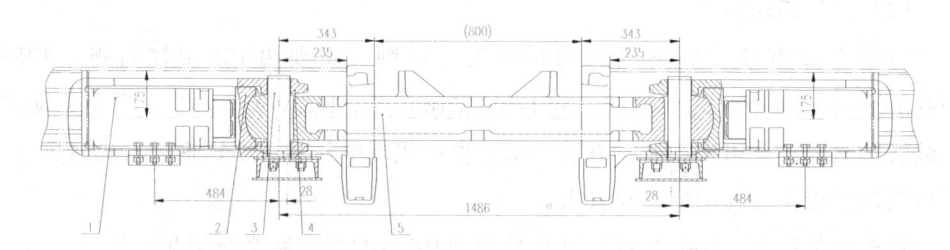

1　MT-2型缓冲器　2从板　3钩尾销　4　17型锻造钩尾框　5　FC型牵引杆

图3.8 牵引杆装置

（6）转向架

该车转向架为转K6型转向架。一系悬挂采用轴箱弹性剪切垫；二系悬挂采用带变摩擦减振装置的中央枕簧悬挂系统，摇枕弹簧为二级刚度；两侧架之间加装侧架弹性下交叉支撑装置；采用直径为375mm的下心盘，下心盘内设有尼龙心盘磨耗盘；装用25t轴重RE2B紧凑型轴承，配套装用353130B紧凑型双列圆锥滚子轴承，采用轻型新结构HEZD型铸钢车轮或HESA型辗钢车轮；基础制动装置为中拉杆式单侧闸瓦制动装置，采用L-A或L-B型组合式制动梁，新型高摩合成闸瓦。采用JC系列双作用弹性旁承。

①主要性能参数

轴重——25t

自重——4.8t

商业运行速度——120km/h

限速通过最小曲线半径——145m

固定轴距——1830mm

旁承中心距——1520mm

心盘面到轨面距离（空车）——680mm

下心盘直径——375mm

车轮直径——840mm

制动杠杆与车体纵向铅垂面的夹角

固定杠杆——50°

游动杠杆——53°

转向架基础制动倍率——4

图3.9 转K6型转向架

（二）使用与维护

1.底门及开闭机构

（1）概述

该车底门及开闭机构是煤漏斗车重要部件，通过与地面固定设备的配合使用，达到底门的自动打开和关闭，从而实现重车卸货、空车关门的目的。

该机构的特点是由两个四连杆机构组成，一个为曲柄摇杆机构，一个为双摇杆机构。通过机构过死点的方式使底门锁闭。如图所示，

A-A视图为关门状态下，车辆向前方运行时，首先开门侧遇到地面固定配套设备，通过开门侧滚轮使开门杠杆顺时针方向转动，从而驱动传动轴顺时方向转动，在机构过死点后，底门将依靠重力自动打开；B-B视图为开门状态下，车辆继续向前方运行时，关门侧遇到地面固定配套设备，通过关门侧滚轮使关门杠杆顺时针方向转动，从而驱动传动轴顺时方向转动，在机构过死点后，由开门侧的

序号8调整支座阻止机构继续转动。从而实现底门最终定位。

（2）主要结构

底门主要由底门板、折页及边框等组成，参见图3.10。

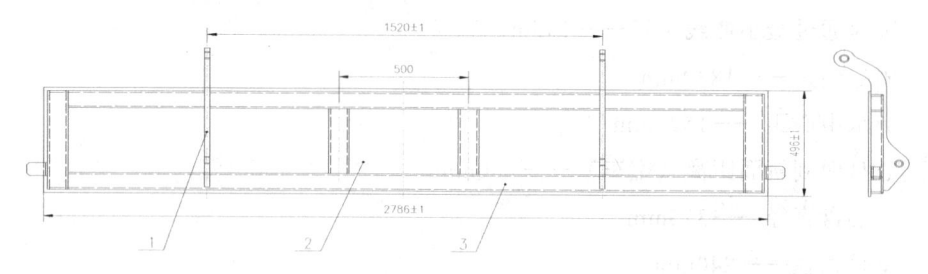

1 折页　2 底门板　3 边框

图3.10　底门组成

开闭机构主要由开门杠杆组成、传动轴组成、关门杠杆组成、连杆组成、轴承座等部分组成，参见图3.11。

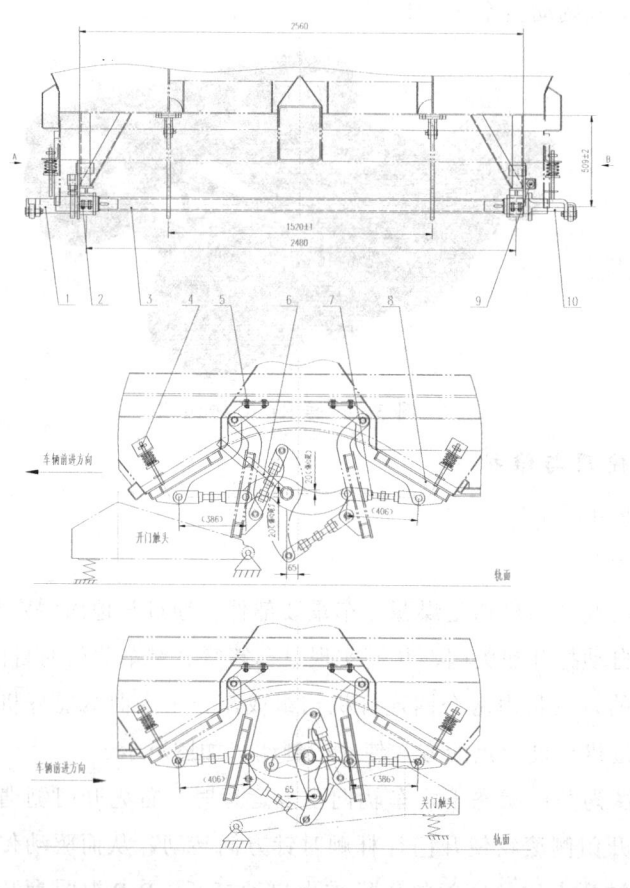

1 开门连杆组成　2 轴承座　3 传动轴组成　4 关门缓解装置　5 折页座
6 开关门指示牌　7 连杆组成　8 底门组成　9 调整支座及螺栓　10 关门连杆组成

图3.11　底门及开闭机构

①开门连杆组成

开门杠杆组成由滚轮、圆销、开门连杆等部分组成,参见图3.12。

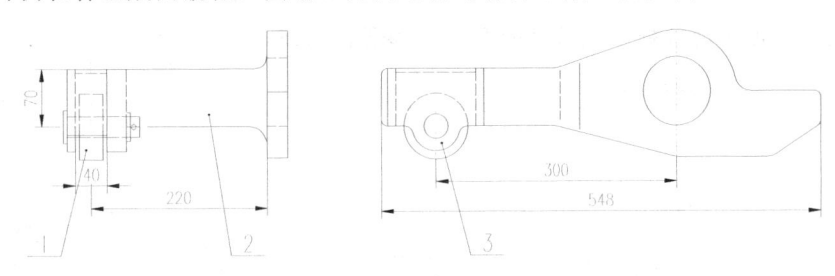

1滚轮 圆销 2开门连杆 3挡板
图3.12 开门杠杆组成

②传动轴组成

传动轴组成由主要由传动轴、双联杠杆、连接管及指示牌等组成,参见图3.13。

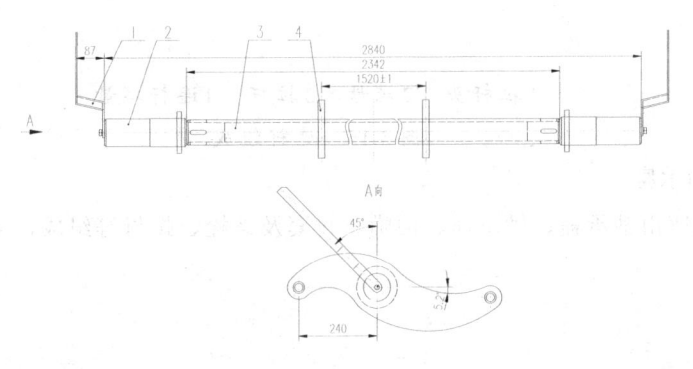

1指示牌 2传动轴 3连接管 4双联杠杆
图3.13 传动轴组成

③关门杠杆组成

关门杠杆组成由滚轮、圆销、关门连杆等部分组成,参见图3.14。

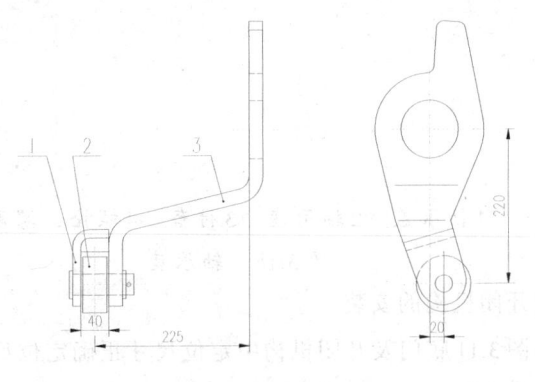

1挡板 2滚轮 3关门连杆
图3.14 关门杠杆组成

④连杆组成

连杆组成由拉杆头、拉杆、连杆螺母等组成。拉杆两端带有正反螺纹,通过旋转拉杆,可实现拉杆组成长度的变化,参见图3.15。

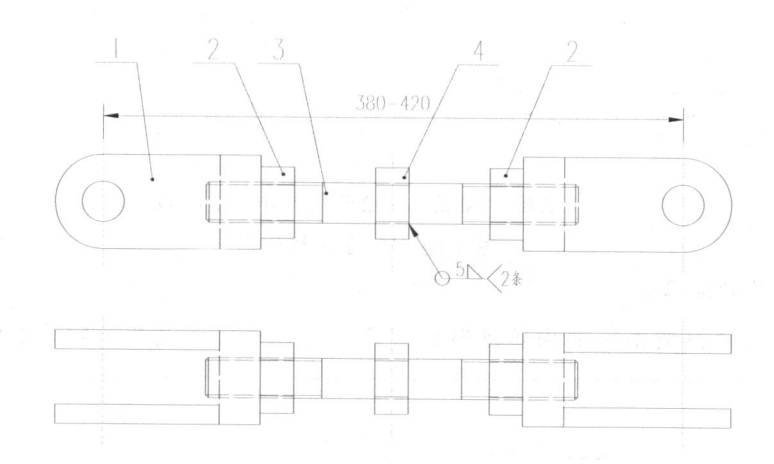

1拉杆头　2螺母　3拉杆　4连杆螺母

图 3.15　连杆组成

⑤轴承座

轴承座由轴承盖、轴承座、油嘴、衬套及螺栓、螺母等组成,参见图3.16。

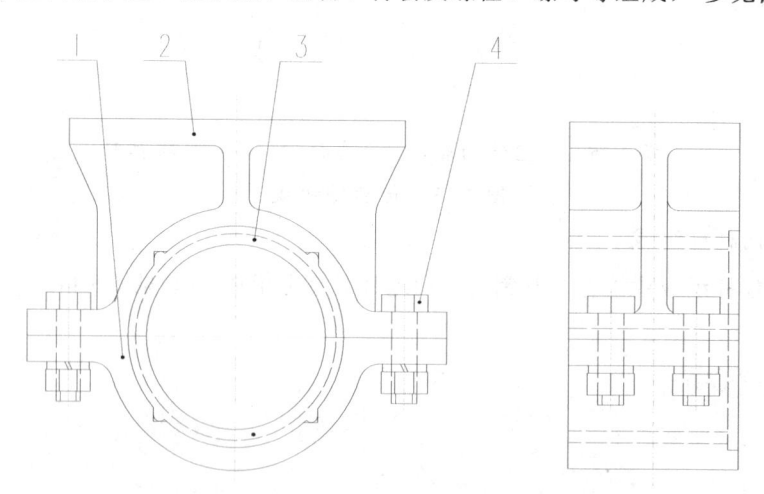

1轴承盖　2轴承座　3衬套　4螺栓、螺母

图 3.16　轴承座

(3) 底门及开闭机构的安装

①将底门按图3.11底门及开闭机构中定位尺寸正确定位后安装上折页销。

②在折页销上安装开口销。

③通过千斤顶关闭底门,确保底门与底门口之间隙为1~4mm。

④在车体上按图3.11底门及开闭机构中定位尺寸安装并焊接2个轴承座,保证现两轴承座轴向同轴度不大于0.2mm。轴承座轴心线到底门折页销中心之间的距离为408±2mm。

⑤在地面将开门连杆组成、关门连杆组成及传动轴组成安装在一起。

⑥将组装完的开闭机构按图3.11所示安装,然后安装上轴承盖,通过螺栓、螺母紧固。

⑦在地面调整连杆组成长度,其中有两组长度调整为386±2;另外两组长度调整为406mm。

⑧按图3.11所示将连杆组成与底门、双联杠杆进行连接,分别安装上连接销及开口销。此时注意长短连杆组成的安装位置,不要弄错。

⑨调整底门开门侧的调整支座上的螺栓长底及长连杆组成长度,确保底门与底门口之间隙为1~4mm。取下底门下部千斤顶,底门及开闭机构安装完毕。

(4) 设定开门力和关门力

①通过手动工具在关门侧关闭底门。

②在底门关闭位调整开门侧调整支座上的螺栓,使长度为386mm的连杆组成偏心在20±2mm。

③如果需要偏心距调大,可通过将开门侧调整支座上的螺栓旋进,从而开门杠杆逆时针方向旋转来实现;如果需要偏心距调小,可通过将开门侧调整支座上的螺栓旋出,从而开门杠杆顺时针方向旋转来实现,参见图3.17。

④检查所有的连杆组成是否都处于受力状态。如果某一连杆出现松动,调整连杆组成的长度。

⑤将千斤顶放置在底门开门杠杆滚轮的下部。

⑥开启底门,测量并记录下开门力。

⑦将千斤顶放置在底门关门杠杆滚轮的下部。

⑧关闭底门,测量并记录关门力。

⑨如果开关门力过高或过低,通过调整连杆组成的长度来实现。每次调整连杆组成时,首先拧开连杆组成上的两个螺母,然后进行调整,调整完成后均进行紧固。如果需要降低开关门力,通过缩短连杆组成的长度来实现;如果需要增大开关门力,通过加大连杆组成的长度来实现。

⑩在确定底门机构调整合格后,拧紧连杆组成中的紧固螺母。

⑪底门开关门力调整完毕。

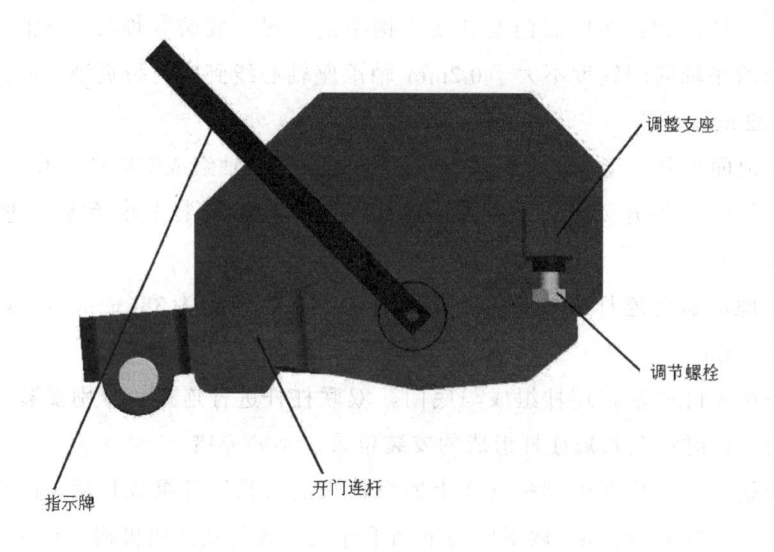

图 3.17　底门开门侧

（5）底门及开闭机构使用要求

①底门及开闭机构出现下列情况之一时，相关部件必须进行更换，而不能使用。

各部分连接圆销断裂；

连杆组成中拉杆或拉杆头断裂或出现裂纹；拉杆螺纹破坏。

开关门连杆组成中开关门连杆杠杆断裂或变形；罩板、滚轮断裂或出现裂纹时。

传动轴组成中传动轴、连接管或双联杠杆断裂。

底门或折页断裂；底门变形过大，影响性能时；。

调整支座上的螺栓断裂或螺纹破坏。

②底门及开闭机构出现下列情况之一时，相关部件必须处理。

底门与底门口的间隙均匀超出4mm时，调整连杆组成长度，使之符合1-4mm的要求：

底门局部变形，可通过火焰较正。

底门及开闭机构中连接焊缝开裂或出现裂纹，需清除裂纹进行焊补。

各连接圆销局部磨耗深度大于1.5mm时，可进行焊补。

（6）底门及机构的分解

底门在打开的状态下才能进行分解作业，为便于操作，底门的下部应放置一个千斤顶，以使底门离开工作区。

除非底门及其机构受到损坏，没有必要将底门及其机构进行完全分解。

①在空车开门状态下，取下连杆组成两端的圆销，使连杆组成与机构分离。

②在传动轴下部放置千斤顶或其它支承平台，从而支承住传动轴，防止在轴承盖分解时传动轴下落。

③拧开轴承盖上的螺栓，从而分解上、下轴承盖。传动轴两端的轴承座均进行分解。注意拧开轴承座上的螺栓时，要同时用手托住下轴承盖，防止下轴承盖分解时下落伤人。

④在车上整体拆下传动轴组成、开门连杆组成、关门连杆组成。拆下后将上述三个组成分解。

⑤拆下折页座上的圆销，在车上拆下底门。

⑥拧开折页座与车体相连的螺栓，在车上拆下折页座，分解完毕。

2.整车使用要求

（1）底架两端部均设有扶手和脚蹬，供手制动操作、调车作业或攀登车体使用。

（2）采用地面牵引设备临时调车时，牵引绳挂在小侧梁下部的牵引钩上，不得挂在扶手和脚蹬上。

（3）在运用过程中，随时注意检查旁承间隙，旁承滚子与上旁承磨耗板之间的间隙量为4～6mm，超过时应进行调整。

（4）定期检查紧固旁承和钩尾框的螺栓螺母，防止松动。

（5）不定期检查弹性旁承及心盘磨耗盘的状态，发现不良状态或损坏时，应及时进行更换。

（6）对车辆进抛丸、喷砂时，手制动机及闸调器须进行保护。

（7）当一次需要更换两块以上闸瓦时，为了方便，可采用人工转动闸调器筒体，使闸调器螺杆伸长。但换瓦完成后，应及时反向转动闸调器筒体，使闸调器螺杆恢复到原来长度，而不允许采用变换销孔的办法增大闸瓦间隙进行换瓦。

（8）车辆运行前，必须对车辆进行全面检查，以保证车辆的制动系统处于完全缓解状态，手制动机也处于缓解位，保证闸瓦与车轮脱离，以防止闸瓦抱轮擦伤车轮。

（三）质量保证

1.在正常使用条件下，一个厂修期内应保证：

（1）车体承载结构（底架、侧墙、端墙、底门）无裂损。

（2）摇枕、侧架、组合式斜楔体、上心盘、下心盘、承载鞍、车钩钩体无裂损且磨耗不超限，其中铸件铸造缺陷不超限。

（3）车轴、车轮、支撑座、组合式制动梁、缓冲器、制动缸体及前盖无裂损，轴向橡胶垫不失效，弹簧无折断。

（4）传感阀、限压阀、120-1控制阀阀体及折角塞门、组合式集尘器体无裂损，铸造缺陷不超限；手制动机作用良好、无裂损；闸瓦间隙调整器作用正常、不失效。

（5）立柱磨耗板、滑槽磨耗板、奥-贝球铁衬套无裂损、磨耗不超限。

2.在正常使用条件下，车辆运行6年内应保证：

含油尼龙钩尾框托板磨耗板、弹性旁承体、轴箱橡胶垫不失效；心盘磨耗盘、斜楔主摩擦板磨耗不超限；编织制动软管总成无裂损、不脱层；钩舌无裂损。

3.旁承磨耗板、滑块磨耗套2年内保证无裂损、磨耗不超限。

4.在正常使用条件下，交叉杆组成质量保证期为12年或160万公里，在质量保证期内无裂损、不失效。

5.轮对：5年，轴承：8年。

6.在正常使用条件下，锻造钩尾框质量保证期为25年，在质量保证期内因制造质量引起的裂断由制造厂负责。

7.铸钢摇枕、侧架使用寿命为25年，整个使用寿命期内，在正常使用条件下，因铸造内部缺陷引起的事故由制造工厂负责。

二、车辆运用故障处理

KV80型煤炭漏斗车运用过程中出现个别车辆车体上拉杆磨摇枕、上拉杆圆销及游动杠杆与横跨梁干涉以及重车制动位制动杠杆与其杠杆支点座干涉的情况。现场开展调研，测量了闸瓦磨耗、车轮磨耗、制动梁横移、横跨梁横移等数据。

KV80煤炭漏斗车于2009年共计生产了120辆，目前共计三列，每列编组40辆。该车空气制动装置主要排布在车辆端部地板上，车体上拉杆由车体端部连接转向架游动杠杆，转向架横跨梁安装在1位转向架游动杠杆端。

（一）上拉杆与摇枕接触

通过现场统计及大板电厂列车检修人员信息反馈，出现此类问题不同程度磨耗的车辆大概有22辆（拉杆与摇枕的摩擦痕迹见图3.18）。从现场调研来看此类问题多发生在空车状态下，磨耗位置在靠近转向架游动杠杆端的摇枕处。由于重车时，摇枕随枕簧下沉，拉杆与摇枕距离增大，重车基本不存在摩擦。

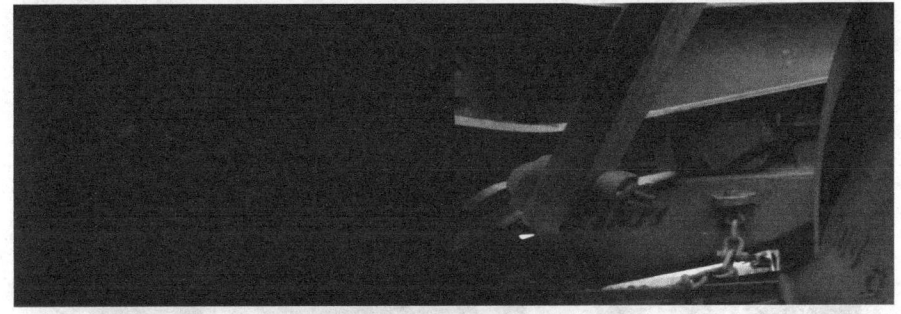

图 3.18　上拉杆与摇枕磨耗图

问题分析及解决方案：

根据赤大白铁路公司提供出现该类问题车的照片以及现场调研情况分析，有部分车上拉杆在振动情况下与摇枕产生接触痕迹，接触痕迹都比较轻微，不影响正常使用，不建议进行处理。

（二）游动杠杆端上拉杆头与横跨梁卡滞

据大板电厂检修人员反映：KV80 车辆运用一段时间后个别车辆游动杠杆端上拉杆头与横跨梁卡滞。此类问题出现过 5 起，在现场看到车号为 0000059 及车号 0000097 的车辆出现类似问题，其中车号为 0000059 的车辆横跨梁变形比较严重（详见图 3.19）。

图 3.19 上拉杆头与横跨梁干涉问题

上拉杆组装其图号为 QCP901-04-00，此图到目前为止经过了 3 次杠改（图纸见下图 3.20），此 120 辆车为 2009 年生产，上拉杆组装应按杠改标记为"a"的图生产，圆销为T54规格为28X75X67，且此圆销处无平垫圈，而现场车辆上拉杆组装圆销处均装有平垫圈，且圆销规格为28X82X75，有个别圆销规格为28X82X70，与图纸不符，而最新的杠改标记"c"则使用了QC56规格为28X68的圆销。

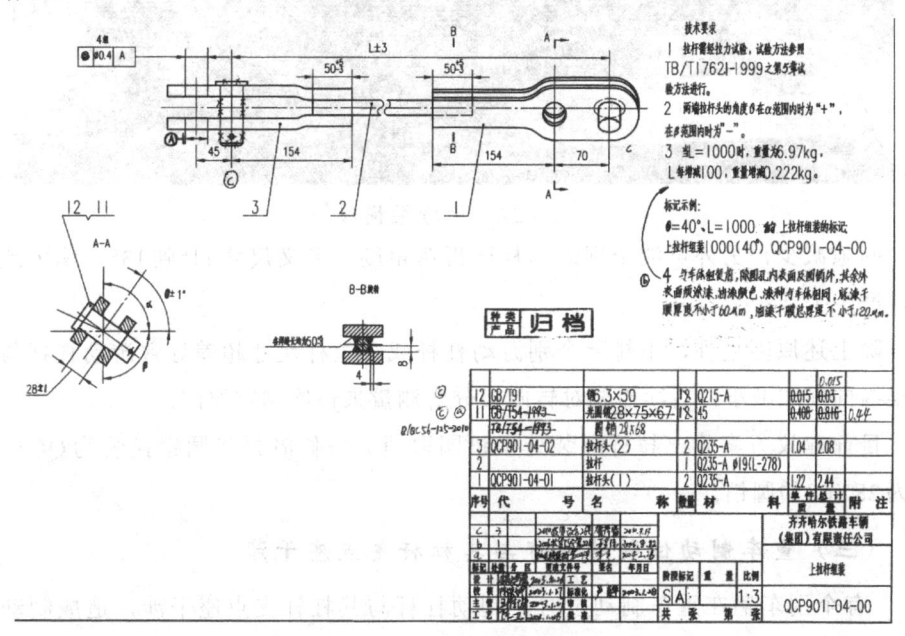

图 3.19 上拉杆组装图纸

对比分析，实际圆销长度比图纸规定尺寸长了约8mm；比QC56圆销长了约7mm，实际测量圆销尺寸见下图3.20。

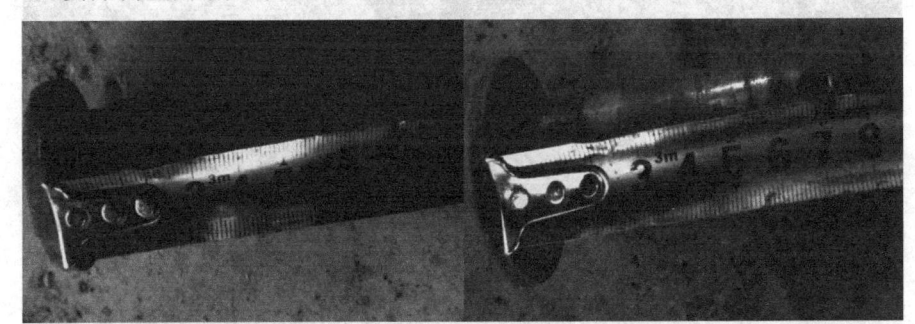

图3.20 现场上拉杆组装圆销尺寸

现场测量了车号为0000059及车号0000097的两故障车辆，托座垫板厚度正常，横跨梁整体朝向游动杠杆的反向侧横移（见图3.21）。制动梁整体朝向游动杠杆侧横移

问题分析及解决方案：

原因一：既有车上拉杆组装圆销与图纸不符，圆销偏长且装有平垫圈，在车辆制动时可能造成平垫圈或者圆销与横跨梁干涉；

原因二：横跨梁横移及制动梁横移造成横跨梁与上拉杆

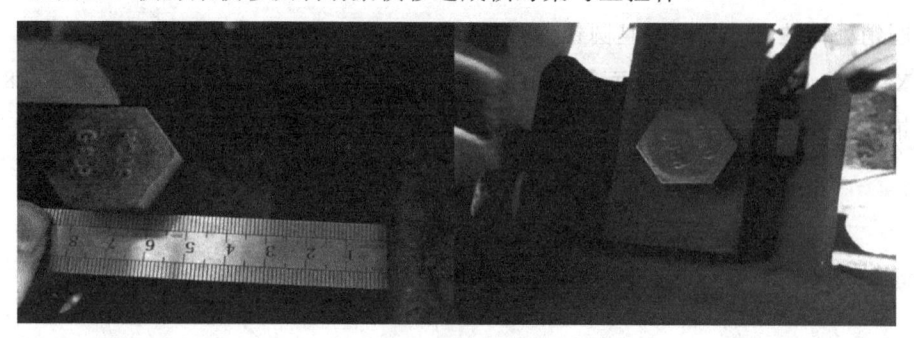

图 3.22　横跨梁横移

间隙减少，另外可能个别游动杠杆折弯角度（名义尺寸11°到13°）偏大或超差，产生干涉；

除上述原因之外，不排除个别游动杠杆或中拉杆尺寸超差导致游动杠杆与横跨梁纵向间隙减小，后续需要对转向架分解测量来最终判定原因。

目前建议方案将上拉杆组装处平垫圈取消、段修时再将圆销换装为QC56规格为28X68的圆销。

（三）重车制动位制动杠杆与其杠杆支点座干涉

有个别车辆在重车制动位时，制动杠杆与其杠杆支点座干涉，造成制动不良。目前此类问题车辆大概出现6辆。典型故障照片见下图3.23所示。

图 3.23　制动杠杆与其杠杆支点座干涉

现场测量的制动缸行程有个别在200mm左右（见下图3.24），超过了《铁路货车制动装置检修规则》中规定的145-195mm的规定范围。

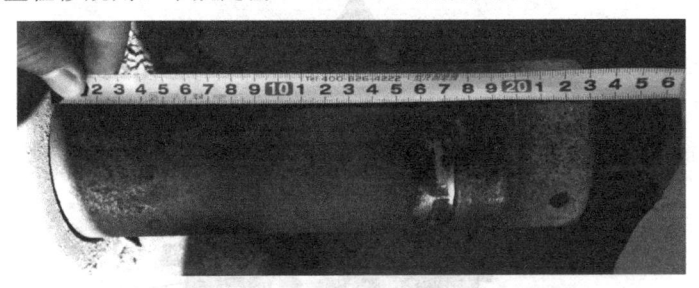

图 3.24 制动缸行程（重车）

问题分析及解决方案：

重车制动时，制动缸行程偏大使得制动杠杆下端位移增大。由于此类问题较少，且发生在闸瓦即将磨耗到限时，因此建议在段修时将有问题的杠杆支点座下部开10X40缺口，来解决此类问题，方案图如下图3.25所示。

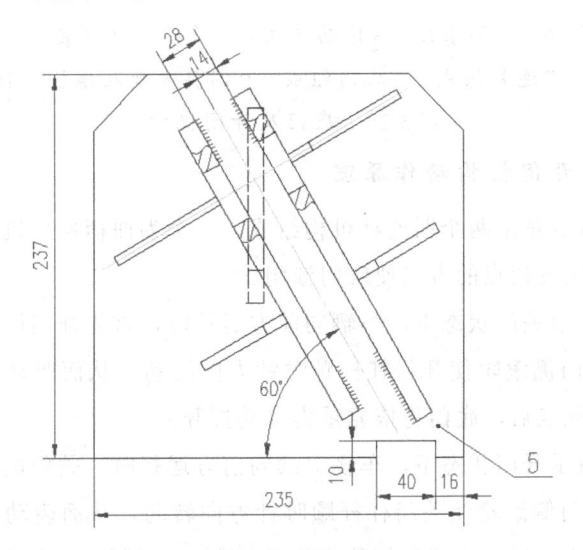

图 3.25 杠杆支点座改造图

三、车辆安全机构改造升级

（一）底门及开闭机构结构概述

该车底门及开闭机构是煤漏斗车重要部件，通过与地面固定设备的配合使用，达到底门的自动打开和关闭，从而实现重车卸货、空车关门的目的。

底门开闭机构采用四连杆开闭机构（如图3.26所示），主要由连杆组成、双联杠杆、传动轴、开门连杆、关门连杆、轴承座等组成，通过连杆机构的过轴偏心距将门锁闭，安全可靠。开闭机构沿车体横向布置，全车设有三组。

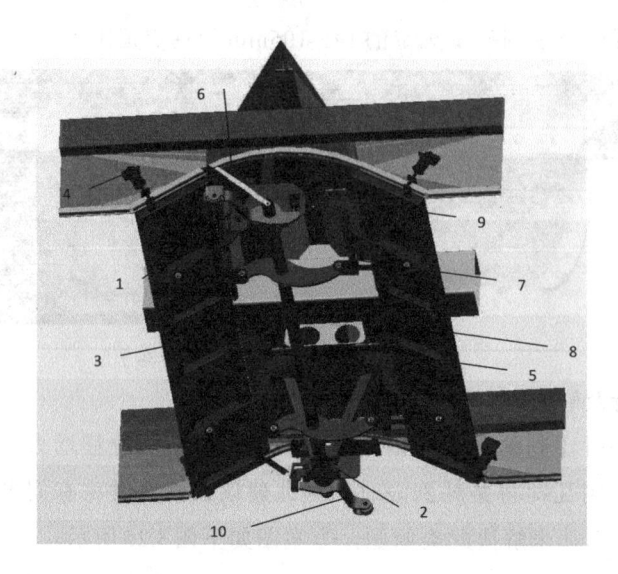

1 开门连杆组成　2 轴承座　3 传动轴组成　4 关门缓解装置　5 折页座
6 开关门指示牌　7 连杆组成　8 底门组成　9 调整支座及螺栓　10 关门连杆组成

图 3.26　底门及开闭机构

(二) 底门开闭机构动作原理

该机构的特点是由两个四连杆机构组成，一个为曲柄摇杆机构，一个为双摇杆机构。通过机构过死点的方式使底门锁闭。

如图 3.27 所示关门状态下，车辆向前方运行时，首先开门侧遇到地面固定配套设备，通过开门侧滚轮使开门杠杆顺时针方向转动，从而驱动传动轴顺时方向转动，在机构过死点后，底门将依靠重力自动打开。

如图 3.28 所示开门状态下，车辆继续向前方运行时，关门侧遇到地面固定配套设备，通过关门侧滚轮使关门杠杆顺时针方向转动，从而驱动传动轴顺时方向转动，在机构过死点后，由开门侧的序号 9 (图 3.26) 调整支座及螺栓阻止机构继续转动。从而实现底门最终定位。

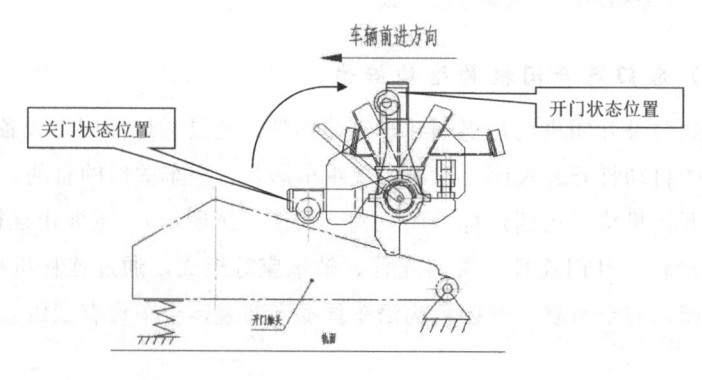

图 3.27 开门过程

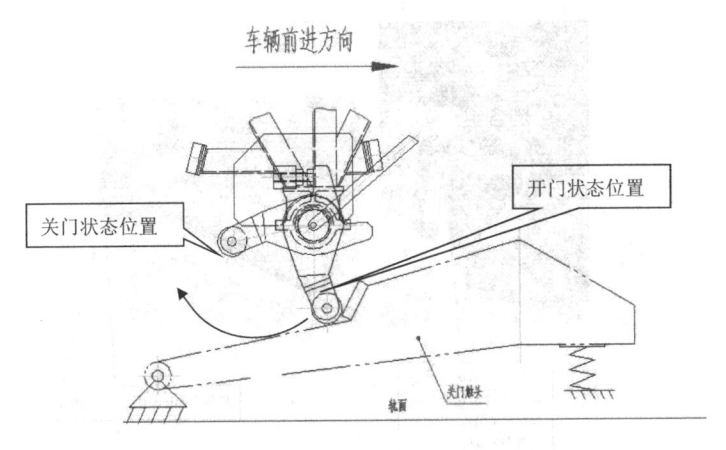

图 3.28 关门过程

(三) 新增加的安全锁方案

1. 安全锁结构与工作原理

如图 3.29 所示，安全锁由止挡螺栓，止挡座，支座板，滑块组成等新增零件组成。底门开启时关门连杆逆时针转动，安全锁阻止了其转动从而起到锁闭作用。

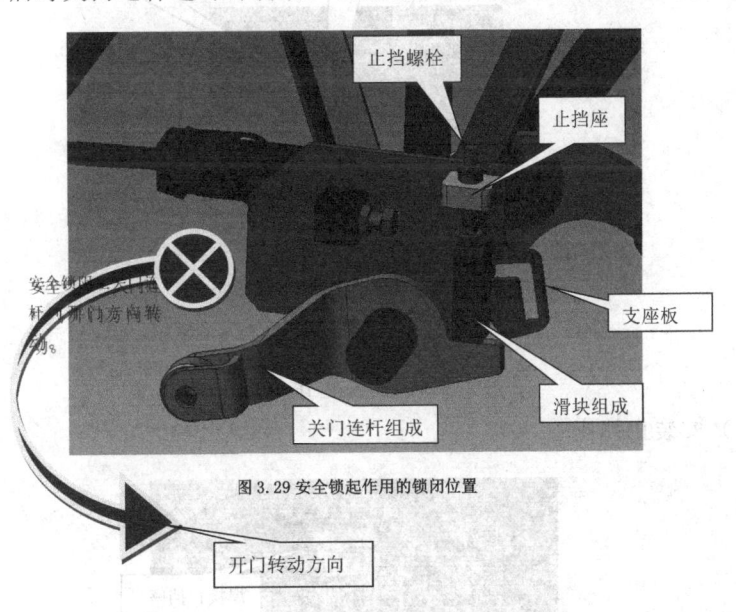

图 3.29 安全锁起作用的锁闭位置

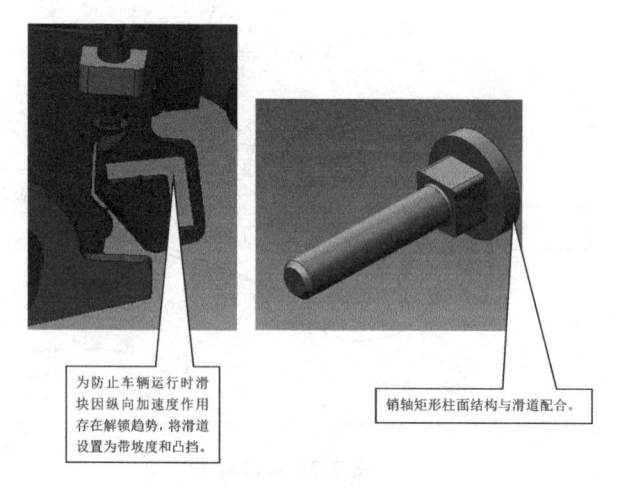

为防止车辆运行时滑块因纵向加速度作用存在解锁趋势,将滑道设置为带坡度和凸挡。

销轴矩形柱面结构与滑道配合。

图 3.30 滑道的设计

2. 安装安全锁说明

(1) 安装支座板

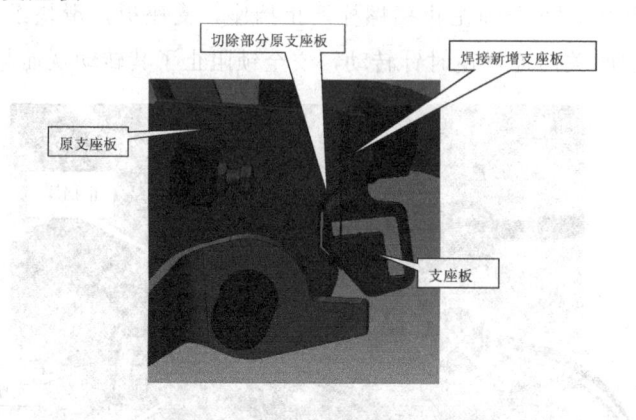

切除部分原支座板

焊接新增支座板

原支座板

支座板

图 3.31 安全锁起作用的锁闭位置

(2) 安装止挡座

焊接止挡座

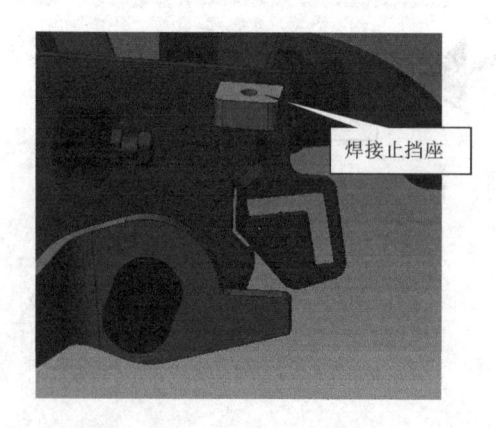

图 3.32 焊接止挡座

（3）安装滑块组成

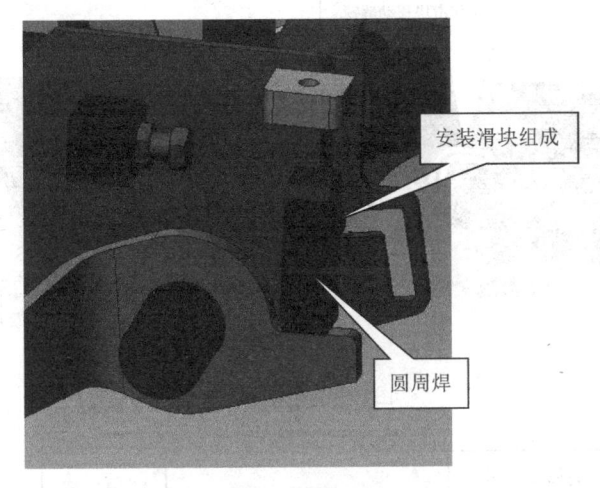

图3.33 安装滑块组成

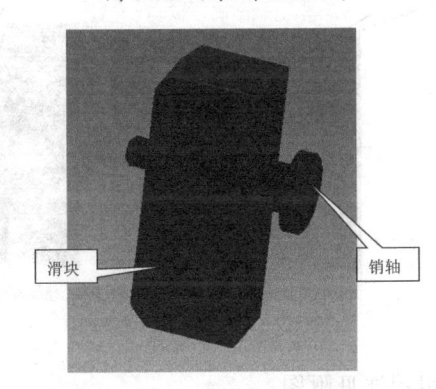

图3.34 滑块组成结构

（4）安装止挡螺栓及螺母

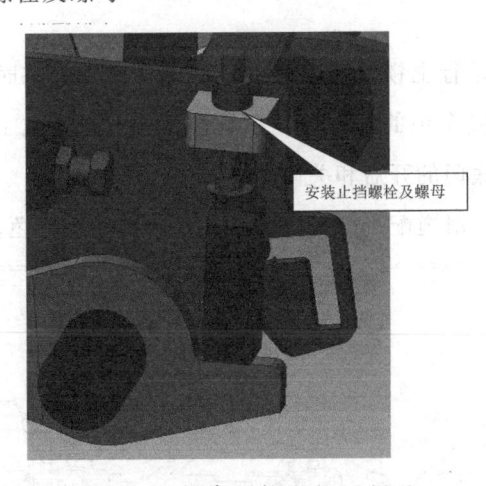

图3.35 安装止挡螺栓及螺母

3.安装锁的使用

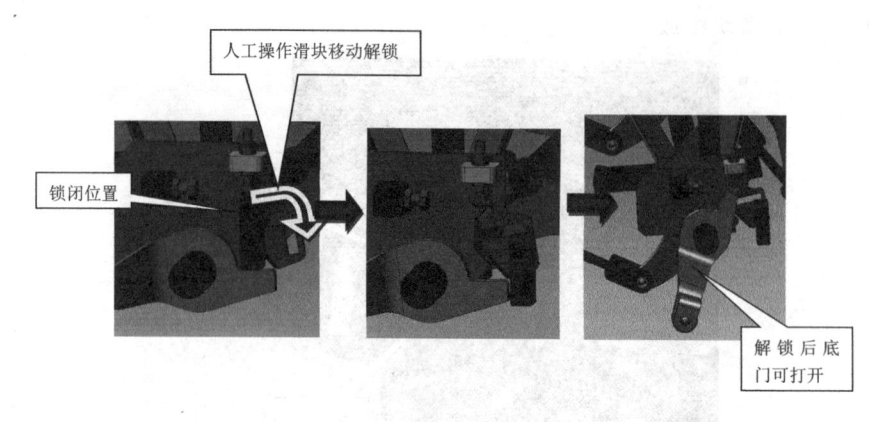

图 3.36 解锁操作

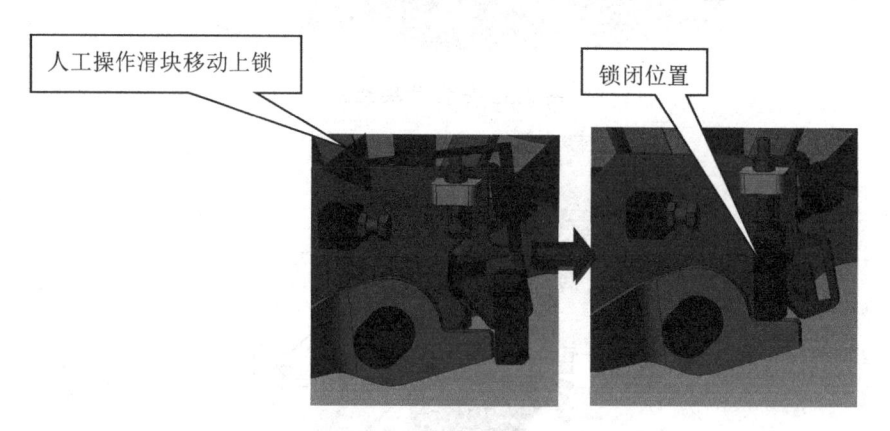

图 3.37 上锁操作

4. 安全锁生产组装用图详见附图

安全锁须严格按照附图要求进行生产和组装。

5. 相关要求

安全锁组装后须进行上锁及解锁操作试验。在上锁状态时,进行人工开门操作,验证在此状态下安全锁的可靠性。在解锁状态时进行人工开、关门操作,验证在此状态下不影响底门的开启和关闭。

安全锁组装后除与滑道配合部分,其余相关零部件涂黑色油漆。

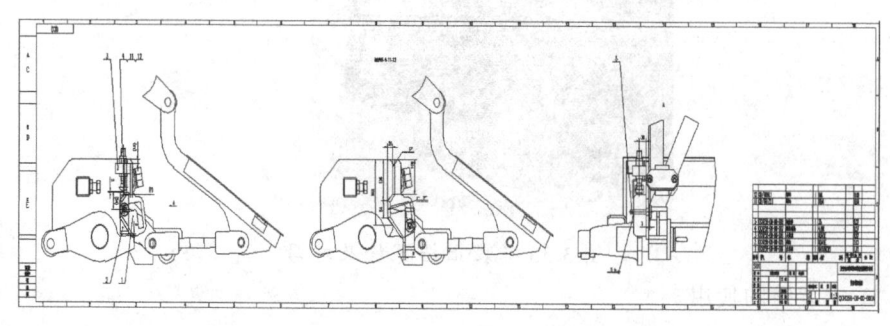

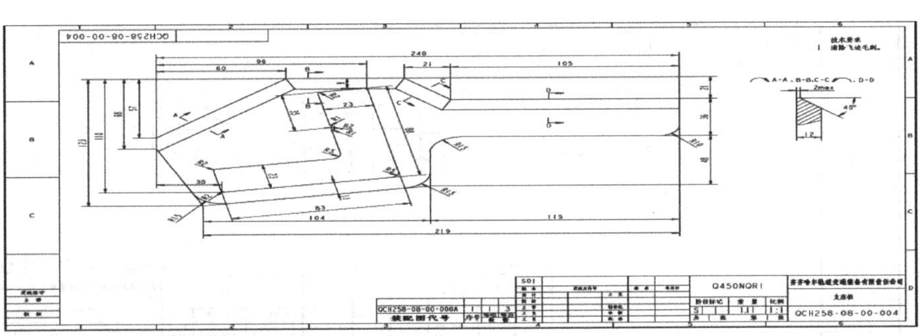
QCH258-08-00-004
技术要求
1 清除飞边毛刺。
Q450NQR1
齐齐哈尔轨道交通装备有限责任公司
支座板
QCH258-08-00-004
QCH258-08-00-000A
装配图代号

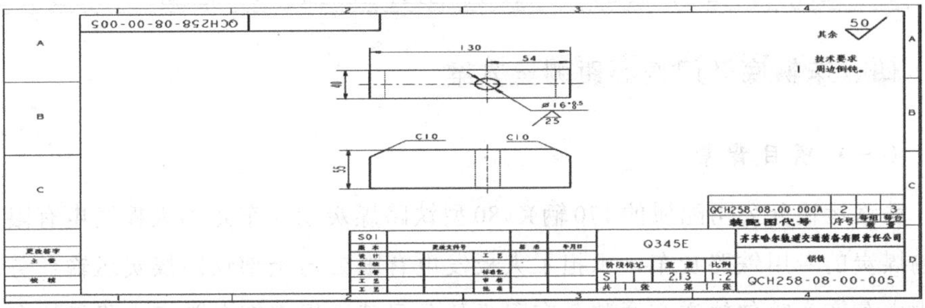
QCH258-08-00-005
其余
技术要求
1 周边倒钝。
C10
C10
QCH258-08-00-000A
装配图代号
序号
Q345E
齐齐哈尔轨道交通装备有限责任公司
钢板
QCH258-08-00-005

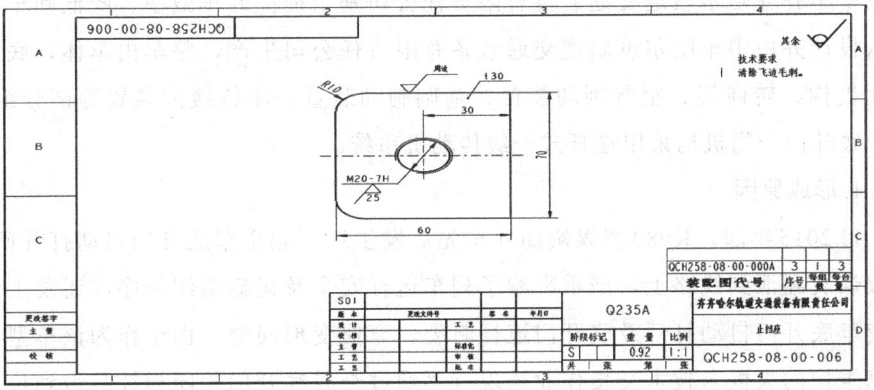
QCH258-08-00-006
其余
技术要求
1 清除飞边毛刺。
周边
M20-7H
QCH258-08-00-000A
装配图代号
序号
Q235A
齐齐哈尔轨道交通装备有限责任公司
止挡座
QCH258-08-00-006

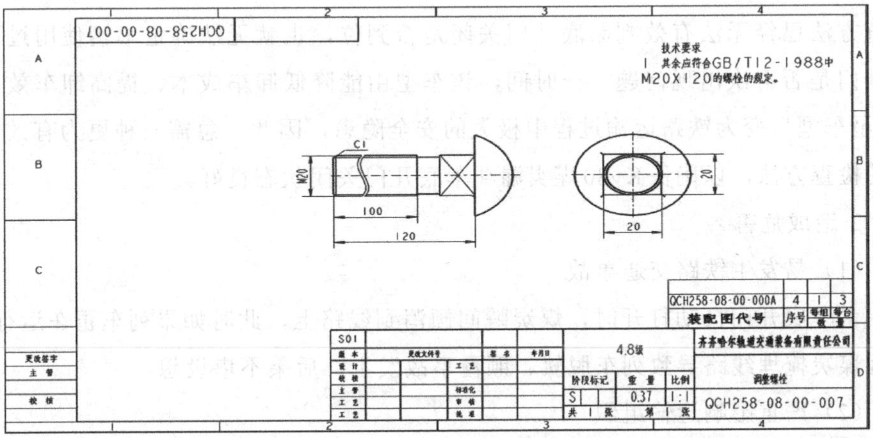
QCH258-08-00-007
技术要求
1 其余应符合GB/T12-1988中M20X120的螺栓的规定。
C1
M20
QCH258-08-00-000A
装配图代号
序号
4.8级
齐齐哈尔轨道交通装备有限责任公司
调整螺栓
QCH258-08-00-007

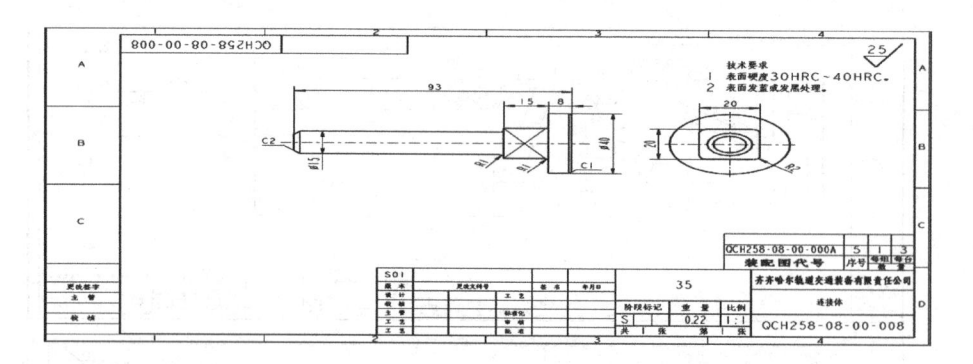

四、车辆底开门偏心距测量方案

（一）项目背景

铁路运输分公司配属的170辆Kv80型铁路煤炭漏斗车是为大板发电有限公司运输煤炭的专用铁路货车，承担了大板发电有限公司全部铁路煤炭运输任务。该车由中车齐齐哈尔轨道交通装备有限责任公司基于提高卸车效率、降低卸车设备投入设计并由中车哈尔滨轨道交通装备有限责任公司生产，整车由车体、底门及开闭机构、转向架、空气制动装置、基础制动装置、车钩缓冲装置等部分组成，其中底开门开闭机构采用连杆式一级传动机系统。

1. 形成原因

自2015年起，Kv80型煤炭漏斗车先后发生过三起重车底开门自动打开问题，导致煤炭漏泄到线路上，严重影响了列车运行安全及运输组织秩序，还发生过多起空车底开门自动打开及底开门连杆断裂、弯曲变形问题。由于作为该车型日常检修维护的大板东技术交接作业场现有"通过查看底开门关闭指针是否到位"的检查方法已经无法有效判断底开门关闭是否到位，也就无法确定车辆使用过程中底开门是否再次出现问题，一时间，该车型由能降低卸车成本、提高卸车效率的"明星车型"变为铁路运输过程中极大的安全隐患，因此，急需一种更为有效和可靠的检查方法，以确保Kv80煤炭漏斗车底开门关闭状态良好。

2. 造成危害

（1）易发生铁路交通事故

重车底开门自动打开时，煤炭瞬间倾泻到线路上，此时如果列车正在运行中，会因煤炭掩埋线路导致列车脱轨、颠覆事故发生，后果不堪设想。

（2）严重影响运输组织

煤炭漏泄后，需要人工进行清煤，一方面需要投入大量人力，另一方面由于线路被占用，影响后续列车运行计划，扰乱运输组织。

3. 研究目的

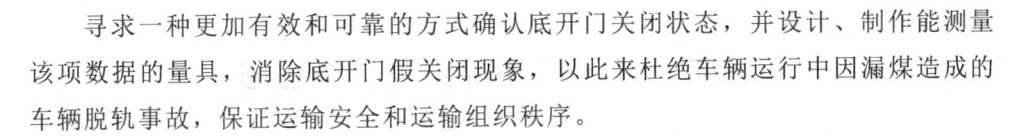

寻求一种更加有效和可靠的方式确认底开门关闭状态，并设计、制作能测量该项数据的量具，消除底开门假关闭现象，以此来杜绝车辆运行中因漏煤造成的车辆脱轨事故，保证运输安全和运输组织秩序。

（二）目标制定

为了能够全面、准确、彻底解决问题，经过同kv80漏斗车的设计及制造厂家沟通，查找更多关于kv80漏斗车的技术资料，查阅《漏斗车底门开闭系统》（TB/T 3507-2018），从底开门设计层面了解其作用原理，找出底开门关闭状态的关键数据指标，进而找出控制该项指标的方法，以达到课题研究目的。

经过与厂家沟通、查阅资料及小组多次讨论，最终确定控制底开门关闭状态的指标及控制指标的方法：

1.经过查阅技术资料，掌握了kv80漏斗车底开门由两个四连杆机构组成，一个曲柄摇杆机构、一个双摇杆机构，该机构通过过连杆轴和主轴偏心距死点的方式使底开门锁闭；

2.是否过偏心距死点为控制底开门关闭状态的关键指标，经过与厂家沟通，底开门偏心距为19mm-31mm（考虑到开关门力及部件强度）时能保证底开门关闭状态良好，开关顺畅；

3.偏心距无法用现有量具直接测量得出，须设计专用量具。

（三）项目实施

（1）现场调研，研讨偏心距测量方案，合理考虑底开门各机构间在测量过程中可能产生的干涉，并消除各类干涉；

（2）小组讨论，确定统一的测量方案；

（3）设计与测量方案相适应的量具；

（4）量具选材、制作；

（5）量具试用；

（6）进行测量数据统计，检验使用效果并改进；

（7）完成最终设计图纸，完成小批量生产。

第四节　KV80型煤炭漏斗车检修

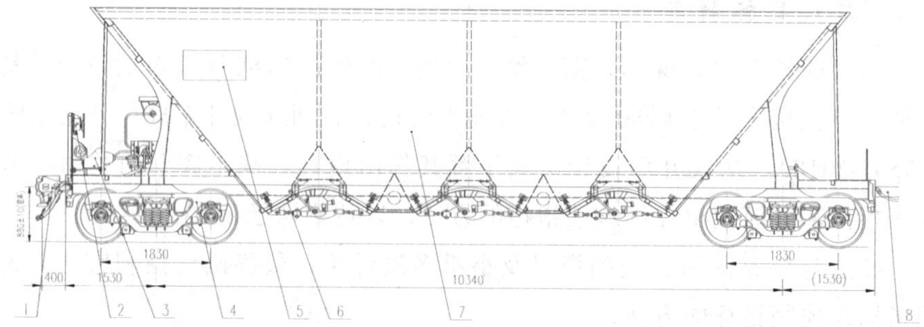

1车钩缓冲装置；2手制动装置；3转向架；　4空气制动装置；5标记；
6底门及开闭机构；7车体；8防护板组成；9牵引杆缓冲装置；

图3.38　整车示意图

KV80型煤炭漏斗车的转向架、制动装置、车钩缓冲装置等与70t级通用车基本一致，段修时应按《铁路货车段修规程》（铁运［2002］93号）、《铁路货车制动装置检修规则》（铁运［2008］15号）、《铁路货车轮轴组装、检修及管理规则》（铁运［2007］98号）和《70t级铁路货车段修技术条件》（铁运［2006］427号）相关条款的要求执行。同时，由于KV80型煤炭漏斗车底门开闭机构等采用了新技术，为满足段修需要，保证检修质量，结合新结构特点，编制了KV80型煤炭漏斗车段修技术要求。

一、基本要求

（一）KV80型煤炭漏斗车检修周期

段修2年、厂修8年。

（二）KV80型煤炭漏斗车车体主要结构

采用Q450NQR1型高强度耐候钢、不锈钢材质，车体为全钢焊接结构，由底架、侧墙、端墙、底门等组成。侧墙、端墙、底门、脊背等与煤接触部位采用屈服强度345MPa的TCS345不锈钢，底架等采用Q450NQR1高强度耐候钢。焊接材料符合TB/T2374-2008《铁道车辆用耐大气腐蚀钢及不锈钢焊接材料》要求，更换新件及修补时应采用T4003不锈钢。

二、车体钢结构的检修要求

（一）目测

车体侧墙、端墙、脊背、漏斗及底门机构是否存在影响运用性能的永久变形，对永久变形的部件进行校正修复。

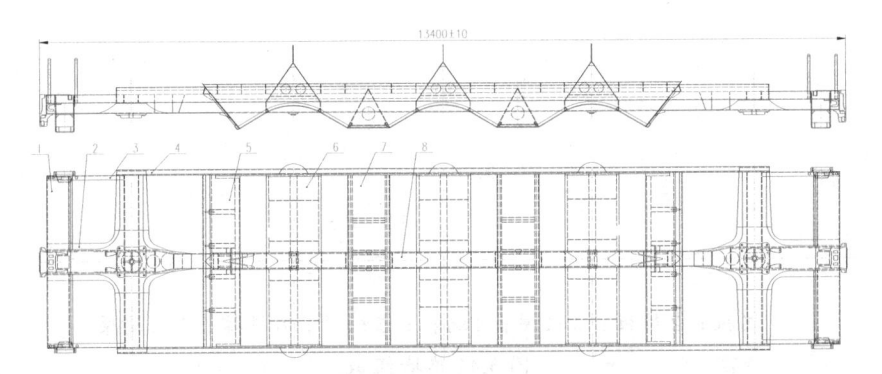

1端梁；2牵枕；3小侧梁；4侧梁；5端漏斗板；6大横梁；7小横梁；8中梁

图 3.39　底架组成

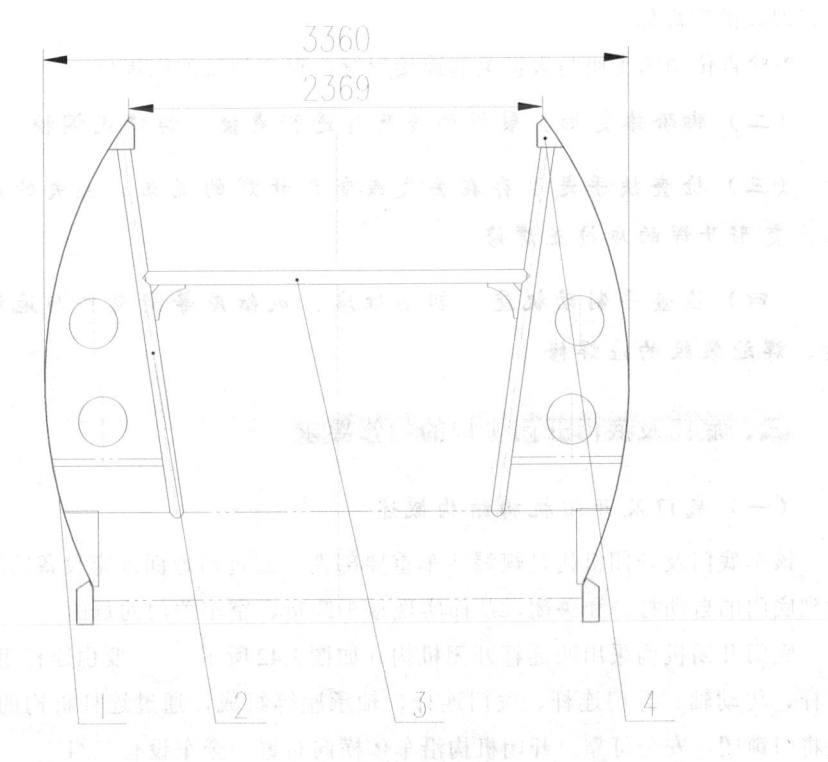

1侧墙板；2斜撑杆；3水平撑杆；4上侧梁

图 3.40　侧墙组成

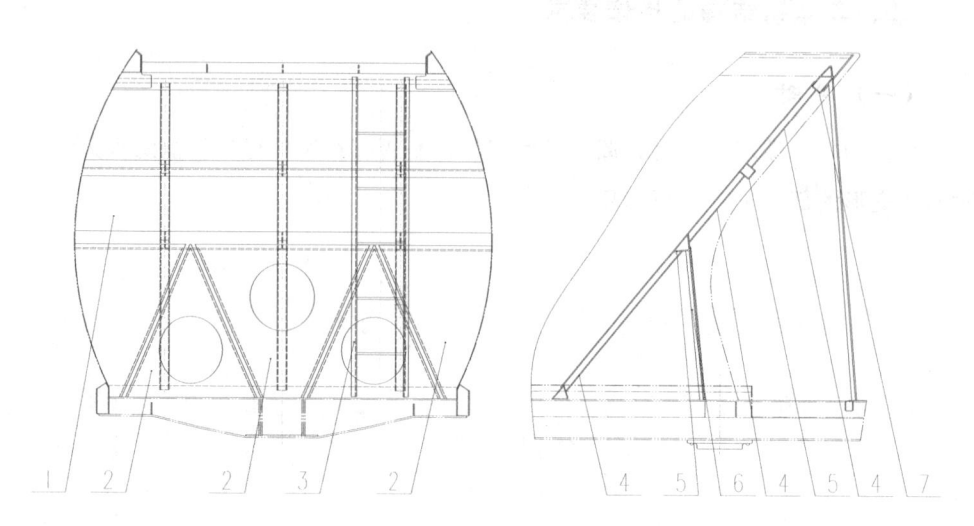

1端板；2封板；3扶梯；4端柱；5横带；6斜撑；7上端梁

图3.41 端墙组成

1.检查车体

内部侧漏斗板组成与脊背组成、侧漏斗板组成与横梁组成之间的连接焊缝，存在裂纹的应焊修。

2.检查传动轴支座与大横梁的连接焊缝，存在裂纹的应焊修。

（二）脚蹬体变形、裂损的应及时进行更换、焊修或调校

（三）检查扶手是否存在丢失或变形开焊的现象，丢失的应更换新品，变形开焊的应校正焊修

（四）检查手制动机座、制动缸座、风缸座等附属件与地板连接焊缝，焊缝裂纹的应焊修

三、底门及底门开闭机构的检修要求

（一）底门及开闭机构结构概述

该车底门及开闭机构是煤漏斗车重要部件，通过与地面固定设备的配合使用，达到底门的自动打开和关闭，从而实现重车卸货、空车关门的目的。

底门开闭机构采用四连杆开闭机构（如图3.42所示），主要由连杆组成、双联杠杆、传动轴、开门连杆、关门连杆、轴承座等组成，通过连杆机构的过轴偏心距将门锁闭，安全可靠。开闭机构沿车体横向布置，全车设有三组。

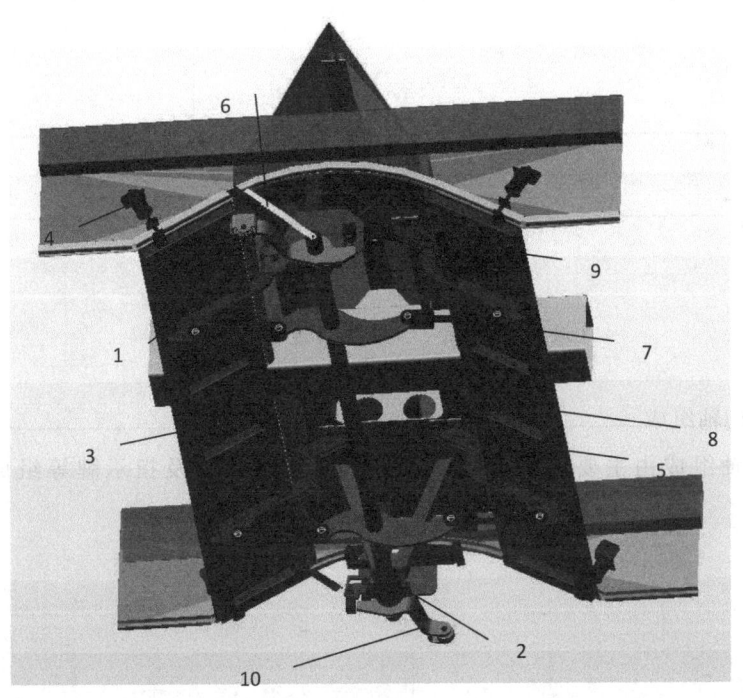

1开门连杆组成　2轴承座　3传动轴组成　4关门缓解装置　5折页座
6开关门指示牌　7连杆组成　8底门组成　9调整支座及螺栓　10关门连杆组成

图3.42　底门及开闭机构

1.主要结构

①底门组成

底门组成由门板、门框、折页等组焊而成，通过折页安装在车辆底架上，在不需要焊接或切割的情况下可以从车辆上拆卸和进行更换底门。参见图3.43。

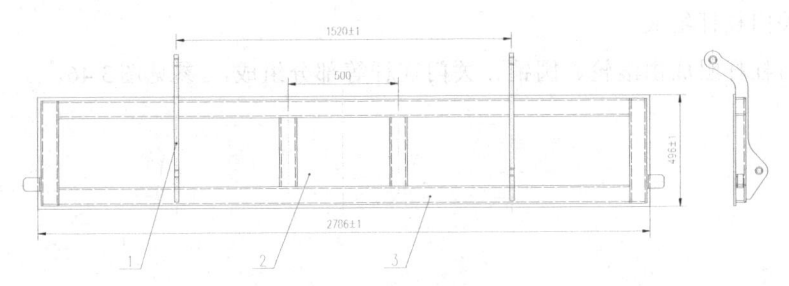

1折页　2底门板　3边框

图3.43　底门组成

②开门连杆组成

开门杠杆组成由滚轮、圆销、开门连杆等部分组成，参见图3.44。

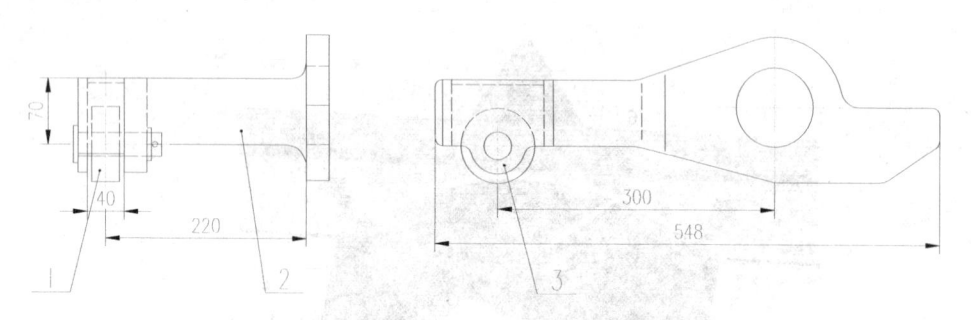

1 滚轮　圆销　　2 开门连杆　3 挡板
图 3.44　开门杠杆组成

③传动轴组成

传动轴组成由主要由传动轴、双联杠杆、连接管及指示牌等组成，参见图 3.45。

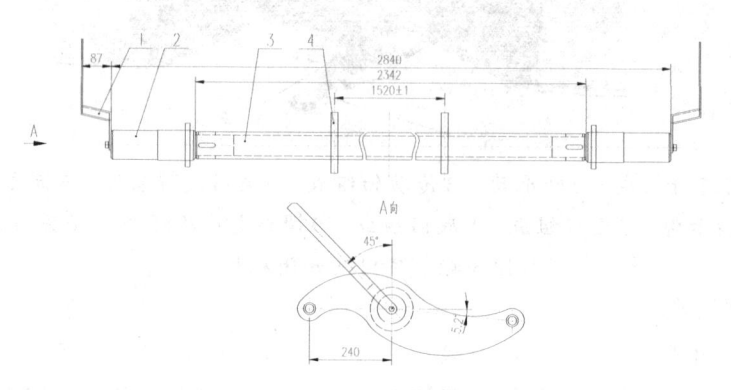

1 指示牌　2 传动轴　3 连接管　4 双联杠杆
图 3.45　传动轴组成

④关门杠杆组成

关门杠杆组成由滚轮、圆销、关门连杆等部分组成，参见图 3.46。

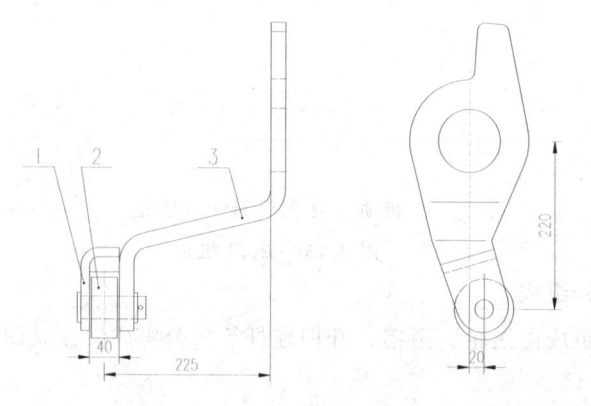

1 挡板　2 滚轮　3 关门连杆
图 3.46　关门杠杆组成

⑤连杆组成

连杆组成由拉杆头、拉杆、连杆螺母等组成。拉杆两端带有正反螺纹，通过旋转拉杆，可实现拉杆组成长度的变化，参见图3.47。

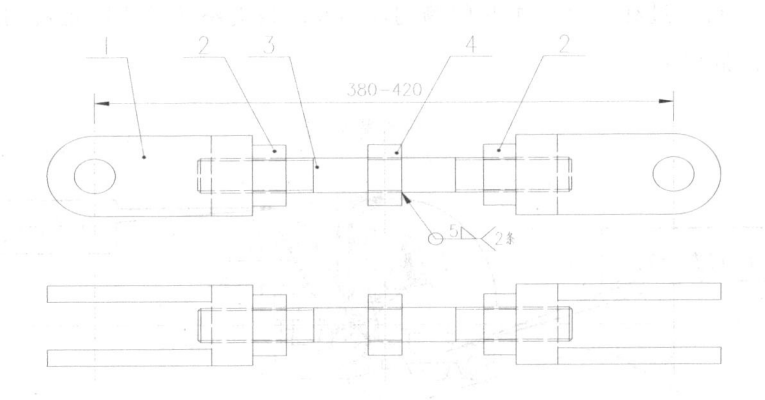

1拉杆头　2螺母　3拉杆　4连杆螺母

图3.47　连杆组成

⑥轴承座

轴承座由轴承盖、轴承座、油嘴、衬套及螺栓、螺母等组成，参见图3.48。

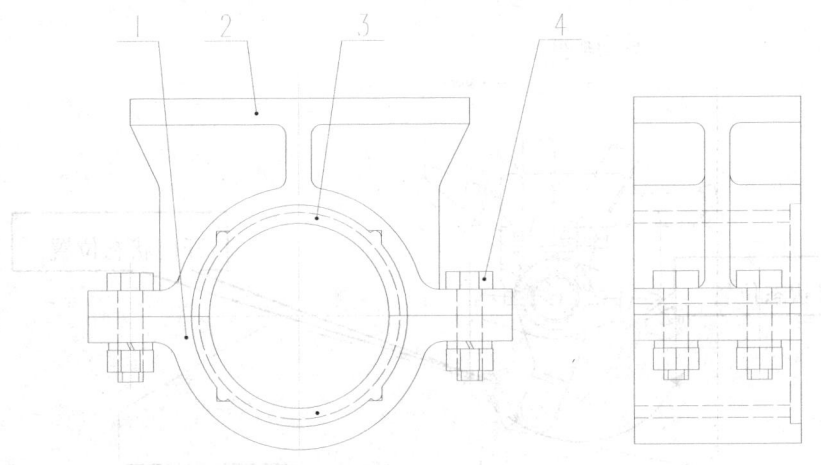

1轴承盖　2轴承座　3衬套　4螺栓、螺母

图3.48　轴承座

（二）底门开闭机构动作原理

该机构的特点是由两个四连杆机构组成，一个为曲柄摇杆机构，一个为双摇杆机构。通过机构过死点的方式使底门锁闭。

如图3.49所示关门状态下，车辆向前方运行时，首先开门侧遇到地面固定配套设备，通过开门侧滚轮使开门杠杆顺时针方向转动，从而驱动传动轴顺时方向转动，在机构过死点后，底门将依靠重力自动打开。

如图3.50所示开门状态下，车辆继续向前方运行时，关门侧遇到地面固定配套设备，通过关门侧滚轮使关门杠杆顺时针方向转动，从而驱动传动轴顺时方向转动，在机构过死点后，由开门侧的序号9调整支座及螺栓阻止机构继续转动。从而实现底门最终定位。

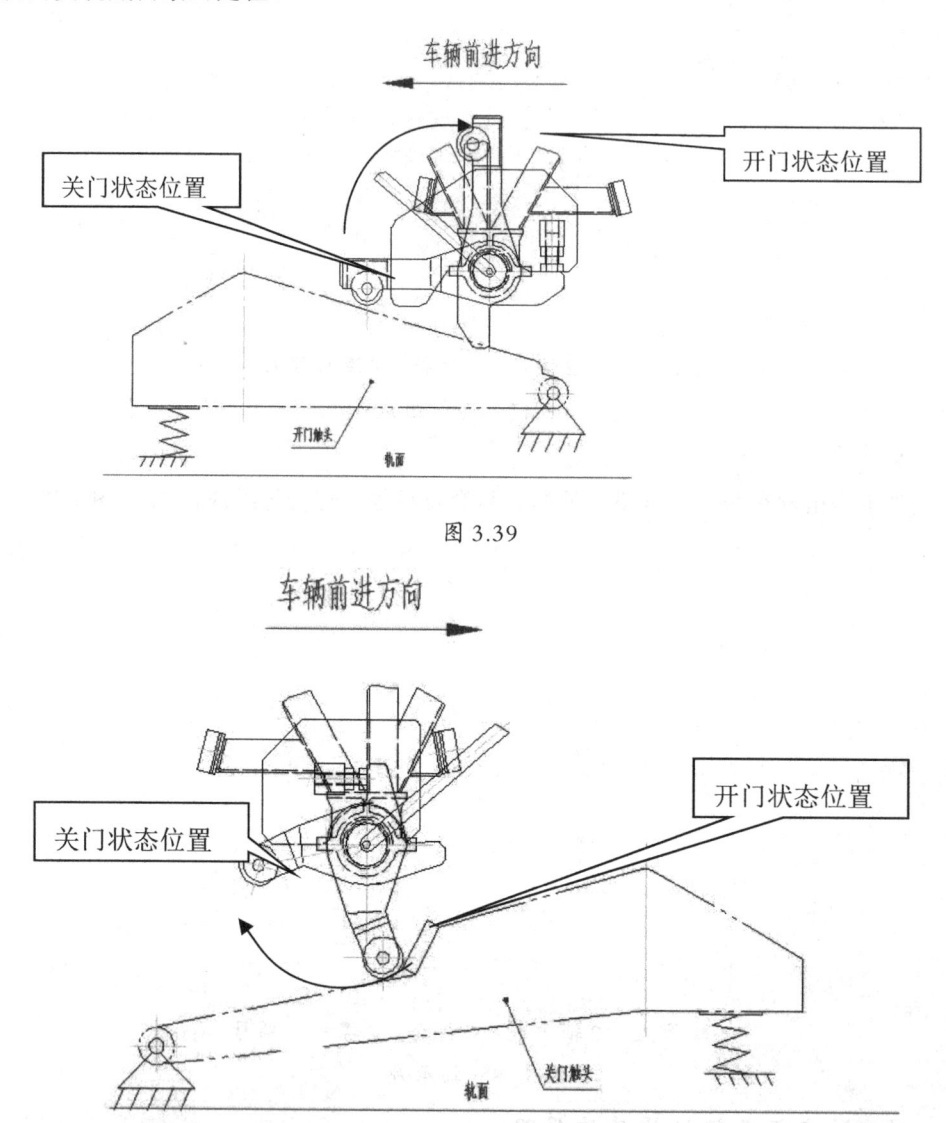

图 3.39

图 3.40

（三）底门及开闭机构状态检测

对车辆进行底门及开闭机构按照以下步骤进行检测，对不合格的底门及开闭机构进行拆卸检测修复。

1. 步骤一

关门状态下,检查开门连杆尾部与止挡螺栓是否贴靠,如图3.41所示。确认底门完全关闭。检查止挡螺栓点固焊有开焊的待机构调整完毕后焊固。

图 3.41

底门关闭后检查此处,贴靠为完全关闭。

2. 步骤二

检测滚轮与轨道中心线横向距离,如图3.42所示。检测滚轮距轨道中心线距离,该数值是保证开关门滚轮与碰头装置能够正常接触的关键,尺寸为1555±5mm。对于尺寸超差的可采用火焰校正。

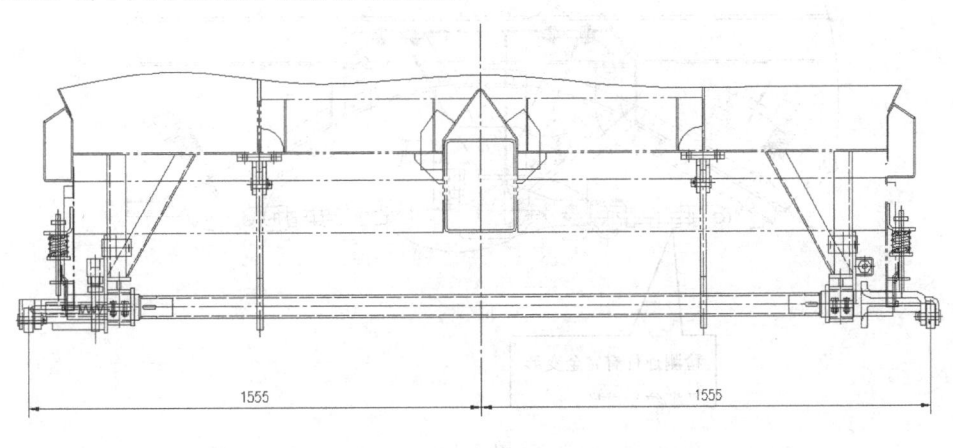

图 3.42

3. 步骤三

检测偏心距

偏心距检测方法如图3.43所示,使用偏心距检测专用尺,同时贴靠连杆圆销,传动轴外圆与检测专用尺间距即为偏心距。该数值为20~25mm,一组底门机构共有四个偏心距需要检测。

图 3.43

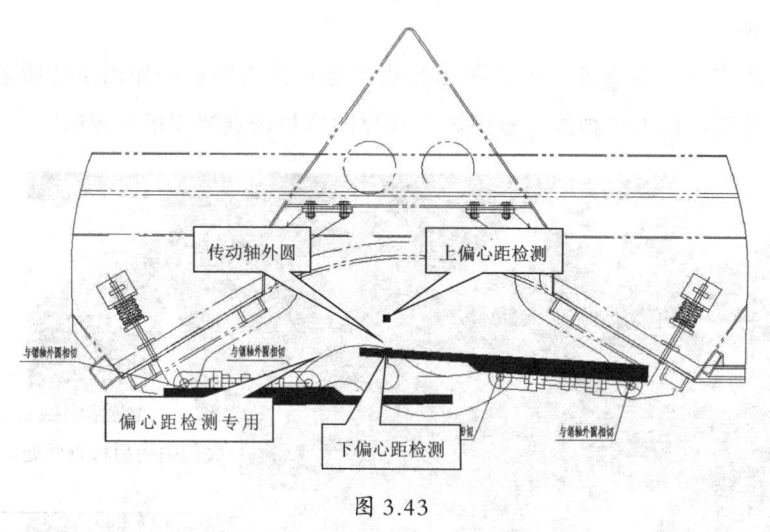

4. 步骤四

检查连杆，有完全变形及裂纹的应更换，螺杆与端部的螺栓应点固焊（待偏心距和门缝调整完毕后）。

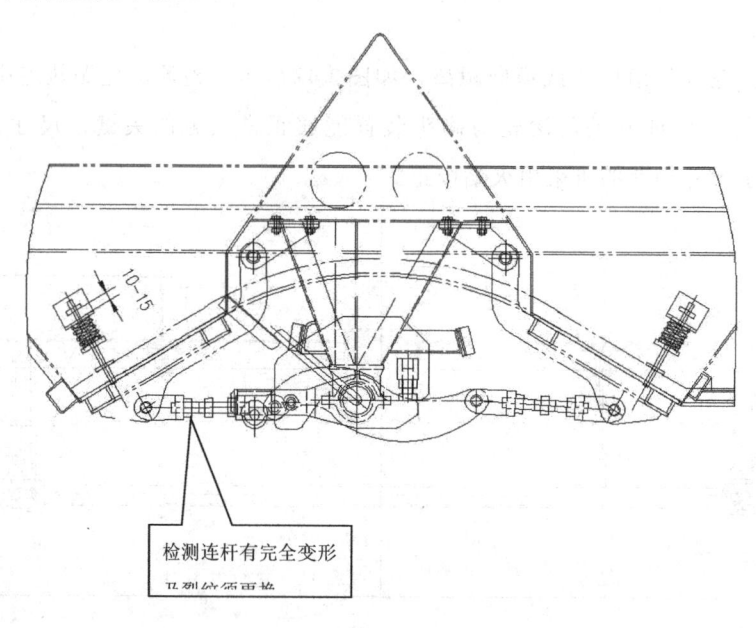

图 3.44

5. 步骤五

检测门缝间隙

检测门缝间隙，门缝间隙值为1～4mm，对门缝间隙超差的底门和门口进行测量，由于底门板局部变形和门口局部变形引起的门缝超差，应校正门板和门口调整门缝。由于底门偏心距超差引起的门缝超差可调整偏心距止挡螺栓和连杆长度调整门缝间隙，如图3.45所示。

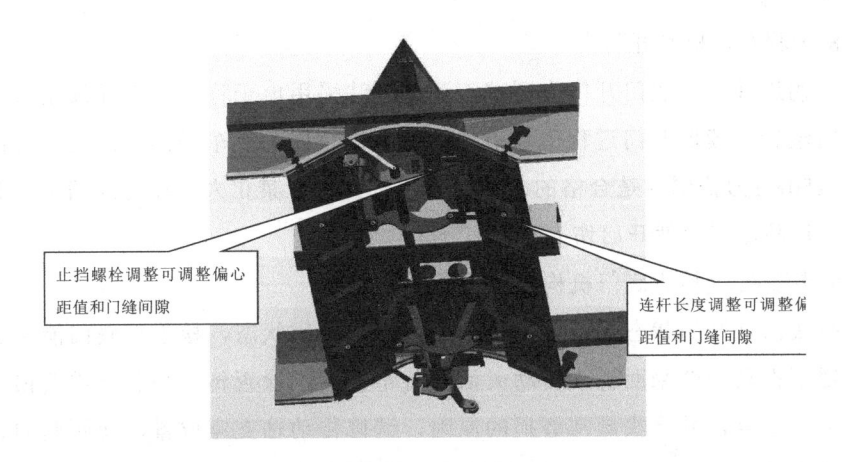

图 3.45

6. 步骤六，检查开门连杆滚轮、关门连杆滚轮距轨面高度尺寸，此尺寸应 435_{-10}^{+5} mm。该状态检测是在整车落成车钩高为 880 的高度时检测的。

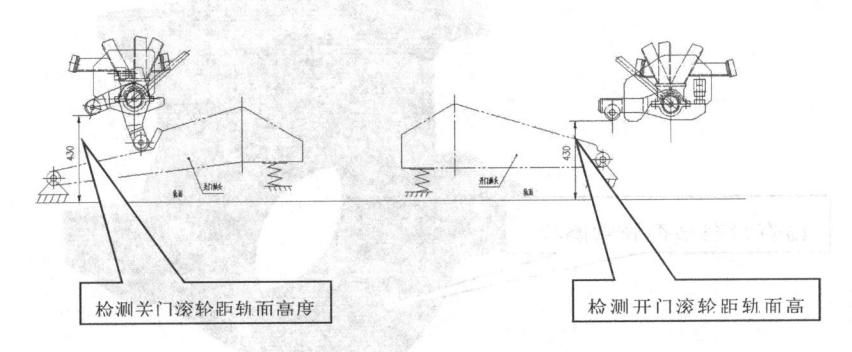

图 3.46

7. 步骤七，检测关门缓解装置弹簧压缩量尺寸，此尺寸为 10～15mm，一组底门共有 4 个尺寸。

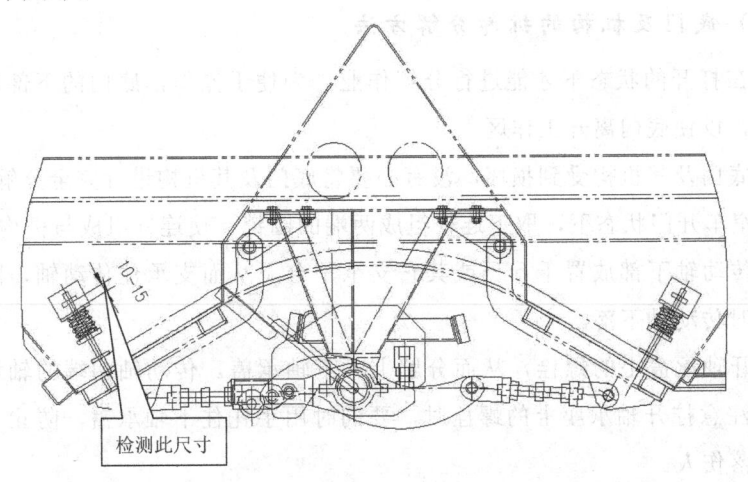

图 3.47

8. 步骤八，检测开门力

车辆进行空车底门开门力测试，测试方法采用电子称安放千斤顶垂直向上作用开门滚轮。读取开门过程中电子称的最大读数即为空车开门力。空车开门力在100～150Kg力范围内是合格的。开、关门时力时应禁止人员靠近底门下方和机构两侧，以防底门突然开启伤人。

9. 步骤九，检查底门机构转动灵活性

在底门打开的状态下，人力搬动底门接近关闭状态，松手后底门能够在重力的作用下摆动一个来回视为转动灵活。若不灵活，检查传动轴若异常磨损，则可进行补焊修复，并寻找异常磨损的原因，调修传动轴支座位置，使两侧的轴承座组成的同轴，检查轴承座内若有锈蚀异物则须清理。

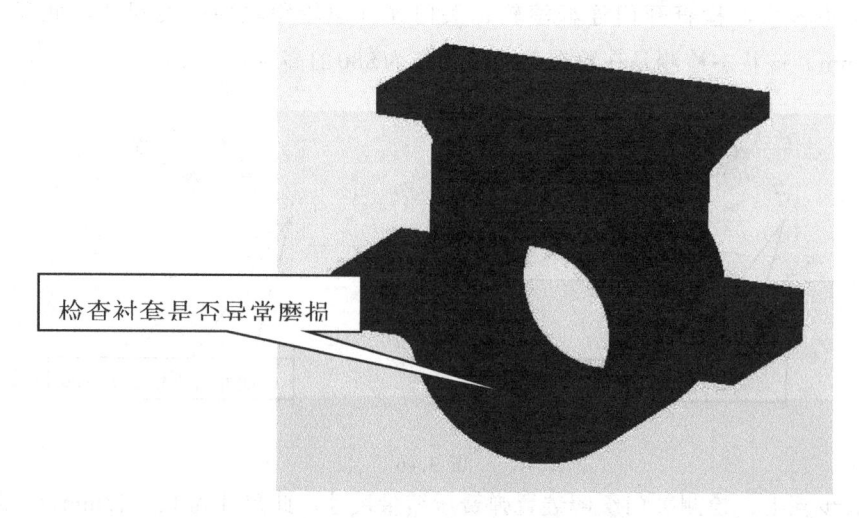

图 3.48

（四）底门及机构的拆卸分解方法

底门在打开的状态下才能进行分解作业，为便于操作，底门的下部应放置一个千斤顶，以使底门离开工作区。

除非底门及其机构受到损坏，没有必要将底门及其机构进行完全分解。

1. 在空车开门状态下，取下连杆组成两端的圆销，使连杆组成与机构分离。

2. 在传动轴下部放置千斤顶或其它支承平台，从而支承住传动轴，防止在轴承盖分解时传动轴下落。

3. 拧开轴承盖上的螺栓，从而分解上、下轴承盖。传动轴两端的轴承座均进行分解。注意拧开轴承座上的螺栓时，要同时用手托住下轴承盖，防止下轴承盖分解时下落伤人。

4. 在车上整体拆下传动轴组成、开门连杆组成、关门连杆组成。若需要拆分

检修，再将上述三个组成分解。

5.拆下折页座上的圆销，在车上拆下底门。

6.拧开折页座与车体相连的螺栓，在车上拆下折页座，分解完毕。

（五）底门及机构拆卸检修要求

1.底门组成由门板、门框、折页等组焊而成，通过圆销安装在车辆底架上，在不需要焊接或切割的情况下可以从车辆上拆卸和进行更换。

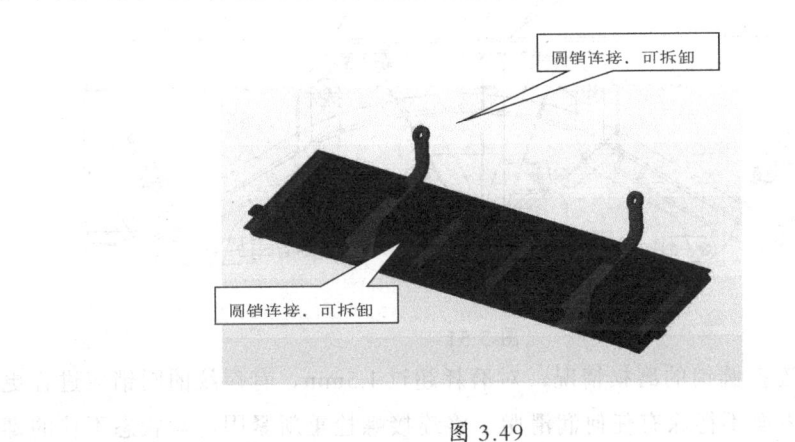

图 3.49

2.底门和底门开闭机构是漏斗车运行安全的关键部件。段修时应对拆卸时注意对零部件进行编号，对无故障部件应保证组装时按原位置组装。

3.检查传动轴组成存在焊缝开焊及裂纹可焊修，有永久性变形可采用火焰校正。无法修复的予以更换新品。

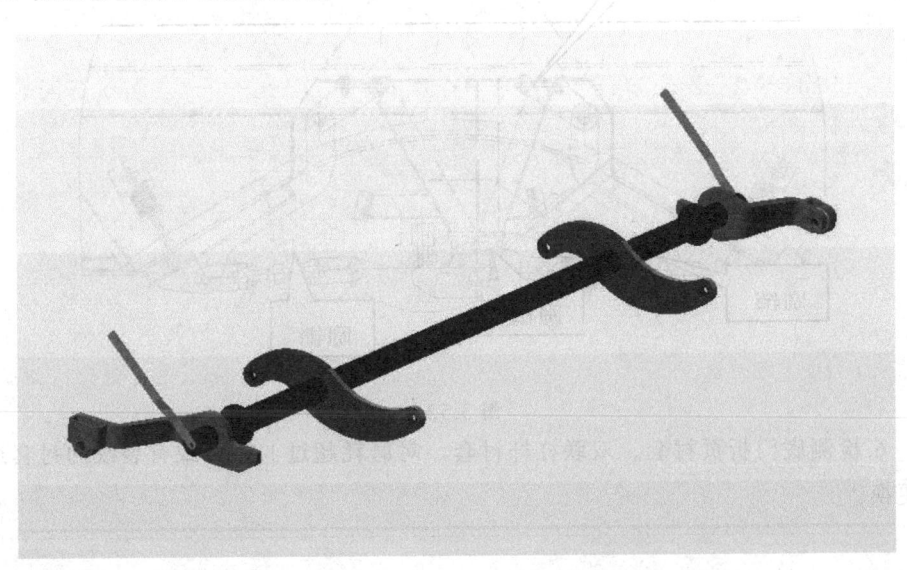

图 3.50

4.检查底门折页座组成与大横梁的连接螺栓的紧固状态,对与松动的应及时更换紧固,并对螺栓和螺母点固焊。

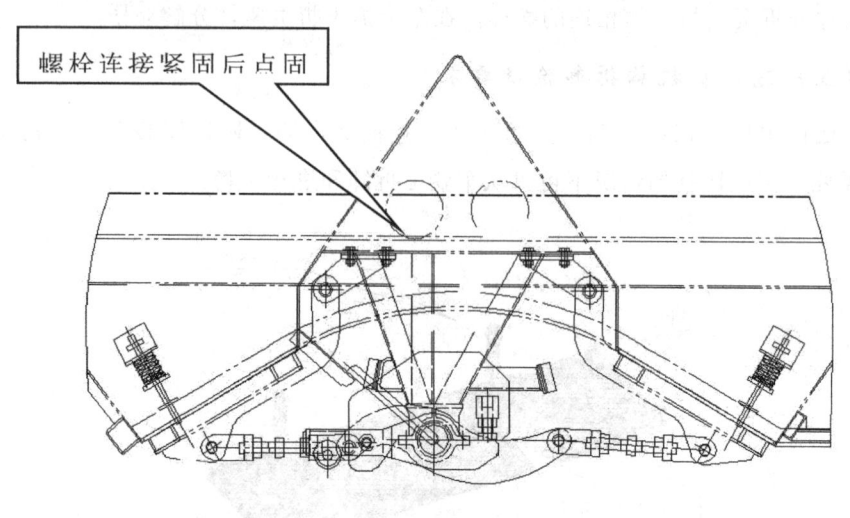

螺栓连接紧固后点固

图 3.51

5.检查各连接圆销的磨损情况。对磨耗超过1.5mm、有裂纹的圆销应进行更换。连接圆销表面不得涂有任何润滑脂。将连接螺栓重新紧固,对状态不佳的螺栓、螺母进行更换。

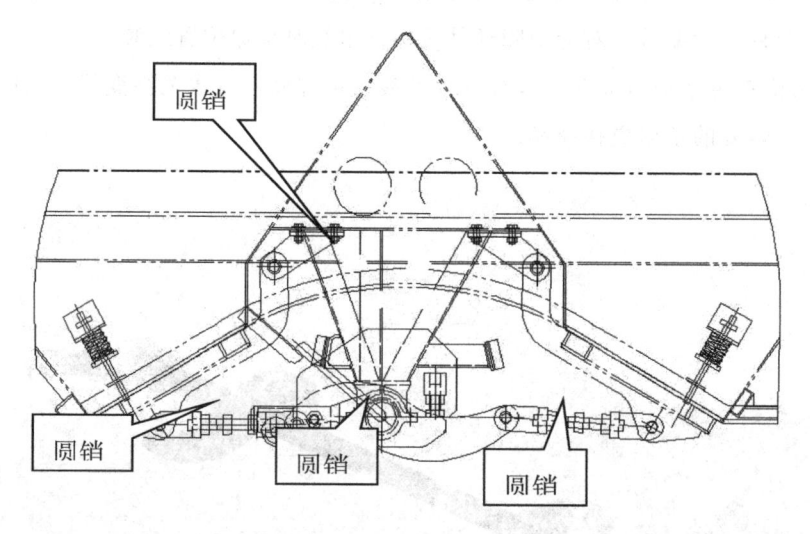

圆销

图 3.52

6.检测底门折页衬套、双联杠杆衬套,对磨耗超过1.5mm或有裂纹的衬套进行更换。

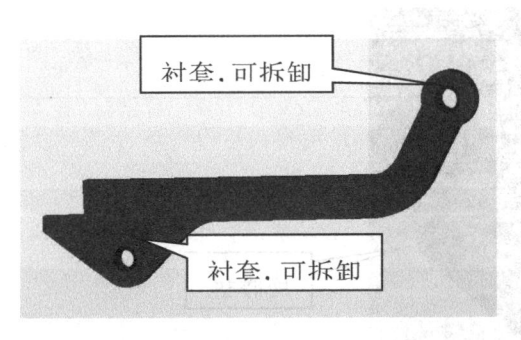

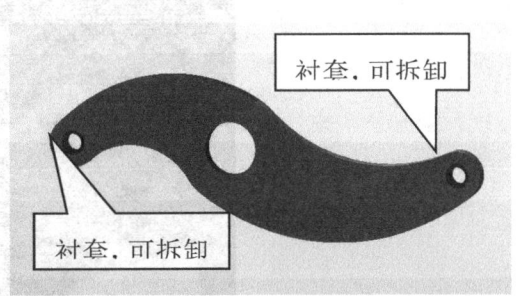

图 3.52

7.检测传动轴轴承座组成中的衬套磨损情况,对磨耗超过1.5mm的或有裂纹的应更换。

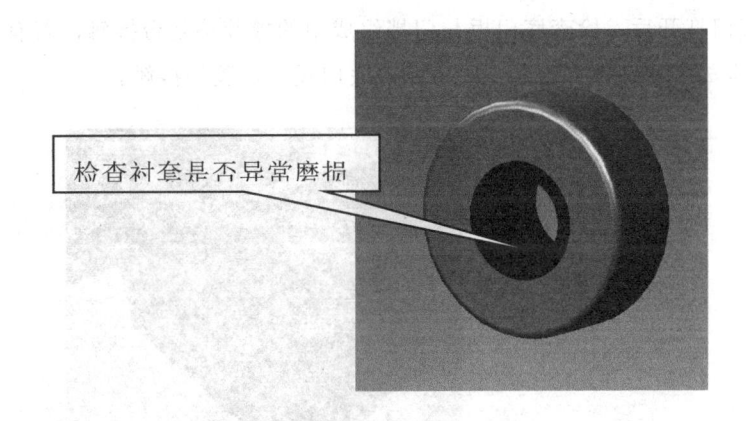

图 3.53

8.检查开、关门连杆组成中的滚轮组成中的衬套磨损情况,对磨耗超过1.5mm、有裂纹的衬套进行更换。

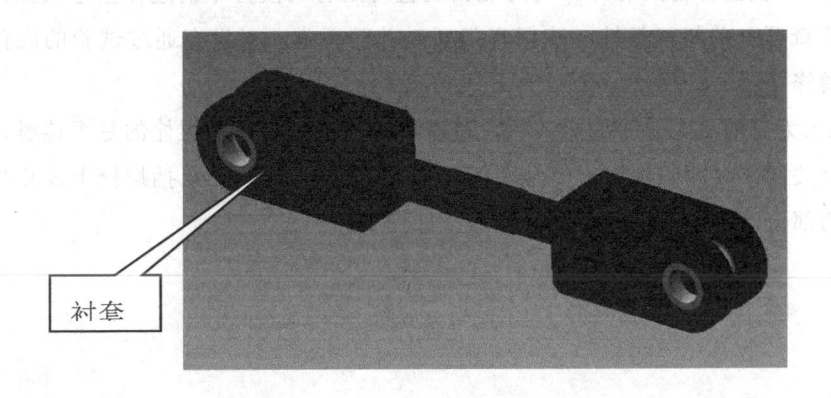

图 3.54

9.检查门挡组成中的橡胶垫,若有裂损的的须进行更换。

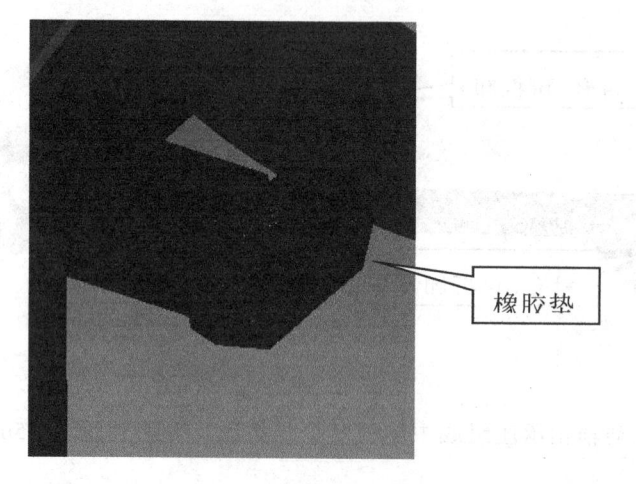

图 3.55

10.底门打开后，检查底门板与门挡组成中的橡胶垫是否接触，若有缝隙须在橡胶垫和其安装座间增加调整垫板，保证底门板与橡胶垫接触。

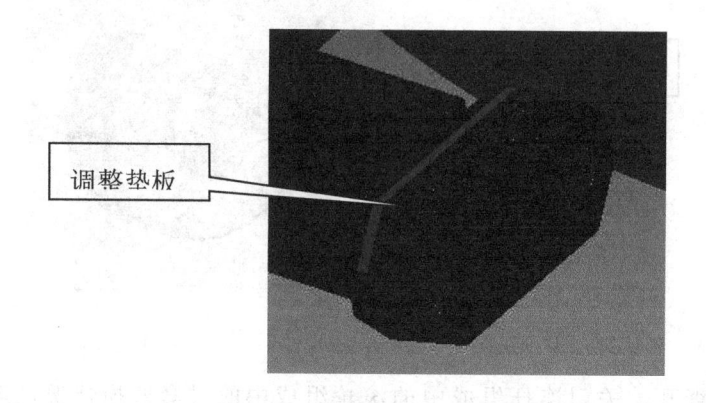

图 3.56

11.用检查合格后的开、关门碰头装置对所有的段修车辆进行空车人工开门试验，检查开、关门可靠性。确保底门开、关门正常。对没有通过试验的底门继续进行调修。

12.为判断底门是否完全关闭，可观察开门连杆与止挡螺栓的是否接触，接触为完全关闭，有间隙则为没完全关闭（如图3.57所示）。在止挡螺栓上及止挡螺栓接触的部位涂白色油漆便于观察缝隙（如图3.58所示）。

图 3.57

图 3.58

(六) 底门及开闭机构的安装

1. 将底门按图 3.59 定位尺寸正确定位后安装上折页销。

2. 在折页销上安装垫圈、开口销。

3. 通过千斤顶关闭底门，确保底门与底门口之间隙为 1~4mm。

4. 在地面将开门连杆组成、关门连杆组成及传动轴组成安装在一起后安装到轴承座中，安装轴承盖及螺栓、垫圈、螺母并紧固。

5. 在地面调整连杆组成长度，其中有两组长度调整为 386±2；另外两组长度调整为 406±2mm。

6. 按图 3.29 所示将连杆组成与底门、双联杠杆进行连接，分别安装上圆销、垫圈及开口销。此时注意长短连杆组成的安装位置,不要弄错。

7. 调整底门开门侧的调整支座上的螺栓长底及长连杆组成长度,确保底门与底门口之间隙为1~4mm。

8. 取下底门下部千斤顶。

9. 底门及开闭机构安装完毕。

10. 设定开门力和关门力

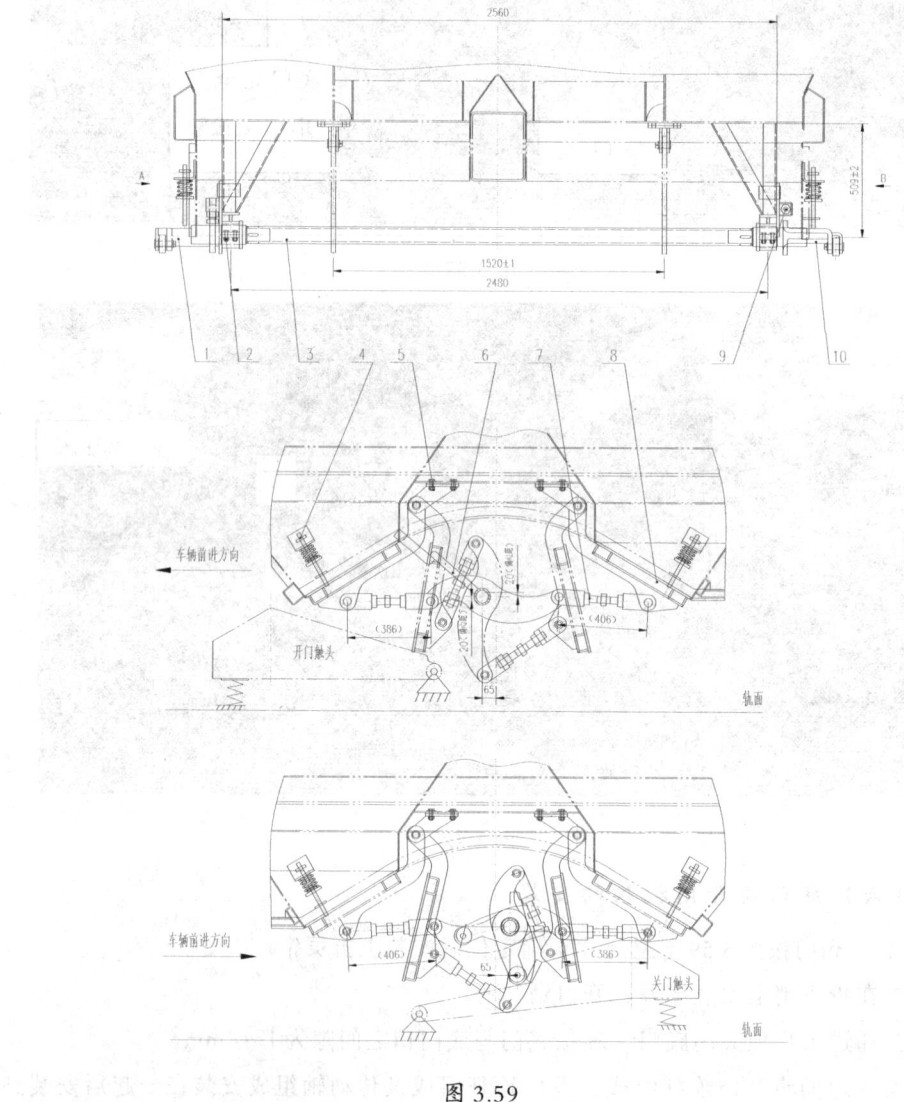

图 3.59

11. 通过手动工具在关门侧关闭底门。

12. 在底门关闭位调整开门侧调整支座上的螺栓,偏心距在20~25mm.

13. 如果需要偏心距调大,可通过将开门侧调整支座上的螺栓旋进,从而开门杠杆逆时针方向旋转来实现；如果需要偏心距调小，可通过将开门侧调整支座上的螺栓旋出，从而开门杠杆顺时针方向旋转来实现，参见图3.60。

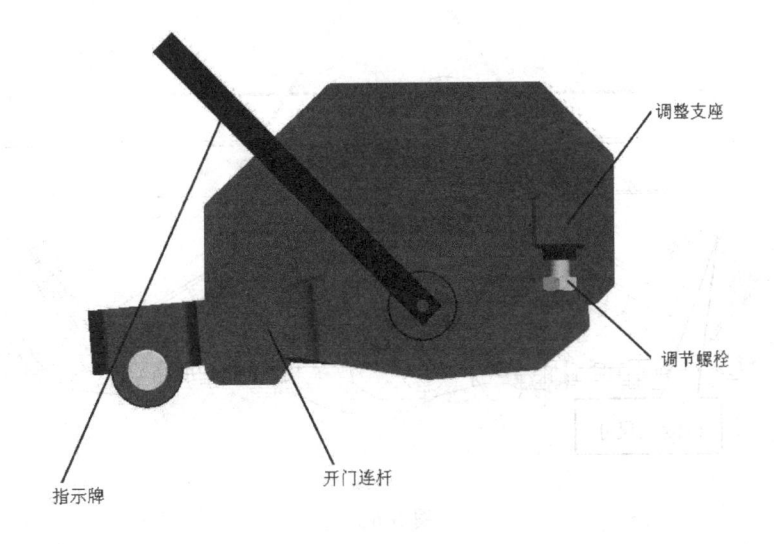

图 3.60

14. 检查所有的连杆组成是否都处于受力状态。如果某一连杆出现松动，调整连杆组成的长度。

15. 检查开门连杆滚轮、关门连杆滚轮距轨面高度尺寸，此尺寸应435^{+5}_{-10}mm。该状态检测是在整车落成车钩高为880的高度时检测的。

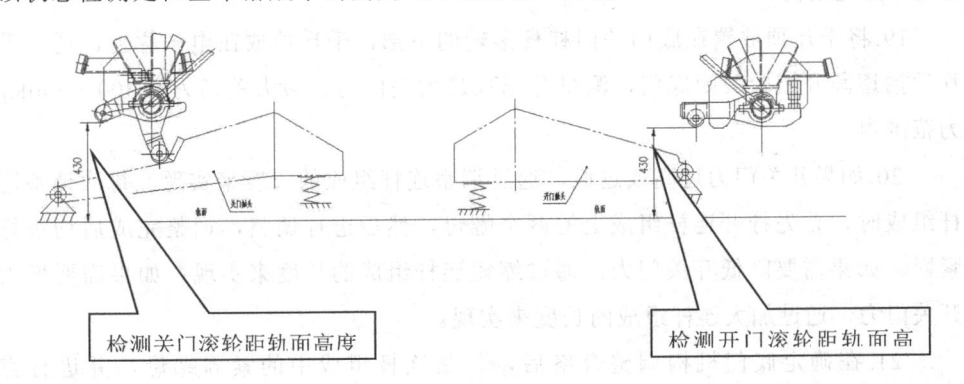

图 3.61

16. 检测关门缓解装置弹簧压缩量尺寸，此尺寸为10～15mm，一组底门共有4个尺寸。

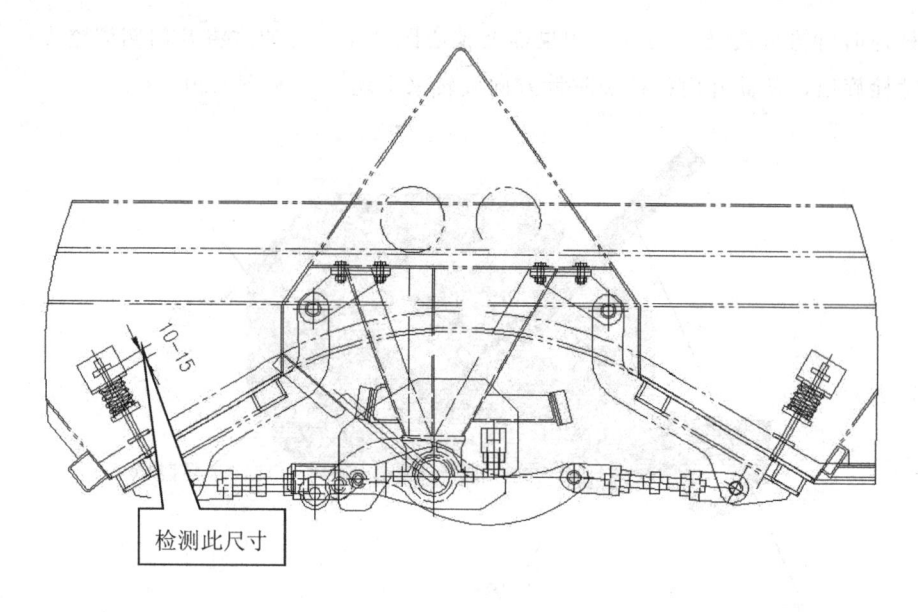

图 3.62

17.检查底门机构转动灵活性,在底门打开的状态下,人力搬动底门接近关闭状态,松手后底门能够在重力的作用下摆动一个来回视为转动灵活。若不灵活须继续调修。

18.将千斤顶放置在底门开门杠杆滚轮的下部,千斤顶放在电子称上,通过千斤顶抬逐渐升滚轮开启底门,测量并记录下最高开门力值。最高开门力在100~150Kg力范围内。

19.将千斤顶放置在底门关门杠杆滚轮的下部,千斤顶放在电子称上,通过千斤顶抬逐渐升滚轮关闭底门,测量并记录最大关门力,最大关门力在300~700Kg力范围内。

20.如果开关门力过高或过低,通过调整连杆组成的长度来实现。每次调整连杆组成时,首先拧开连杆组成上的两个螺母,然后进行调整,调整完成后均进行紧固。如果需要降低开关门力,通过缩短连杆组成的长度来实现;如果需要增大开关门力,通过加大连杆组成的长度来实现。

21.在确定底门机构调整合格后,拧紧连杆组成中的紧固螺母,并进行点固焊。

四、其它

本技术要求未明确的按铁道部颁发的相关规程、文件电报要求执行。

第四章 铁路货车研发与制造技术

第一节 铁路货车研发技术

一、货车研发技术概述

铁路货车研发技术是指新产品、新技术从创新构思的产生直至产品、技术审定经历的环节，是根据市场或潜在的需求，通过一定的技术路线，采用适当的方法和手段，制造具有优良属性的新产品。主要包括产品设计、考核标准、评价技术三个方面。

研发技术是铁路货车行业的核心竞争力，是铁路货车制造业的灵魂，铁路货车技术发展的关键因素之一在于先进和科学的研发技术。随着全球经济的发展和科学技术的进步，应用于新产品开发的技术、理念和方法不断涌现，为铁路货车产品开发提供了更广阔的支持空间。

1949~1957年，我国还没有专业铁路货车设计机构，各制造企业由各铁路局分散管理。为加强设计制造工作，逐步将制造企业改由铁道部集中领导，仿照当时运用的铁路货车和国外的图纸设计了载重30 t和50 t铁路货车，制造了约4万辆。从此我国拥有了自己的铁路货车设计队伍，并培养和锻炼了一大批设计和制造人才。实现了由载重30 t级向50 t级的第一次升级换代，这一阶段，几乎没有仿真分析和试验验证，主要依靠仿照和经验设计，没有形成自己的考核标准；铁路货车主要采用滑动轴承、K型空气控制阀和2号车钩，车体材料为碳素结构钢或钢木混合，自重大、承载能力低。

1958~1978年，我国组建了专业的车辆研究所，初步建成了车辆研究试验基地，各铁路货车制造企业先后建立了自己的设计部门。全路统一制造图纸，由设计主导厂归口管理，其他工厂均按同一图纸制造。本阶段立足独立自主、自力更生，大多采用工厂、科研院所与高等院校联合的方式，主要以经验设计为主，基本没有仿真分析等手段。初步建成了铁路货车研究试验基地。设计制造了多种60t通用与专用铁路货车，以及运输重型超限货物的长大货物车，实现了载重由50 t级向60 t级的第二次大的升级换代。这一阶段，转8A型转向架研制成功，推广采用滚动轴承、103型空气控制阀和13号车钩、MX-1型橡胶缓冲器，车体材料开始采用耐候钢，承载能力和性能得到了全面提升，商业运营速度主要为空车70 km/h、重车80 km/h，列车编组一般不超过5 000 t。

　　1979年以后，我国开始采用先进的技术标准及设计、试验和制造手段，大力提高制造质量和扩大制造能力，铁路货车产品开始走向世界。这一阶段，逐步完善了强度、冲击等各项考核标准，应用计算机辅助设计和综合软件仿真分析，形成了包括计算分析、试验台评估、综合线路试验等评价体系，形成了包括设计、制造、试验评估、运用、检修、安全保障等各方面，以国家标准、铁道行业标准、企业标准及相关技术文件等为主体的标准体系，有效指导铁路货车技术的全面发展，为进一步发展打下了坚实的基础。设计制造了多种载重60t级的通用、专用铁路货车和多种长大货物车；研制了动力性能较好的控制型转向架、120型分配阀、MT-2和MT-3型缓冲器、高强度合金钢13号车钩、适用于翻车机不摘钩卸货的16型转动和17型固定车钩、FSW型手制动机等重要部件。

　　1998年以来的二十多年时间内，铁路货车技术快速发展，三维设计从推广到普及，应用结构强度分析、疲劳寿命分析、动力学性能仿真分析和工艺模拟分析方法，通过试验验证，优化设计结构，缩短研发周期，提高产品可靠性；研究编制既有货运干线通用铁路货车载荷谱、大秦线重载铁路货车载荷谱和货运干线轨道谱，建立和完善疲劳可靠性设计、评估以及动力学性能评价标准；编制了大轴重铁路货车考核标准，系统搭建了大轴重铁路货车技术平台。这一阶段中，对敞、棚、平、罐、漏斗等各型提速、重载铁路货车进行了上百次的线路动力学性能试验；在对摇枕、侧架、制动梁、交叉杆等零部件进行的多次线路动应力测试研究基础上，在京秦线、大秦线开展了铁路货车载荷谱测试；为系统验证既有提速和新型铁路货车对各种线路条件的适应性，在胶济线、京秦线、遂渝线及陇海线等进行了大规模的线路综合性试验。

二、铁路货车产品设计

　　产品设计是铁路货车研发的第一步，包括概念的产生、新技术的应用、用户需求的反映及设计手段的体现等。随着科学技术的发展，特别是计算机技术的发展，不但设计理念在不断更新，设计手段也在日新月异的发展。

(一) 设计理念的发展

1. 产品为运输生产服务理念

铁路货车主要是为铁路货物运输生产服务，其目的是提高运输经济效益。因此，铁路货车设计应该以提高运输能力和效率、方便使用、满足装卸货要求为基础，研制符合实际运输条件的高性能产品。

由于铁路重载运输在提高铁路线路能力，降低运输消耗、节省运输成本、提高铁路综合效益方面具有其他运输方式无法比拟的优势，其推广范围日益扩大，在既有线路进行适当技术改造特别是新建线路上，我国应该发展大轴重铁路货车，同时研究铁路货车长度与站场条件关系以及铁路货车与地面装卸货设施间的合理匹配关系，确定合理的技术参数和装卸货功能，显著提高综合经济效益，满足铁路运输发展需要。

2. 可靠性设计理念

提高铁路货车运输效率的主要途径是降低自重、提高载重，而降低自重与提高可靠性是一对矛盾的对立体。20世纪90年代以前，由于铁路货车技术、新材料技术、设计手段的相对滞后，我国铁路货车设计工作者主要依靠经验进行设计，受力分析主要采用手工方式，基本上不进行动力学仿真和疲劳分析，难以进行结构优化。为保证运用安全可靠，当时的铁路货车都属于"粗大笨重"型，极大的浪费了材料，降低了铁路运输经济效益。90年代后随着铁路货车技术的进步，高强度材料的开发，特别是铝合金、不锈钢、非金属材料的广泛应用，电子计算机的普及，有限元计算、疲劳分析等大型仿真分析软件的出现，极大地缩短了产品设计周期，产品结构在设计阶段就得到了优化，将轻量化设计和疲劳可靠性设计应用到产品的每一个细节，基于疲劳分析理论，应用可靠性设计理念与方法，采用静动态仿真，强度、疲劳失效和磨耗后动力学性能分析方法和三维设计系统，深入开展试验与计算分析相关性研究，提高产品设计可靠性，提高铁路货车运用安全。

3. 全寿命周期设计理念

延长使用寿命、减小维修工作量是提高经济效益的一个重要指标，因此，铁路货车在设计初始就应该树立全寿命周期设计理念。通过采用高性能耐大气腐蚀钢、铝合金、不锈钢、耐久性的表面涂料等新材料，提高使用寿命；主要摩擦部位通过采用非金属磨耗件、无焊接金属磨耗件，基本消除金属摩擦副，提高可靠性、使用性能，减小维修工作量，实现免维修、换件修、无焊修，为检修技术水平提升奠定基础；通过改善转向架的动力学性能，减少轮轨磨耗，提高转向架零部件的耐磨性，延长使用寿命；通过全面应用专用拉铆钉技术，取消了热铆钉连接方式，提高连接强度。以提升铁路货车整体水平，提高性能效益和降低寿命周期成本。

4. 创新设计、工艺并行研发理念

静动态仿真分析与工艺模拟分析相结合，充分利用PDM数据管理，推进设计、工艺有效结合，深化产品工艺研发内涵，充分发挥工艺研发作用，打破设计与工艺传统边界，建立协同研发长效管理机制，推进设计工艺协同化研发模式实施。借助信息化技术手段，构建设计和工艺数据信息充分共享、工作流程有机结合的一体化产品研发平台，形成数据化、协同化、程式化的产品研发工作模式，将工艺贯穿于产品研发全过程，确保设计与工艺的协同性和归一性，实现设计与工艺的有机结合，并开展有效性评价。同时推进设计标准化和模块化工作，制定产品工艺性评价标准，进行产品工艺性评价。使产品结构合理、工艺优化、使用可靠，实现商品化、人性化。

（二）不断完善的设计手段

20世纪90年代以前，铁路货车设计人员普遍采用纸和笔的手工绘图方式，这种"趴图板"的设计手段，不但效率低、设计周期长，设计质量也得不到保证。

随着电子计算机的普及，有限元计算、疲劳分析等大型仿真分析软件的出现，以及PDM数据管理的运用，极大地缩短了产品设计周期，产品结构在设计阶段就得到了优化，疲劳可靠性得到提高，设计、工艺有效协同，节省了大量的人力物力，为铁路货车提速、重载和轻量化的发展提供了有力的技术保证。

在此期间，绘图软件也得到蓬勃发展，设计手段也从简单的二维设计到三维的参数化驱动、仿真分析，以及计算机辅助设计与辅助制造的集成。

经过几十年的发展，数字化模拟技术在航空航天、机械、汽车、电子电器、工模具制造、船舶、铁路机车车辆以及新材料等领域获得了广泛应用，正逐步成为制造业信息化深入应用的关键技术，随着仿真模拟项目的规模和复杂性加大，网格计算和分布式计算等高性能计算技术也逐渐走进了国内的研发领域。

利用计算机及有关应用软件，完成传统意义上的二维绘图设计，人们称其为"甩图板"。现阶段大多数企业仍以二维工程图作为主要技术文件，用以指导生产且在一定程度上可以提高设计效率。在得到一定的普及之后，可以发觉，二维绘图在许多情况下，不能完全表述其设计意图，难于完全表现出思维中零部件的材料、形状、尺寸、相关联零部件等三维实体。由于以前手段的限制，人们不得不通过若干个二维图来描述一个三维设想，由于它的不唯一和欠完整性，必须不断修正和完善，才能表达清楚，现在人们能够在软件的支持下，直接从思维中的三维模型开始设计，有了表达全部几何参数和设计构想的可能，使得整体设计过程能够在三维模型中分析与研究，并能使用统一的数据，因而能够更好地完善其设计思想，从而使设计方案更为理想。另外，支持软件还必须有二维/三维的全相关能力，这样，无论从二维或是三维对设计的某个部件进行修改后，能够立即进行所有的修改工作，应用统一的数据进行三维实体设计，并以此为基础对整体设计或部件进行有限元分析、运动分析、装配的干涉检查、机构仿真、NC 程序的自动编制、准确的二维工程图生成以及外形质感、颜色或动画外观效果的渲染。完成对全部设计过程真正有效的、有明确的技术效果和显著经济效益的 CAD 辅助设计。

三维 CAD 系统中的工程图设计与一般二维设计系统不完全相同，三维 CAD 系统中的工程图设计可以直接由三维模型投影而成，从而保证各个视图的正确性，使用者只需要对视图中个别线条进行调整，并标注工程符号，即可满足工程图纸的要求。三维模型设计中包括了产品完整的几何结构，还可以从三维模型中产生其他各种视图，除标准的基本三视图外，还可生成轴测图、向视图、各种剖视图、局部视图等。由于三维 CAD 系统中三维/二维的全相关性，那么，在不同的设计环境中，模型都是相互关联的，可以在三维、二维或其他设计环境中直接修改模型的结构和尺寸，其他的模型可以自动更新。三维/二维的全相关可以保证设计的修改在三维与二维模型中保持一致。通常的工程设计中，可以根据三维模型的尺寸，自动生成二维尺寸，并可以灵活调整尺寸的种类和位置。

只有在三维的 CAD 设计中，才可能建立进行有限元分析的原始基本数据，进而实现产品的优化设计。用三维模型在装配状态下进行零件设计，对避免实际的干涉现象起到事半功倍的作用。凡此种种，二维的绘图设计只能在局部勉强达到，因此，采用三维设计是设计理念的一种变革，是 CAD 辅助设计的真正应用的开始。

三维实体设计是指工程设计人员利用计算机及三维 CAD 软件系统进行产品设计，三维实体设计作为产品设计的重要工具，在世界范围内得到越来越广泛的应用，为企业增强产品创新开发能力起到了巨大的推动作用。我国制造业信息化工程也将三维实体设计作为重点支持开发和重点推广应用的共性关键技术之一。三维实体设计作为一种先进的设计技术，已经在众多的机械制造企业中取得了重大成功，特别是通过三维的动态仿真技术，提前杜绝了多数的设计问题，提高了产品设计质量、缩短产品研制周期，使企业能够取得明显的经济效益。近年来随着国外先进三维设计软件在铁路货车行业的不断应用，众多企业纷纷采用三维实体设计手段，铁路货车整体设计水平得到了较大提高。

三、铁路货车评价技术

铁路货车性能评价技术就是通过对铁路货车及其零部件的功能、性能进行分析计算、试验测试，依照产品的有关标准、有关文件或产品技术条件，对计算或试验结果进行评估的理论和方法。铁路货车是否具备客户要求的性能，运行安全性如何，对这些问题的回答需要性能评价技术来实现。铁路货车性能的评价贯穿产品生命周期中的各个环节和阶段，但其主要内容集中在产品研制阶段、样机试制完成后的试验鉴定阶段和运用考验或可靠性试验阶段。

在铁路行业的发展过程中，产品开发的方法和过程也一直处于动态发展中，并且逐步形成了从设计内容及程序到设计管理制度等规范性文件，试验验证与评价就是这些文件规定的设计过程中的环节。产品研发过程中的试验可分为前期研究性试验（包括仿真研究）、中间验证性试验和后期的鉴定性试验（型式试验）。

（1）数值仿真、研究性试验及其评价

前期研究性试验主要是对铁路货车产品的初步设计方案的功能和性能进行研究，主要通过仿真手段，因为该阶段还没有实物样机，只能通过数值模型来进行，这主要得益于计算机及软件技术的飞速发展、数值仿真方法的进步、力学研究的进展和早期产品研发过程中试验数据的积累；前期研究性试验的另一个主要工作就是对产品的初步设计方案中新型的或特殊的功能或特性元件进行先期试制并展开试验研究，否则，这将成为产品研发中的瓶颈或障碍，影响新产品开发的整体进程。

（2）型式试验及其评价

试验验证是铁路货车产品开发过程中的重要环节，贯穿于产品开发中期，在此过程中，可得到被试产品或其零部件性能和功能的定量或定性指标值。评价则是根据试验数据或结果给出产品或其零部件性能或功能是否符合相关技术文件要求或性能等级的结论的过程，是产品研发后期各种鉴定性试验的目的和结果。在我国铁路货车产品开发手段的发展过程中，产品试验验证的项目、设备和技术手段是不断发展变化的。试验验证项目逐步增多，逐步完善；设备和技术手段越来越先进；评价的方法、过程和依据逐步完善并实现标准化，形成了评价的各项标准，并逐步形成了体系。

（3）运用考验、可靠性试验、综合试验及其评价

在铁路货车产品的样车开发完成后，新型铁路货车产品便进入运用考验阶段，若产品将作为未来的主型铁路货车，则在该阶段还将针对该车型进行各种列车综合试验，以验证该车型在铁路运输系统中的适应性。

（一）仿真分析

1. 结构仿真分析

对于铁路货车产品开发而言，各种主要承载结构件一般要进行结构分析。有

限元理论经过多年发展，早已成熟，并在铁路机车车辆领域成功应用，软件资源丰富，分析方法基本完善，为产品开发中的结构设计和结构优化作出了贡献，并且与结构试验结合起来，分析结果可以指导试验测试工作，试验可以进一步验证计算模型的合理性和检验计算结果的精度。目前，从通用铁路货车到长大货物车，从车体到转向架，车钩缓冲装置零部件和制动系统中的承力构件，从铸件到焊接结构均进行结构有限元分析，结构分析的数值仿真研究已经成为设计过程中的有效支持工作。

2. 动态仿真

铁路货车系统动力学涉及车辆的运动稳定性、运行安全性、平稳性和曲线通过能力。其主要目的是研究铁路货车各部件的振动响应以及轮轨之间的相互作用，用以指导人们设计和制造运营安全、可靠、性能优良的产品。通过仿真的方法，可以在产品开发早期对铁路货车系统动力学性能进行评估，主要是真实地对运动行为进行模拟，从中获得铁路货车系统的动态特性和活动性能，并参照动力学性能评价体系和相关规范对其动力学特性和运行品质优劣进行评判。一般来说，模拟技术可以分成三种类型：①计算机模拟，通过对研究对象的数学模型进行仿真计算，在理论上获得研究对象的性能；②实物模拟，直接对实物对象进行仿真试验，获得实物对象的性能；③半实物、半虚拟的混合模拟，也就是研究对象部分是实物，部分是理论模型，用虚实模型构成一个完整的研究对象，进行仿真研究。在铁路机车车辆的验证过程中，模拟研究得到广泛采用，贯穿全过程。

（二）试验验证

1. 试验验证在产品开发过程中的地位和作用

在铁路行业的发展过程中，产品开发的方法和过程也一直处于动态发展中，并且逐步形成了从设计内容及程序到设计管理制度等规范性文件，试验验证与评价就是这些文件规定的设计过程中的环节，产品研发过程中的试验又可分为前期研究性试验（应包括仿真研究，亦称数值试验）、中间验证性试验和后期的鉴定性试验。

前期研究性试验主要是对产品的初步设计方案的功能和性能进行研究，主要通过仿真手段，因为该阶段还没有实物样机，只能通过数值模型来进行，这主要得益于计算机及软件技术的飞速发展、数值仿真方法的进步、力学研究的进展和早期产品研发过程中试验数据的积累；前期研究性试验的另一个主要工作就是对产品的初步设计方案中新型的或特殊的功能或特性元件进行先期试制并展开试验研究，否则，这将成为产品研发中的瓶颈或障碍，影响铁路货车新产品开发的整体进程。

在铁路货车产品开发过程中,试验验证是产品开发过程中的重要环节,贯穿在产品开发中期,在此过程中,可得到被试产品或其零部件性能和功能的定量或定性指标值。评价则是根据试验数据或结果给出产品或其零部件性能或功能的是否符合相关技术文件要求或性能等级的结论的过程,是产品研发后期各种鉴定性试验的目的和结果,在铁路货车产品开发手段的发展过程中,产品试验验证的项目、设备和技术手段是不断发展变化的。试验验证项目逐步增多、逐步完善;设备和技术手段越来越先进;评价的方法、过程和依据逐步完善并实现标准化,形成了评价的各项标准,并逐步形成了体系。结构功能的要求决定了试验验证的内容,测试技术手段和技术水平决定了评价能力。

2. 试验验证的主要内容

铁路货车是承受载荷的移动装备,这决定了其在结构方面要具有承受规定的静载荷和动载荷的能力,其运行品质在额定最高速度下和各种线路条件下要满足有关标准或规范(或用户)的要求。

(1) 作用在铁路货车及其零部件上的载荷

铁路货车的主要用途是运送货物,其主要零部件作为移动的结构其重要功能就是承受各种载荷,这些载荷包括:

①垂向静载荷,包括结构自重、载重和整备重量。

②垂向动载荷。

③侧向力,包括离心惯性力和风力。

④制动时产生的力,包括制动系统中的力和制动时产生的惯性力。

⑤纵向冲击力及由它所产生的纵向惯性力。

⑥通过曲线时所受的钢轨横向作用力;修理时加于铁路货车上的载荷。

对于铁路货车及其零部件上作用的各种载荷的全面认识和有效把握,是设计过程中有效解决铁路货车强度和刚度问题的基础,因此在设计过程管理方面,应加强对载荷分析的重视程度和管理力度,这是提高结构设计质量和产品可靠性的基础性环节。

(2) 动态性能

铁路货车动态性能包括运行稳定性,运行平稳性等。运行稳定性包括直线运行的蛇行运动稳定性和曲线通过安全性。运行平稳性是运行品质的量化描述,包括平均最大加速度和平稳性指标等,动态性能可通过力学模型仿真计算进行参数研究和预测,目前已成为铁路货车方案设计的有效手段;也可在滚动/振动试验台进行测试并进行各种专题研究,已成为产品研发中间试验的有效手段,可以集中进行多方案、多参数对比优选研究,既可以降低线路试验费用,又可以避免线路上与运营列车之间的相互干扰;在产品开发后期,通过实车在线路上进行测试并给出鉴定性评价。

（3）铁路货车中的特性元件

铁路货车在线路上运行，其动态性能是由系统内各特性元件的特性参数决定的，因此，转向架的悬挂特性、心盘旁承的回转阻力特性等测试测定工作非常重要，该项工作可以检验这些特性是否符合设计要求，将决定铁路货车的动力学性能是否达到设计要求。

（三）铁路货车性能评价的内容

1. 强度

（1）静强度

铁路货车需要对其各结构件承受静载荷的能力按照 TB/T1335《铁道车辆强度设计及试验鉴定规范》及相应零部件标准进行评估，各结构件在设计载荷作用下的应力和变形可通过理论分析，在通用有限元软件环境下计算得到；还可在相应零部件制造完成后通过试验测试得到，在设计阶段一般需要结构分析计算和结构设计修改交互进行，直至得到满足设计要求的结构。在完成样机制造后，才能通过实物的强度试验验证是否符合标准规范和设计要求。

①静强度试验

对于主要承载结构，从车体到转向架的摇枕、侧架或构架，均进行强度试验，结构件必须通过相应强度规范的考核。我国设有铁路机车车辆检验站，可进行各种铁路机车车辆零部件的强度试验。随着铁路货车制造业的发展，目前，许多制造企业也建立起了结构强度试验装备，具备了结构试验的能力，使得制造企业具备了中间试验能力，可以缩短产品研制周期，提高产品设计质量，新产品开发的成功率大大提高。

②刚度试验

结构的刚度（挠度）也是结构的主要指标，而且是限制指标，因为许多在规定载荷下强度满足要求的结构，其刚度并不能满足应用要求，因此，结构刚度（挠度）常成为承载结构的限制性因素，结构越是庞大，刚度（挠度）问题将越发突出。铁路货车车体仅做垂向弯曲刚度试验，用挠度与车辆定距之比（即挠跨比）来评定。

（2）冲击试验

冲击试验对鉴定铁路货车强度具有重要的意义，也是纵向动力学的重要研究内容之一，虽然，它主要研究调车编组时铁路货车的互撞规律，但就鉴定铁路货车及其零部件的强度而言，它却在相当程度上表征整个列车非稳态运动工况。因为不管调车编组抑或起动和制动等非稳态运动状态，都有一个共同的本质，即相邻铁路货车间具有相对速度差，因而产生比机车起动牵引力还要大得多的纵向作用力。通过冲击试验，研究冲击速度与冲击力的关系，可为确定现有铁路货车调车作业时的允许冲击速度提供依据。

铁路货车在工作过程中例如在编组场调车、溜放；列车起动、制动、运行中加速、减速；各种事故时列车或铁路货车的正面冲突等都会发生不同程度的冲击或冲动。除事故冲突外，在正常情况下以列车突然起动、低速紧急制动以及驼峰溜放时的冲击为最严重。其中溜放冲击主要取决于铁路货车的运动状态，与机车无关。列车中发生的冲击除与溜放冲击具有相同的因素外，还与机车功率的大小、司机操纵技术的熟练程度、列车的组成（铁路货车的重量及数量）、车钩的间隙、制动机的性能等因素有关。当冲击的剧烈程度超过铁路货车或货物所能承受的程度时就会损坏铁路货车和货物。

铁路货车在运用过程中经常地承受着纵向相对冲击，冲击时往往产生很大的纵向冲击力。进行冲击试验是为了探讨铁路货车调车作业时，冲击速度、重量、缓冲器性能、冲击加速度及纵向冲击力的关系，以便确定出较合适的允许调车速度。提高铁路货车允许连挂速度，可提高编组场的作业效率，加速周转。相邻铁路货车速度差引起的冲击如调车场上的调车冲击是导致铁路货车和货物损坏的主要原因之一，而调车冲击是铁路货车运用中常用工况，国内外铁路车辆界非常重视这一工况的试验研究。

（3）疲劳可靠性

结构可靠性是指结构在规定的时间内、在规定的条件下完成预定功能的能力，它包括结构的安全性、适用性、耐久性3个方面，结构的可靠性是一项综合性的工程，从时间上讲，它几乎贯穿整个产品开发阶段；从研究的对象来分，可大致分成转向架、车钩缓冲装置、制动装置和车体4大系统及其零部件；而从所涉及的评价指标上讲，又包括强度、刚度、磨耗、稳定性、耐久性、损伤容限、完整性和耐环境能力等。

在这些评价指标中，强度是一个比较重要的问题，一方面，强度不足危及行车安全并导致维修成本升高，为了满足在整个使用寿命内可靠性和耐久性要求，所有零部件乃至整车需要有足够的强度；而另一方面，由于降低自重的要求，又要将零部件的材料用得最少。强度设计的目的就是要在这两个相互矛盾的要求间找到一个平衡点，使得零部件达到轻量化的同时，满足可靠性的要求。因此，结构可靠性评价就是要回答零部件是否能够在使用寿命内不发生破坏。

要进行结构可靠性评价，必须获取两个关键参数：一是所研究的结构在整个使用过程中将会受到的各种各样的载荷，其表现形式是多种多样的，可以是力、应变或振动加速度等；二是结构本身能够承受这些载荷的能力有多强，也即俗称的"强度",由结构的尺寸、材料和加工工艺等因素决定,它是结构本身的特性。

总之,结构的可靠性评价是一项比较复杂的工作,必须考虑载荷的复杂性、结构强度的离散性以及影响这些参数的外部和内部因素,在这些方面还有相当多的基础工作要做,比如铁路货车零部件疲劳数据库的建立、强度准则的推导、载荷谱和经验系数的积累等等。CAE技术的发展使得当今结构的可靠性分析越来越方便和快捷,但工程实际上台架试验仍然是进行结构可靠性评价的必备手段。

2.动力学性能

动力学性能评价是对铁路货车动态行为和运行安全性的综合评定,在产品开发的不同阶段其研究的侧重点有所不同。在产品开发前期,方案设计阶段主要采用仿真手段进行动力学研究,对设计方案建模,预测铁路货车动力学性能并优选参数,确定设计方案。

(1) 台架动力学试验

用定置方式来再现铁路机车车辆实际运行状态的试验台,是开发新型铁路机车车辆和研究轮轨间相互作用等必不可少的工具,大多数铁路发达国家均拥有该设备。用定置方式能很容易地再现与模拟实际运行条件的高性能试验台,用它进行多项目、高效率的试验,以缩短铁路机车车辆的研究时间,节约研究经费,同时,它还必须能做干线运行所做不到的验证临界设计值的试验,以便能大幅度地降低成本,提高性能。由于试验台的试验目的和对象不同、设计技术路线不同以及投资规模不同,出现了几种类型的试验台,如滚动台、振动台以及滚动和振动相结合的试验台。然而,就整车动态运行模拟而言,最佳方案是带功率试验功能的滚动与振动相结合的试验台。

铁路机车车辆试验台有以下功能:把转向架安放在相当于轨道的轨道轮上,使轨道轮运转,以此来模拟铁路机车车辆的运行状态,给轨道轮以动态变化来模拟轨道的变化,用飞轮给出相当于实际铁路机车车辆的惯性力,使驱动电动机具有吸收负荷的能力,用它来模拟线路的坡度情况。灵活运用这些功能,可以弄清铁路机车车辆的动态特性、运转性能特性、轨道和铁路机车车辆相互作用特性等。这与仅在干线上进行运行试验的情况相比较,可大幅度缩短研究开发时间,节约经费。同时,还可以进行在干线上所做不到的验证临界设计值的试验,从而求得临界值。

(2) 线路动力学试验

铁路货车是由多个部件组成的运行在铁路上的复杂的整体系统,列车在运行时,铁路货车之间,铁路货车各部件之间将会产生各种力和位移的动力过程,这些力和位移是由于铁路货车与线路的相互作用以及铁路货车之间的相互作用所引起的。系统动力学就是对这些过程进行研究的一门科学。铁路货车运行在铁路线上，存在诸如线路不平顺、病害、曲线超高、道岔、轨道干湿状态等多种因素的影响，安全是首要前提。线路动力学性能试验是对铁路货车在实际运行线路安全性及平稳性的综合测试和评价，对目前我国的铁路货车，动力学性能试验是在不失稳的条件下（最高试验速度应小于临界速度）针对铁路货车在不同速度级下进行的性能测试与评价。

线路动力学性能试验是对铁路货车的运行安全性和平稳性等技术指标进行检验，也是保证在批量生产和正常使用条件下安全运行的重要手段之一，线路动力学性能是我国铁路货车最重要的型式试验之一。线路动力学性能试验或检验大致可分为新型铁路货车的动力学试验、既有铁路货车性能改进（改造）试验、新型关键部件装车试验、铁路货车可靠性考核试验等四大类。

测试与评价的主要内容包括：运行稳定性（安全性）、运行平稳性和倾覆稳定性。运行稳定性主要包括三方面的内容：①车辆运行在直线、曲线和侧线等多种线路工况下车辆脱轨安全性；②车辆通过曲线和在线路不平顺线路激扰条件下车辆轮重的损失；③由于轮对横移或轮对冲角，产生的轮轨间的横向作用力。运行平稳性的主要测试车辆的振动性能，包括车辆的横向及垂向振动加速度，由振动加速度按 Sperling 公式计算得到的平稳性指标。车辆的倾覆稳定性主要测试车辆在线路平顺、曲线超高或车辆重心超过限值等条件下车辆一侧轮重全减载而引起车辆的倾覆的可能性，一般情况下，对重心高没有增加的新型或改造车辆，只进行运行安全性与平稳性的测试。

实践证明，动力学性能试验是检验铁路货车运行安全性的重要手段，为铁路货车安全运行作出了重要贡献。与国外标准相比，我国在试验线路要求方面还有一定的差距，需逐步完善试验线路标准体系。

（3）列车综合试验

货物列车综合试验是伴随着铁路发展和提速需求而产生的针对动力学、线路、桥梁等专业相互影响，相互适应，以及铁路货车运用可靠性的综合性试验。

货物列车综合性能试验是我国铁路大提速一系列试验的重要组成部分，也是铁路货车试验体系的重要环节，也是对铁路货车以动力学性能型式试验为主要手段的运行安全性评价与检验的延续。与动力学性能型式试验共同构成了我国铁路货车整车试验的评价体系，为铁路货车的设计、生产和运用反馈了有价值的信息，进一步地保障了提速与重载的运用安全可靠性。

3.关键零部件性能评价

铁路货车中功能元件的性能或特性的评价技术，内容差别较大，不易统一归类，主要内容有转向架中的弹簧减振装置和制动梁的评价，制动系统性能的评价，钩缓系统性能的评价以及非金属件的评价等

(1) 转向架零部件评价

转向架是铁路货车提供承载能力和走行功能的重要部件，结构形式多样，对于通用铁路货车主要形式有铸钢三大件式和焊接构架式。作为转向架承载和走行的摇枕、侧架和轮对等零部件，应在静强度和疲劳可靠性评价中予以考虑。

转向架是实现动态运行性能的关键部件，悬挂系统提供刚度和阻尼特性，因此，悬挂弹簧的特性和斜楔摩擦板的摩擦特性就成为转向架关键零部件性能评价的重要对象。对圆柱形螺旋弹簧的试验评价包括弹簧在工作负荷下的挠度、极限负荷下的永久变形和疲劳性能三方面内容。斜楔主摩擦板的试验评价主要包括产品摩擦系数试验、层间粘合力试验和圆脐剪切力试验三方面内容。

铁路货车制动力一般是通过转向架的闸瓦与轮对的摩擦最终实现的，制动梁是其中主要的承载构件。对组合式制动梁的试验评价包括静强度、静载荷（即刚度）和疲劳性能三方面内容，采用专用试验设备进行试验。

(2) 制动系统性能评价

制动系统的评价主要包括制动能力评价和制动性能评价两部分。制动能力是指列车在规定的制动距离内安全停车的能力，它是评价铁路货车制动系统安全性的重要指标。制动能力越大，列车就越能迅速停车，制动距离和制动时间都大大缩短。增大列车的制动能力，不仅可以增加列车的运行安全，还可以提高铁路的通过能力，充分利用线路和装备，具有较好的经济效益。制动性能主要是指制动系统及制动装置产生的制动与缓解作用。制动性能评价内容主要是评估制动系统作用的可靠性和稳定性。

我国对铁路货车制动能力的评价主要是通过制动计算和静态闸瓦压力测试来完成的。

制动性能试验是对制动装置性能进行检查的一种手段，是检验制动装置技术质量的方法。制动性能试验是对整个制动系统内各个制动装置的性能进行全面检查，分为单车性能试验、列车试验。单车性能试验（简称单车试验）是对一辆车的整个制动系统性能进行检查，只有经过单车试验合格，才能编组到列车中，列车试验是对已编组的列车进行全列车制动装置的性能检查，只有经过列车试验并合格，才能参加运输。

(3) 钩缓系统性能评价

车钩缓冲装置是铁路货车的重要部件，通过它使铁路货车之间以及与铁路机车之间实现连接编组成列车，并传递和缓和列车车辆间在运行或调车编组作业时所产生的牵引和冲击力，车钩缓冲装置系统的三大功能是连挂、牵引和缓冲。

车钩缓冲装置主要由车钩、钩尾框、缓冲器及从板、钩尾销等零部件组成。连挂、牵引功能是由车钩、钩尾框、钩尾销、从板等来实现的，以保证铁路机车与铁路货车、铁路货车与铁路货车之间能够实现连接,牵引、缓冲功能是由缓冲器来实现,以缓和列车运行时因调速过程导致列车内部产生的纵向冲动和列车编组调车作业时产生的冲击。

(4) 非金属件评价

随着铁路货车技术的现代化,特别是转向架朝着轴重大、速度高的方向发展,对转向架悬挂零件和耐磨件性能有了更高的需求,一些弹性与耐磨性优良的非金属部件逐步被引入到铁路货车转向架结构中,并得到了成功应用。

这些非金属部件根据主要功能通常分为两类。一类以提供承载的无磨耗弹性约束功能为主要特点,如轴箱橡胶垫、轴向橡胶垫、旁承弹性体等。另一类则以提供相对滑动约束和摩擦阻力(矩)的功能为主要特点,如心盘磨耗盘、旁承磨耗板、斜楔主摩擦板等。这些零部件的性能使我国三大件转向架获得了优良的性能,已处于国际先进水平。

为了确保非金属材料部件的正常运用,对它们的工作可靠性检测是必需的。由于它们都是承载部件,一般可以通过疲劳试验的方法对它们的疲劳强度性能进行考核。另外则是对需要摩擦减振功能的耐磨耐压件的摩擦性能可靠性或稳定性和承压耐磨能力进行评价。

非金属部件材料除了上面的疲劳可靠性和耐磨可靠性等外,还应在物理化学性能稳定性方面满足零部件工作所需要的标准,以保证材料自身的稳定。

第二节　铁路货车制造技术

一、铁路货车制造技术概述

铁路货车制造技术包括制造铁路货车产品时所需的各种工艺方法,是保证产品质量和生产效率的重要手段。铁路货车制造是一门较为综合的机械制造技术,在专业上涵盖了铸造、锻造、冲压、机械加工、焊接、装配等工艺方法,另外还涉及了自动测量、无损检测、自动化等相关技术。

铁路货车数量大、品种多,因此,铁路货车制造多为流水式作业方式、大量采用了柔性生产线,主要有轮轴生产线、转向架生产线、下料生产线、中梁生产线、底架生产线、端侧墙生产线、车体生产线、车体油漆喷涂线等。产品的升级换代,新材料、新结构的应用,也推动了制造技术不断改进和提高,形成了一些独有的制造工艺,譬如"制动系统模块化组装、不锈钢焊接、整体芯铸造"等三大工艺。

（一）制造技术的发展

铁路货车制造技术的发展，经历了从作坊式生产到专业化生产的过程；从手工操作、单机作业方式发展到了大规模机械化、自动化作业，逐步具备了工艺合理、设备齐全、功能完备的制造系统，形成了产研结合、具有中国铁路特点的铁路货车制造技术体系。

从20世纪60年代开始，铁路货车逐步开始了以钢代木的过程，全钢结构铁路货车带动了冲压技术和焊接技术的发展。冲压技术在板材及型钢的剪切下料、校平及压型方面得到了突破；焊接技术也得到了极大的发展，因其经济性较好，绝大多数的铆接结构均被焊接结构所取代，而且在中梁等部件上还开始应用了埋弧自动焊等先进的焊接技术。在加工方面，各制造厂大量使用了自制的专机，满足了生产效率的要求，但普遍精度不高，柔性也差，限制了产品的多样性。

20世纪80年代，铁路专用耐候钢和滚动轴承等开始在铁路货车产品上应用，推动了相应的制造技术的发展。耐候钢焊材、车轴专用磨床等的出现，标志着铁路货车制造技术有了相对的独立性。

到20世纪末，铁路货车制造技术已基本具备了完整的体系，冲压工艺实现了机械化和模具化，焊接方面也逐步从手工电弧焊为主发展为大量采用气体保护焊，其他各相关技术也都达到了大批量生产的要求。除能生产各种通用、专用铁路货车外，还能生产适应货物装车形体的凹底、长大、双联等特殊平车以及新型的家畜家禽车、活鱼车和机械保温车等。对于铸锻件方面，不断有先进的生产线及设备应用于生产中，特别是自20世纪90年代开始树脂自硬砂生产线、潮模砂气冲造型生产线、迪砂线等铸造生产线的应用，改变了原铸造单机的生产模式，大规模机械化生产方式初具规模。

进入新世纪，铁路货车提速重载开始在全路推广，对制造技术提出了更高的要求。针对铁路货车制造技术的提升，提出了"以工装保工艺、以工艺保质量、以质量保安全"的指导思想，在此指导思想下，开始进行了建设主要部件的生产工艺线的工作。通过建线工作，不但提高了铁路货车制造的整体水平和质量保证能力，而且制造所需的工艺装备实现了专业化生产，提高了工艺装备的制造水平，解决了以往铁路货车制造厂自制工艺装备水平低下，重复设计浪费资源的问题。

（二）制造技术的现状

我国铁路货车制造技术已形成完整的产品生产和工艺技术体系，为铁路货车系统的装备现代化提供了保障，铁路货车实现了自给外销，产品质量、数量都不断上升，铁路货车生产由修到造，由仿到创，达到了能生产不同类型、不同用途铁路货车的水平。除了各种通用敞、平、棚、罐车外，还能生产凹底、长大、双联等特殊平车以及新型的家畜家禽车、活鱼车和机械保温车等。制造所用的大型工艺装备、专用设备实现了专业化生产，尤其是专用检测设备发展较快；专用轴承及橡胶件、专用钢材和焊材等也有了稳定的配套生产厂家。现在，铁路货车制造已形成了相对独立、工艺完整的技术体系。

近年来，我国加快了铁路货车产品升级换代的步伐，运行速度和载重均大幅度提高，铁路货车造修技术提升也随之进入了一个快速发展的新阶段，在以工装保工艺、以工艺保质量、以质量保安全的指导思想下，各制造企业瞄准世界先进水平，实施了大规模的技术改造，不断地开发、应用新工艺，大量的新工艺装备及新工艺方法被广泛应用到实际生产中。

我国铁路货车产品的发展方向是提速重载，对可靠性提出了更高的要求，铁路货车工艺线建设、焊接自动化及推广三化一互换、大部件整体芯等工作，极大地提高了制造质量。改变了制造技术和管理水平参差不齐的状况，推动了制造装备的升级，提高了生产自动化和机械化水平，提升了铁路货车制造技术的管理水平。目前，传统粗放式的制造技术正逐步被现代化的制造技术所取代，铁路货车制造技术逐步规范化，已形成一个系统工程，不但做到了工艺流程规范化、装备规范化，而且还包括了检验规范化、操作规范化和文件规范化等，已形成了协调、统一、规范的工艺保证体系。

我国目前的铁路货车制造业，在生产能力和技术水平上，已完全能够满足国内铁路货车的要求，并具备了向发达国家出口的能力。铁路货车制造技术的未来发展将日趋精益化，即以产品质量为核心，通过对工艺流程、工艺装备、作业行为和作业文件等环节进行整体优化与规范，引进吸收最新的科技成果，创新新技术，最终实现精益制造。随着铁路科技的发展，铁路货车制造技术也必将得到更大的发展。

（三）制造技术的主要创新

近十年来，为满足国民经济快速增长对铁路运输装备的需求，我国铁路货车制造系统以"装备保工艺、工艺保质量、质量保安全"为指导思想，推进工艺技术创新，促进了制造技术水平的全面提升，铁路货车安全可靠性大幅提高。

铁路货车制造技术在不断创新和改进中，以下是一些主要的创新：

1. 轻量化材料应用：采用轻质高强度材料如高强度钢、铝合金等来制造车体和结构部件，减轻车辆自重，提高载重能力和运输效率。

2. 高效制造工艺：引入先进的数控加工和自动化生产技术，提高制造效率和质量稳定性。例如，采用3D打印技术可以制造复杂的零部件，加快生产周期和降低成本。

3. 先进的悬挂和减震系统：为了提高货车在铁路上的行驶平稳性和乘坐舒适性，采用先进的悬挂和减震系统，如空气悬挂和液压减震器。

4. 制动系统的改进：引入先进的制动系统，如电子制动系统和再生制动技术，提高制动效果和能量回收利用，减少制动距离和能耗。

5. 智能化技术应用：将智能化技术应用于铁路货车，如车载计算机、传感器和通信系统，实现远程监控、故障诊断和运营管理的智能化。

6. 能源效率改进：通过改进动力系统和传动装置，提高能源利用效率，减少能源消耗和对环境的影响。例如，采用先进的电力传动技术或混合动力系统来降低能耗和排放。

（四）制造技术的发展方向

铁路货车制造业通过创新工艺、提升工艺装备、实施在线检测等，支撑了我国铁路提速重载铁路货车升级、换代，满足了我国铁路特有的运用条件对铁路货车安全可靠性的要求，带动了铁路货车生产组织和作业方式的变革，在未来，铁路货车制造业仍将以运用安全作为重点，为提高制造质量，降低生产成本，各种先进的工艺技术、先进的生产装备的不断研发和应用将是发展的重点；以细化的工艺，准时化的生产组织方式，信息化的管理手段，推进铁路货车走向精益之路，产品质量全面提高。

随着铁路货车提速重载技术的不断发展，对铁路货车制造质量、使用可靠性和疲劳寿命的要求越来越高，对焊接质量的要求也越来越高，焊接技术要进一步加强基础性研究工作，特别是焊接结构疲劳可靠性的研究，修订完善铁路货车行业焊接技术标准。另外，还要引进国外先进焊接管理体系，有计划地对重点企业开展国外的轨道车辆焊接体系认证。

计算机技术将大范围使用，利用计算机实现对生产设备或生产过程进行检测与控制，开展计算机数值模拟与分析，提高工艺准备质量，缩短产品试制周期，有效促进工艺进步。应用计算机辅助工程进行产品工艺方法和过程的辅助设计，提高工艺过程编制的质量和效率。通过并行工程和企业流程再造，对制造资源进行有效管理，实现铁路货车制造全过程的稳定和可靠。

铁路货车制造技术将在制动阀和转向架精益制造工艺的基础上，在铁路货车制造中全面推行精益化制造，通过采用通用性大、自动化程度高的设备来生产多品种的铁路货车产品，使生产过程成为一种可编程、可重组、可置换、模块化的制造过程，可快速生产新产品及各种变形产品。

铁路货车制造技术的发展趋势是将制造技术与科技成果紧密结合，注重人与设备的协调性，形成从单元技术到复合技术、刚性技术到柔性技术、简单技术到复杂技术的自动化制造技术系统，实现优质高效低耗、少污染的优化目标，做到管理技术与制造技术完美结合。

二、铁路货车车体制造

为满足用户的不同需求，铁路货车产品日益多样化，铁路货车制造面临着小批量多品种的生产形势。与此相适应，在铁路货车车体制造过程中大量采用了柔性工装和设备，成组技术、信息技术、数控技术和自动化技术等先进技术被引入到制造技术中，构建了基于模块化、标准化、信息化、自动化的制造体系，优质、快捷、高效、低成本地满足了生产需求。

车体制造包括下料、组装、焊接、铆接、涂装等技术，其中最主要的工作量集中在车体组装和焊接中。车体组装可分为中梁、底架、端侧墙、总组装等，经过建线工作后，各部件现在已全部在柔性化的生产线上制造，焊接方法均以富氩气体保护焊方法为主，长直焊缝采用机器人或焊接小车进行自动化焊接，仅在短小焊缝、自动焊盲区焊缝采用半自动气体保护焊。

（一）车体下料

冲压件占据铁路货车整机零件数量的60%，冲压技术对铁路货车制造质量有着至关重要的作用。解放初期，冲压设备极其简陋，只有少量冲床，绝大多数冲压制造方式还是采用人工方式制造。20世纪50到60年代冲压设备也逐步开始完善起来，开始出现龙门式剪板机、校平机等，但当时主要还是受到钢产量的限制，所以有许多的铁路货车的端侧墙还是用木板和竹板，冲压技术当时还处在一个落后的水平上；进入20世纪70年代初，冲压技术开始从降低劳动作业强度入手，增加了许多起重设备；到了20世纪80年代，出现了大型冲床，万吨水压机等设备，进口设备的比重也大大增加，如进口校平机、机械折弯机等；进入20世纪90年代，铁路货车种类已发展到近百种，冲压技术也有了突飞猛进的进步，尺寸精度提高，出台了大量的行业标准。

目前，在铁路货车制造中，大量采用了先进的冲压设备，既有高精度的数控折弯机，又有高效率的机械折弯机；既有液压数控剪板机，又有数控剪切中心；既有高性能冲床（步冲机），又有数控转塔冲床；既有数控等离子（火焰）切割机，又有激光切割机。现在，在铁路货车车体零件中，冲压件主要有下料、弯曲、成型三种技术。

1.下料工艺

冲压下料工艺按金属原料性质可分为型钢下料、板材下料；按下料方式区分，型钢下料方式有联合剪冲机冲断、模具冲断、锯切等方式；板材下料则分为剪切、冲裁、仿型切割、数控切割等。

2. 弯曲件工艺

弯曲工艺在铁路货车冲压件生产中应用相当广泛，如棚车端弯梁、车顶弯梁，罐车罐体，敞车横带，通用脚蹬体，端梁，侧柱等，分为拉弯、滚弯、顶弯等方法。

3. 成型件工艺

冲压成型工艺是通过安装在冲压成型设备上的模具，对金属板料毛坯或半成品进行压力加工，具有生产效率高、零件形状尺寸均一稳定等特点。

（二）车体组装

1. 中梁装配

目前我国铁路货车中梁主要有乙型钢对筒组焊中梁、冷弯型钢中梁、箱型组焊中梁和H型钢中梁，其中又以乙型钢对筒组焊中梁的结构最为典型，应用也最为广泛。其组焊工艺流程为：中梁对筒→中梁封底自动焊→中梁一次组对→中梁压平→中梁二次组对→中梁钻孔→中梁铆接→中梁二次翻焊→中梁正面自动焊→中梁矫正→中梁交验。

中梁组装一般采用流水线的方式进行生产。中梁流水线一般需配置乙字钢校正胎、钻孔胎位、中梁组对胎、纵缝焊接胎、中梁调修胎等多项专用工装及设备。中梁最为关键的制造工艺参数为：枕心距、全长、枕心间挠度、旁弯、牵引梁上翘下垂以及心盘组对间隙。根据这些参数，中梁在生产制造过程中需对中梁对筒、一次组装、中梁压平、中梁铆接和中梁矫正工序进行严格控制。

中梁焊接方面，在中梁封底自动焊和中梁正面自动焊处多采用埋弧自动焊接方式，其他焊缝目前多采用富氩气体保护焊方法为主在中梁翻转焊接胎上进行焊接，但由于中梁是铁路货车载重的关键部件，其焊角一般均较大，需采用多层多道焊。对于平车中梁鱼腹对接焊缝以及中梁外侧角接焊缝现在大多采用焊接专机进行自动化焊接，与传统的手工和小车焊接方式相比，产品质量及生产效率均有明显提高。

2. 底架装配

铁路货车的底架按照中侧梁结构大体分为整体中梁结构、牵引梁式结构及无侧梁结构等形式，底架主要由中梁、侧梁、枕梁、横梁、端梁及地板等组成。底架制造的主要工艺参数有：底架工艺长度、底架宽度；底架对角线差；心盘距、两心盘横向平行度（俗称心盘间隙）；枕心间工艺上挠度；端梁水平差，同一横断面中、侧梁水平差。底架的主要工艺流程：底架组对→附属件组对→花架翻焊→底架焊接→地板铺装→底架翻焊→底架焊接→底架矫正→底架交验。

底架制造采用部件单元制造最后总体组装的方式生产，中、侧、端、枕、横梁等部件均采用专用组对夹具或生产线进行制造，底架组成大多采用正装组对夹具，为满足多品种、小批量生产形势的需要，底架组对夹具已发展为柔性组对夹具，夹具结构单元化、模块化、易拆换，能适应多种规格和多种车型底架的组对焊接；电动机械夹紧方式正在取代传统的手工液压或气动夹紧方式，实现了装夹位置的精确控制，确保了产品制造质量及其尺寸的一致性。为满足制动系统三化一互换的要求，保证底架附属件组装位置的准确，底架附属件现在都在专用的台位进行组对，通常有中梁部位组对和底架部位组对两种新的方式。

底架焊接在底架翻转机上进行，以保证平焊位置。现在的底架翻转机可装卸均衡梁或可升降式以适应更多品种的底架翻焊，同时更方便操作更具安全性。地板采用专用的压缝装置进行地板组对，并采用专机进行地板拼接缝的焊接。枕梁、横梁折线形焊缝采用机械手进行焊接，与焊接专机方式相比，具有盲区小、质量高、适应性更强的特点。

3. 端侧墙装配

端端和侧墙是铁路货车车体中主要的外露部件，要求表面质量较高，而且全钢铁路货车的端侧墙均承载，对强度也有一定的要求。端侧墙大多为板柱结构，在制造工艺上有相似之处，主要防止变形，保证平面度。

（1）端墙装配

铁路货车端墙的结构形式大体分为平板类端墙和折板类端墙，常见的为平板式类端墙，其制造工序包括：组对、正面焊接、背面焊接、矫正、交验等。端墙的技术特性要求主要有：端墙上端梁直线度；端墙平面度；端墙高度、宽度及对角线差；端墙角柱根部间工艺尺寸、角柱旁弯。

（2）侧墙装配

铁路货车侧墙的结构形式可分为两类：板柱式侧墙和圆弧包板式侧墙，平板类侧墙有棚车类侧墙和侧墙两种焊接生产线，敞车类侧墙的制造工序包括：组对、正面焊接、倒置焊接、背面焊接、矫正、交验等。圆弧类侧墙的外形结构和尺寸虽有差异，但圆弧类侧墙的焊接方法和形式是相同的，只是装配胎型需要根据具体车型单独设计制造。

侧墙一般在通用组对夹具上组对和焊接，夹具具有柔性化，带有压缝装置，大批量生产的端墙采用焊接生产线制造，在压紧侧柱状态下组对和焊接，背面焊接一般在通用的背面焊接装置上焊接，大多采用焊接专机进行侧墙背面焊缝焊接，与传统的手工和小车焊接方式相比质量高、效率高。

4. 车体装配

目前我国铁路货车车体主要以全钢焊接结构为主，分为敞车、棚车、漏斗车以及部分杂型车车体，其中以敞车结构最为典型，应用也最为广泛，其工艺流程为：车体组装→车体电焊→车体钻孔→车体铆接→车体翻焊→车门安研→钢结构清理→钢结构交验。

车体组装是车体装配最关键的工序，车体装配时大部分以底架心盘为基准，以底架中心线为参考，首先进行端墙组装，在保证端墙尺寸和垂直度基础上，进行端墙定位焊接；然后组装侧墙，组装侧墙时，须保证车体的长度、宽度、对角线等尺寸，同时防止车体倾斜。

（三）车体焊接

车体焊接是汽车制造过程中至关重要的一步，它在整个汽车工业的发展过程中也经历了不断的演进和改进。

在早期的汽车制造过程中，车体焊接使用的主要方法是手工焊接。工人们使用电焊机将车体零部件逐个焊接在一起，这种方法虽然简单却效率低下且容易出现质量问题。然而随着汽车工业的迅速发展，对汽车质量和生产效率的要求也越来越高，传统的手工焊接已经无法满足需求。

随着科技的进步和自动化技术的应用，机器人焊接开始逐渐取代手工焊接成为主流。机器人焊接具有高度的精确性和稳定性，能够准确地控制焊接参数，提高焊接质量和效率。此外，机器人还可以进行连续焊接，大大提高了生产效率。因此，在现代汽车制造中，机器人焊接已成为主要的车体焊接方法。

除了机器人焊接，激光焊接也是现代车体焊接的重要技术。激光焊接利用激光束的高能量和高聚焦性，可以实现精确的焊接，并且不会对周围材料产生过多的热影响。激光焊接具有焊缝小、强度高、质量好等优点，被广泛应用于汽车制造中的高端车型。

第五章 铁路货车制动装置技术

第一节 货车制动装置概念

一、制动机基本概念

(一) 制动

给运动的物体施加一个人为的阻力,使其减速(含阻止其加速)或停止运动或施力于静止物体,使其保持静止状态。对车辆而言,制动就是使运动的车辆减速或停止运动、阻止在坡道运行的车辆加速、防止停放车辆溜走。

(二) 制动力

在制动时由制动装置产生的可人为控制的能产生制动作用的外力。对车辆而言,制动力是由车辆制动装置产生作用而引起钢轨施加于车轮的与列车运行方向相反的力,不是闸瓦与车轮之间的摩擦力。在制动时,当轮瓦间的摩擦力小于或等于轮轨间的粘着力时,制动力的大小在数值上等于轮瓦间的摩擦力;当轮瓦间的摩擦力大于轮轨间的粘着力时,车轮将产生滑行,此时制动力为轮轨间的滑动摩擦力,其数值远小于轮瓦间的摩擦力。

(三) 缓解

解除制动的作用过程。

(四) 制动装置

车辆上能产生制动作用的零部件所组成的一整套机构。包括:空气制动机、基础制动装置、人力制动机。

(五) 空气制动机

以压缩空气为动力来源，制动装置中受司机直接控制的部分。包括从制动软管连接器到制动缸的一整套机构。

(六) 基础制动装置

制动装置中用于传递、扩大制动力的一整套杆件连接装置。包括车体基础制动装置和转向架基础制动装置。

(七) 人力制动机

制动装置中以人力作为产生制动力的原动力部分。包括手制动机和脚踏式制动机。

(八) 制动距离

制动时从机车的自动制动阀置于制动位起至列车停车时列车所运行的距离。制动距离愈短，列车的安全系数就愈大。《铁路技术管理规程》规定：运行速度不大于120km/h的货物列车紧急制动距离不超过800m。

(九) 空气波

一列车制动管内的空气压力由前往后逐层降低（或升高）的过程。只有当列车制动管内的空气压力变化传递到车辆制动阀时，车辆制动机才能产生制动或缓解作用。

(十) 空气波速

空气波的传播速度，数值约为330m/s。

(十一) 制动波—制动作用沿列车纵向由前向后依次发生的过程

制动波是列车制动时，制动作用从前向后逐渐传递的过程。

(十二) 制动波速—制动波的传播速度

制动波速是制动机的一个主要性能指标，其数值的大小直接影响制动时引起列车纵向冲动的大小及制动距离的长短。对空气制动而言，制动波速总是要比空气波速小。

(十三) 制动机的稳定性

在制动管内压缩空气缓慢减压（不超过规定值）时，制动机不发生制动作用的性能。

(十四) 制动机的灵敏性（即制动感度）

在制动管内压缩空气以常用制动最小减压速度和最小减压量减压时，制动机能产生制动作用的性能。

（十五）常用制动安定性

在制动管内压缩空气以常用制动最，大减压速度和最大减压量减压时，制动机不发生紧急制动作用的性能。

二、制动机在铁路运输中的作用

对铁路运输来讲，制动装置的作用是非常重大的。列车因故障不能出发不会有什么危险，若在运行中因制动装置故障不能停车，则后果是不堪设想的。制动装置在铁路运输中的作用可通过一个例子得到更具体的说明。

例如，列车运行于甲、乙两站间。列车由甲站发车，行驶了S距离后加速至V1。S为起动加速距离，其长短决定于机车功率的大小。若需要列车在乙站停车，制动功率较大的A列车，开始施行制动的地点可在距乙站较近的a点处，其制动距离为S1。若另一B列车的制动功率较小，则需提前于b点开始施行制动，制动距离为S2。因而B列车减少了高速行驶的时间，于是，它的平均速度低于A列车。若另有一C列车没有制动装置（或未使用制动装置），仅靠自然的阻力使之停车，则该列车必须在距乙站更远的c点开始惰行，它的惰行距离为S3。显然，C列车的平均速度更低。为了保障行车安全，铁道部在《铁路技术管理规程》中规定："列车在限制下坡道上的紧急制动距离，规定为800m。"假如上例中的S1等于800m，则对于B、C列车在此区间的运行速度，必须分别限制为V2和V3。这样就降低了列车的运行速度。另外，重量大的列车，在相同速度的情况下所具有的动能就大，让它在相等的距离内停车，必须施以较大的制动力。所以，制动装置的作用在于：一方面是使列车在任何情况下减速或停车，确保行车的安全；另一方面也是提高列车的运行速度，提高牵引重量，即提高铁路运输能力的重要手段。衡量一个国家的铁路运输水平，首先要看能制造多大牵引力的机车，但牵引与制动是互相促进和制约的，无先进的制动技术就没有现代化的铁路运输。

第二节　货车空气制动机

一、货车空气制动机

（一）货车空气制动机种类

目前我国铁路货车上使用的空气制动机主要有CK型、103型和120型三种。

（二）货车空气制动机组成

货车空气制动机主要是由制动软管折角塞门、制动主管、制动支管、截断塞门与远心集尘器的组合体、分配（三通、控制）阀、副风缸压力风缸（或加速缓解风缸）、制动缸、空重车调整装置等备零件组成。

二、空气制动机主要部件

（一）制动软管

1. 用途制动软管是连接相邻各车辆的制动主管并能在车通过曲线或各车辆互相伸缩时不妨碍压力空气的畅通。

2. 构造制动软管由软管接头、软管连接器与软管接头三分组成。

制动软管连接器的胶管称编织制动软管，软管由三元乙丙橡胶为基础材料制成的无缝外胶、无缝内胶及三个化纤编织增强层组成。内胶厚不小于：1.5mm，可不加封头胶。压套钢板不小于2mm，长度不小于60mm。

使用单位对产品仅对包装、外观、尺寸等进行检查，装车使用前进行风、水压试验，不做分解检查。在试验及装车运用中发生异常情况或故障，使用部门不进行修理，进行整套更换。

3. 风、水压试验

制动软管组装后以及车辆施行厂修、段修、辅修时，都必须按下列规定进行风、水压试验，合格后方准使用。

（二）制动管

1. 用途用于贯通车辆压缩空气通路

2. 构造每一辆车都需装设贯通全车辆的管路为制动主管

货车制动主管用内径32mm的钢管或不锈钢管制成。制动主管在车底架下的中央部分制成S状，使其延伸到车辆两端梁的右侧，稍露出端梁外部。由于使用中制动主管两端部分腐蚀较多，为了便于更换，两端各安接250~400mm长的端接管（补助管）。制动主管用卡子和螺栓并加弹簧垫圈卡固在车底架上，以防因震动而磨伤。通往车辆制动机的是制动支管。

（三）塞门

1. 用途用于开关空气的通路

在铁路货车中，塞门是一种用于开关空气通路的重要部件。它主要用于控制列车制动系统中的气流，并调节制动力的施加和释放。

2. 种类与构造

根据安装位置和用途的不同，塞门可分为折角塞门、截断塞门、空重车塞门等。

（四）远心集尘器

1.用途用于排除由制动主管压缩空气中带来的砂土、水分、锈垢等不洁物质，以清洁的压缩空气送入三通阀或分配阀，保证三通阀或分配阀的正常使用。

2.安装位置远心集尘器安装在制动支管上截断塞门与三通阀或分配阀的中间，通常是在距三通阀或分配阀600mm以内。

3.种类与构造远心集尘器有组合式与独立式两种不同形式。组合式是远心集尘器与截断塞门铸造为一体，独立式为单一远心集尘器。两者构造相同，都是由集尘器体与集尘盒两部分组成，用直径13mm的螺栓结合一起，为了防止漏风，在其中间设橡胶垫。集尘盒内有一垂直的固定杆，杆的顶端安放一止尘伞，可以自由摆动。

4.注意事项安装，远心集尘器时，应注意方向不要装反，集尘器体表面箭头应指向三通阀或分配阀，安装时还应保持垂直位置，否则将失去集尘作用。

（五）风缸

1.副风缸

（1）用途用于在车辆上贮存压缩空气。在制动时，借三通阀或分配阀的作用将压缩空气送入制动缸，发挥制动作用。

（2）构造用钢板焊制成圆筒形，两端都焊以凸状或半凸状的端板，用钢管连接和分配阀相通。副风缸体的下方设有一个直径13mm的小螺丝孔，以便安装排水塞门，能及时排出缸内的污物和凝结水，也可代替缓解阀的作用。

2.压力风缸

压力风缸安装在103型制动机上，它用钢板焊制成，端部设安装连管的管接头，中部有安装缓解阀的管接头。其容积为11L。

（六）制动缸

1.用途用于通过分配阀的作用，接受离副风缸送来的压缩空气，并变空气压力为制动缸活塞推力。

2.种类与构造目前货车用的制动缸有普通型、密封式和旋压密封式制动缸。

3.作用过程制动时，副风缸送入制动缸的压缩空气，进入制动缸后盖及活塞之间，推动活塞，发生制动作用。缓解时，制动缸压缩空气由三通阀或分配阀排气口排向大气后，活塞借缓解弹簧的弹力推回原位，发生缓解作用。

（七）缓解阀

1.用途 用于排出副风缸或压力风缸内压缩空气，使车辆制动机产生缓解作用的部件。

2.构造 一般安装在副风缸或压力风缸上。在缓解杆的两侧各安装有直径为10mm的拉杆，并延至车体的两侧。

3.作用过程 拉动任意一侧的拉杆，都可使阀在缓解杆的作用下离开阀座，副风缸或压力风缸内的压缩空气便经过此间隙及排气孔排向大气；当松开拉杆时，阀在弹簧的弹力作用下恢复原位，停止排气。

（八）压力表（又称风表）

1.用途 用于显示制动管内的压力。

2.安装位置与构造 压力表内部为一条圆弧形的扁铜管，一端和制动支管连接，另一端扁管尖端连结连杆、杠杆和扇形齿轮，表中央部分安装一个小齿轮，和扇形齿轮吻合，小齿轮中央有固定轴，轴上安装压力表指针，指针和小齿轮间设有一块带有刻度和字码的表盘。

三、空气制动阀

（一）GK型三通阀

1.GK型三通阀的构造

GK型三通阀从外观结构上来看由阀体、阀下体、风筒盖及减速弹簧盖四部分组成。按作用性能分为：作用部、递动部、减速部和紧急部四部分。

2.GK型三通阀的作用原理

GK型三通阀属于二压力机构，它内部有一个气密性良好的主活塞和带孔道的滑阀及节制阀。主活塞外侧通制动管，内侧通副风缸。当制动管内压缩空气的压力发生增或减变化时，主活塞两侧形成压力差（制动管与副风缸的空气压力差），当克服主活塞组件的移动阻力后，推动主活塞带动节制阀、滑阀移动，形成不同的作用位置，实现以下各种作用。

3.GK型三通阀的故障分析与处理

1）充气时排气口漏泄

初充气或制动后再充气时，排气口排气不止，有大量漏气和小量漏气两种情况。

(1)排气口大量漏气

原因分析：产生这种故障的原因是紧急阀没有落座，使制动管的压缩空气经紧急阀进入制动缸，再由排气口大量排出。造成紧急阀不能落座的原因，一般是由于紧急阀杆与止回阀卡住；紧急阀与阀座间有杂物；或紧急活塞被卡住。

处理方法：清除紧急阀内的杂物，重新组装，防止紧急活塞、紧急阀杆与止回阀别劲卡住。

（2）排气口小量漏气

原因分析：产生这种故障的原因通常有两种：

①滑阀与滑阀座不平、磨耗或有拉痕，使副风缸的压缩空气经此处漏向排气口。

②紧急阀胶垫老化、腐蚀或刻痕以及紧急阀有伤痕，均会造成紧急阀关闭不严，使制动管压缩空气经紧急阀漏泄向排气口。

处理方法：滑阀不平、磨耗或有拉痕的应对滑阀与座进行研磨，磨耗过限者更换。老化、腐蚀的紧急阀座垫应更换；紧急阀座伤痕经焊修研磨后不能修复时，也应更换。

2）制动灵敏度不良

GK型三通阀不能在制动管减压25kpa以前起制动作用。

原因分析：其故障原因一般有以下几项：

（1）充气沟过长、过大。当制动管缓慢减压时，使副风缸压缩空气向制动管逆流过多，不能在主活塞两侧形成压力差，因此不能推动主活塞达到制动位。

（2）主活塞环漏泄。主活塞环与铜套不密贴，主活塞环在槽内卡住或是过松，均会造成主活塞环漏泄，同样使副风缸压缩空气向制动管逆流过多，主活塞不易达到制动位。

（3）缺油、油脂变质或主活塞及滑阀阻力过大，同样不易达到制动位。

处理方法：主活塞环漏泄，应进行研修或更换；主充气沟过长过大，可用锡焊焊修，但不能焊得过短，以免使制动作用过于灵敏，一般是当主活塞位于全缓解位时，充气沟应能露出约0.5mm为宜。

3）缓解不良

制动后施行缓解时，不能缓解或缓解很慢，均属于缓解不良。

原因分析：其原因通常有以下几项。

（1）充气沟过长，当主活塞移到刚露出充气沟时即停止，不能正确达到缓解位，导致滑阀座上的制动缸孔开度过小，延长了缓解时间，造成缓解慢。

（2）主活塞环漏泄，制动管的压缩空气经主活塞环漏泄处进入副风缸，使制动管增压速度减慢，主活塞延迟到达缓解位，造成缓解慢；如果再加上主活塞滑阀阻力过大，当副风缸增压速度与制动管增压速度接近达到均衡，缓解压力逐渐减小，以至于消失，主活塞不能向缓解位移动，GK阀不产生缓解作用。

处理方法：同上。

4）制动保压不良

制动保压位漏泄试验时，漏泄量超过规定或制动缸压力上升或保不住压而自然缓解。

原因分析：

（1）节制阀漏泄

副风缸压缩空气经节制阀漏泄处串入常用制动孔，最后进入制动缸，或者压缩空气经节制阀漏泄处串入急制动出孔，最后经由紧急活塞周围进入制动缸，因此造成保压位时，制动缸压力上升。

（2）滑阀漏泄

副风缸压缩空气经滑阀漏泄处漏向制动缸孔或漏向排气孔转向排气口漏出，或漏向紧急活塞上方，最后进入制动缸。在这种情况下会造成排气口漏气，或制动缸压力上升。

以上两种情况，如果节制阀或滑阀漏泄严重，除了会造成制动缸压力上升和排气口漏泄外，由于漏泄的是副风缸的压缩空气，因此会出现副风缸空气压力低于制动管空气压力，主活塞两则产生压力差，使主活塞退到缓解位，产生自然缓解。

处理方法：对于节制阀或滑阀漏泄，均须进行研磨修复。

5）制动灵敏度试验时，局减量过大

原因分析：

（1）由于主活塞杆头部过长或递动杆头部过长，致使滑阀移到急制动位时，滑阀下平面的常用制动孔连通滑阀座的制动缸孔开度过小，导致副风缸压力下降速度减慢，滑阀停留急制动位时间加长，所以局减量过大。

（2）由于阀下体或阀体的旁道孔过大，致使制动管压缩空气过多的进入制动缸而造成局减量过大。

处理方法：可通过改短主活塞头部和递动杆头部的尺寸，以及在旁道孔加缩孔的办法来解决。

6）安定试验时起紧急

原因分析：

（1）紧急活塞与其套间隙过小，制动管压缩空气经旁道通路进入紧急活塞上部时由于间隙过小来不及经紧急活塞周围流向制动缸，将紧急活塞压下，顶开紧急阀，产生紧急局减而导致紧急制动。

（2）主活塞杆头部或递动杆头部过短，致使滑阀在常用制动时滑阀下面的常用制动孔连通阀座的制动缸孔开度过小，导致副风缸压力下降速度小于制动管压力下降速度，使主活塞滑阀移到紧急制动位。

（3）递动弹簧衰弱，其结果等于减小了主活塞外移的阻力，以致在安定试验时主活塞容易一直被推倒紧急制动位。

处理方法：对于紧急活塞与套间隙过小的应加以检修，并保证与其套间隙为0.1-0，3mm，主活塞杆头部或递动杆头部过短时以及递动弹簧衰弱时可根据情况加修或更换。

（二）103型分配阀

1.103型分配阀的构造

103型分配阀由主阀、紧急阀和中间体三部分组成。

103主阀由作用部、充气部、减速部、均衡部、局减阀、另急二段阀、空重车调整部等部分组成。

紧急阀是专为改善列车紧急制动性能而独立设置的。动作作用不受主阀部的牵制和影响。紧急阀的功用是在紧急制动减压时，产生强烈的制动管紧急局部减压，加快制动管的排气速度，提高列车制动机紧急制动的灵敏度及可靠性，提高紧急制动波速。

中间体外型呈长方形，外部四个立面分别作为主阀、紧急阀安装座和制动管、压力风缸管、副风缸管、制动缸管的管座，内部为三个独立的空腔经通道与主阀座或紧急阀座相关孔连通。中间体内有三个相互隔开的空腔，分别为紧急室、局减室和容积室。

2.103型分配阀的作用原理

103型分配阀采用两压力控制间接作用方式，除了采用橡胶膜板代替金属活塞环结构以外，还大量采用橡胶夹心阀和各种O型橡胶密封圈来代替金属密封件，在作用部仍保留了滑阀结构，同时还采用了结构比较简单且性能较优越的二级空重车调整装置，适用于载重量比较大的货车。

3.103型分配阀的故障分析与处理

1）主阀部分的故障

（1）压力风缸充气慢

原因：主阀上盖漏泄或滑阀的充气孔阻塞。

分析：应首先在主阀上盖结合部涂肥皂水检查有无漏泄。如有漏泄，可开盖检查过气孔处的密封圈是否漏装，或者密封圈槽过深，都会使压力风缸的压缩空气经此处漏泄，造成压力风缸的充气过慢。

若无上述故障，可检查滑阀上的充气孔是否阻塞，此孔若有油垢阻塞变小，会使压力风缸充气减慢。如滑阀充气孔阻塞，在稳定性试验时，一般会出现制动现象。

(2) 副风缸充气慢

原因：充气活塞顶杆过短。

分析：充气活塞顶杆过短，则充气阀开度过小，会使副风缸充气慢。

(3) 副风缸充气过快

现象：副风缸空气压力上升快于压力风缸。

原因：充气阀座密封圈漏泄；充气膜板变形拱起，充气活塞杆过长，自动将充气阀顶开。这些故障均会造成副风缸空气压力上升不受压力风缸压力控制，而出现副风缸的空气压力上升快于压力风缸。

(4) 压力风缸充气过快

原因：主活塞膜板裂损，主活塞压板与膜板间的密封圈漏装或损坏。

分析：主活塞上方的制动管压缩空气经膜板处直接进入下方，到达压力风缸。此故障一般还会造成不制动等现象。

(5) 充气时作用部排气口漏泄

原因：滑阀与座不密贴，滑阀与座不平、磨耗或有拉痕。滑阀与主活塞组装不当，使滑阀抬起。紧急二段阀上的密封圈漏泄。

分析：若小量漏泄，可能是滑阀与座不平、不密贴。若大量漏泄，是由于滑阀抬起，使制动管的压缩空气经滑阀上的缓解孔排出。或二段阀密封圈漏泄，使制动管压缩空气经二二段阀处进入容积室再由排气口排出。后者在保压位时，排气口停止漏泄，容积室压力继续上升。

(6) 充气时局减室排气口漏泄

原因：滑阀、节制阀与座接触不良。

分析：压力风缸的压缩空气通过不平处漏入局减室孔，进入局减室孔，进入局减室，然后由缩孔Ⅰ排入大气。

(7) 充气时均衡部排气口漏泄

原因：作用阀或作用阀导向杆密封圈漏泄。

分析：副风缸压缩空气经此漏泄处漏向排气口。

(8) 稳定性不良

原因：滑阀充气孔堵塞或稳定弹簧过弱。

分析：滑阀充气孔堵塞会使副风缸向制动管的逆流速度变慢，制动管小量减压也会使主活塞两侧产生压力差，到达一阶段局减或制动位。稳定弹簧过弱也会使主活塞稍有压力差，即产生动作。前者会使压力风缸充气过慢。

(9) 制动灵敏度试验时不制动

原因：主活塞阻力过大，主活塞上下活塞之间的密封圈漏泄或主活塞膜板漏泄。

分析：滑阀弹簧过强或主活塞膜板老化过硬会使主活塞阻力过大，制动管减压时，由于阻力过大，主活塞及滑阀不易达到制动位。此故障的特点是制动管与压力风缸有压力差，但容积风缸与制动缸压力表却无压力显示。主活塞上下活塞之间的密封圈漏泄或主活塞膜板漏泄，会使制动管减压时压力风缸压缩空气经此向制动管逆流，不能使主活塞两侧产生压力差。此故障的特点是压力风缸尾随制动管压力下降，局减室排气口无排气声。

（10）保压时容积室压力继续上升

原因：节制阀漏泄，二段阀上方密封圈漏泄。

分析：滑阀室压缩空气经节制阀漏泄处漏向容积室，或制动管的压缩空气经二段阀密封圈漏泄处进入容积室。

（11）局减阀试验时局减阀作用不良

现象：局减关闭压力大于70kpa，或关闭压力小于50kpa。

原因：局减阀弹簧过硬、过软，或局减阀盖大气孔堵塞。

分析：局减阀弹簧过硬或局减阀盖大气孔堵塞，导致制动缸压力达到70kpa时不能关闭局减阀。局减阀弹簧过软导致制动缸压力不到50kpa就将局减阀关闭。

（12）保压时自然缓解

原因：充气止回阀漏泄，主阀上盖压力风缸过气孔密封圈漏泄，节制阀或滑阀漏泄，二段阀或均衡部下盖漏泄。

分析：

①充气止回阀漏泄会造成副风缸压缩空气漏向主活塞上侧，将主活塞由保压位推向缓解位。

②主阀上盖压力风缸过气孔密封圈漏泄，导致压力风缸压缩空气经此处漏泄，主活塞下侧空气压力下降，保压不住自然缓解。此时可用肥皂水检查主阀上盖结合处来判断。

③节制阀或滑阀漏泄，导致滑阀室压缩空气因漏泄而下降，主活塞下移到缓解位。节制阀漏泄，是压力风缸压缩空气进入容积室。滑阀漏泄一般漏向排气口。

④二段阀或均衡部下盖漏泄会造成容积室压力下降，而使分配阀出现自然缓解。

（13）均衡灵敏度低

现象：当向容积室慢充气时，容积室压力超过15kpa，制动缸排气口方才排气。

原因：是由于作用活塞膜板老化或过厚，或作用活塞杆密封圈过紧等原因造成的。

（14）灵敏度试验时缓解慢

原因：主活塞阻力过大，主活塞上下之间的密封圈或膜板漏泄，局减阀密封圈漏。

分析：

①主活塞阻力过大，当制动管慢充气时，主活塞及滑阀不易移到缓解位。此故障的特点是制动管与压力风缸的压力表指针偏差较大。

②主活塞上下之间的密封圈或膜板漏泄，制动管慢充气时，制动管压缩空气经漏泄处进入主活塞下侧，使主活塞上下两侧的压力差过小，不易将主活塞推到缓解位。此故障的特点是压力风缸尾随制动管的压力上升。

③局减阀密封圈漏。制动管慢充气时，制动管压缩空气经漏泄处进入制动缸，使制动管不易增压。此故障的特点是充气时，制动管的压力不上升。

(15) 不缓解

原因：作用阀脱胶，作用活塞上部缩孔I堵死，作用活塞上膜板穿孔，主活塞膜板穿孔。

分析：

①作用阀脱胶，脱开的脱皮捂住作用活塞杆口，因此制动缸的压缩空气不能排入大气。

②作用活塞上部缩孔I堵死，当作用活塞下方的容积室压缩空气排出后，由于缩孔I堵死，导致作用活塞上方无空气压力，不能使作用活塞及时下落而缓解。此故障的特点是作用部排气口排气，而均衡排气口不排气。

③作用活塞上膜板穿孔，作用活塞下方的压缩空气排出时，上方的压缩空气也经膜板穿孔处排出，使作用活塞两侧不能形成压力差。但制动缸的压缩空气可以经缩孔I由作用膜板下方排出。此故障的特点是作用部排气口排气，而均衡部排气口不排气，且制动缸压力下降很慢。

④主活塞膜板穿孔，导致主活塞不能移到缓解位。此故障的特点是两个排气口都不排气。

(16) 紧急二段阀作用不良

原因：紧急二段阀弹簧过强或上方密封圈阻力过大，紧急二段阀限制孔堵塞。

分析：紧急二段阀弹簧过强或上方密封圈阻力过大，使第一阶段制动缸空气压力上升偏高。紧急二段阀限制孔堵塞，使第二阶段制动缸空气压力上升过慢。

(17) 空车压力偏高或偏低

空车位时的制动缸压力要求为180-210kpa。

原因：偏高是因为拉杆间隙过大；偏低是因为拉杆间隙过小。

处理方法：可通过调整拉杆下端的螺帽来解决此故障。

2) 紧急阀部分的故障

（1）充气时紧急室充气过慢

原因：紧急阀上盖漏泄或限孔、Ⅳ阻塞。

分析：应先在紧急阀上盖结合处涂肥皂水检查有无漏泄。如有漏泄，可开盖检查过气孔密封圈是否良好。如果密封圈良好，可考虑为Ⅰ或Ⅳ阻塞。如限孔Ⅰ阻塞，则安定性不良。

（2）充气时紧急室充气过快

原因：紧急活塞顶部密封圈漏泄、紧急活塞与紧急活塞压板之间的密封圈漏泄或限孔Ⅳ过大。

分析：制动管压缩空气经上述故障处快速进入紧急室，造成紧急室充气过快。

（3）充气时排风口漏气

原因：放风阀与阀座之间有杂物、阀口油垢堆积、放风阀组装不良，或放风阀导向杆密封圈漏泄或导向杆卡住。

分析：以上故障均能造成制动管压缩空气经排风口排出。

（4）紧急制动灵敏度试验时灵敏度差

原因：紧急活塞膜板穿孔，上下活塞之间的密封圈松动，安定弹簧过强或导向杆卡住，或缩孔Ⅰ过大。

分析：

①紧急活塞膜板穿孔，上下活塞之间的密封圈松动，使紧急室压缩空气从故障处向制动管逆流，紧急活塞两侧建立不起来压力差，也就不能引起紧急排风作用。

②安定弹簧过强或导向杆卡住，紧急活塞两侧的压力差克服不了运动阻力，因此紧急活塞不能下降，也就不能引起紧急排风作用。

③缩孔Ⅱ过大，使紧急室向制动管逆流的通路变大，紧急活塞两侧不能形成更大的压力差打开放风阀，不能引起紧急排风作用

（5）安定性不良

原因：安定弹簧过弱或限孔Ⅰ阻塞。

分析：

①安定弹簧过弱会使阻力过小，制动管常用制动减压时，紧急活塞两侧稍有压力差就下移打开放风阀。

②限孔Ⅰ阻塞会使紧急室向制动管逆流的通路变小，紧急室向制动管逆流的速度小于制动管的常用减压量，使紧急活塞两侧产生压力差。引起紧急排风作用。

（三）120型控制阀

1.120型空气控制阀的构造

120型空气控制阀由主阀、半自动缓解阀、紧急阀、中间体四部分组成。

主阀由作用部、减速部、局减阀、加速缓解阀和紧急二段阀五部分组成。

半自动缓解阀其功用是利用入工拉动缓解阀拉杆，主阀排气口开始排气或缓解活塞下方排气口开始排气，松开拉手，制动缸压缩空气会自动地排完，实现制动机缓解。也可一直拉动拉杆，将制动系统（包括制动缸、副风缸、加速缓解风缸、制动管）的压缩空气全部排出。加速缓解阀由手柄部和活塞部两部分组成。

紧急阀其功用是在施行制动管紧急减压时，产生动作使制动管紧急排气，进一步加快制动管减压速度。

中间体外部四个立面分别作为主阀、紧急阀安装座和制动管、加速缓解风缸管、副风缸管和制动缸管的安装座。中间体内靠紧急阀安装座侧的上部为容积1.5L的紧急室，下部为容积0.6L的局减室。

2.120型控制阀的作用原理

120型空气控制阀采用二压力机构，直接作用方式。

3.120型控制阀的故障分析与处理

1）漏泄试验中常见故障的判断与分析

（1）充气缓解位漏泄试验时，主阀排气口漏泄量过大。

120型控制阀在充气缓解位时，制动管、副风缸、加速缓解风缸都有压缩空气，而制动缸压缩空气是经过紧急二段阀、半自动缓解阀、滑阀、加速缓解阀排向大气的。因此当制动缸压力排至0后，主阀排气口仍有漏泄，必定是制动管或副风缸或加速缓解风缸通路与制动缸缓解通路之间有漏泄。

①紧急二段阀上套的O形密封圈不良，制动管压缩空气经此窜入制动缸缓解通路，从主阀排气口排入大气。

②半自动缓解阀与主阀连接面之间的橡胶垫装反，或有漏泄，使副风缸或加速缓解风缸与缓解阀活塞部的制动缸通路相通。

③滑阀与滑阀座研磨不良，或被异物划伤，或组装别劲，造成压缩空气窜入缓解联络槽，经制动缸缓解通路从主阀排气口排出。或者压缩空气窜入第二阶段局减通路，经制动缸缓解通路排入大气。

④加速缓解阀套或加速缓解阀顶杆的O形密封圈不良，或加速缓解阀顶杆装反，使顶杆上的O型密封圈不起作用，造成制动管压缩空气经加速缓解阀部加速活塞的一侧从主阀排气口通向大气。

（2）充气缓解位漏泄试验时，局减排气口漏泄过大。

①节制阀与滑阀顶面研磨不良或有拉伤，导致副风缸或制动管压缩空气经第一阶段局减通路，从局减排气口通入大气。

②滑阀研磨不良，或被异物拉伤，导致副风缸或制动管压缩空气经滑阀座上

的局减室孔进入局减室，从局减室排气口排向大气。

③主阀体或滑阀套漏泄。

（3）紧急制动漏泄试验时，主阀排气口漏泄。

紧急制动位时，主阀排气通路是从滑阀座经加速缓解阀通大气的，因此如产生漏泄也主要在此通路上，如充气位漏泄试验以通过检查，说明加速缓解阀不会向大气产生漏泄，其漏泄应集中在滑阀部分。

①滑阀与滑阀座研磨不良或被异物拉伤，造成压缩空气窜入主阀排气通路。

②滑阀套或主阀体漏泄。

（4）紧急制动位漏泄试验时，制动管压力上升，10s内上升超过15kpa。

①滑阀与滑阀座研磨不良或被异物拉伤，造成压缩空气向制动管充气用孔或制动管局减用孔向制动管漏泄。

②节制阀与滑阀顶面研磨不良或被异物拉伤，副风缸压缩空气经局减用孔向制动缸漏泄。

③紧急二段阀上套O形密封圈不良，使制动缸压缩空气向制动管漏泄。

④局减阀套或O形密封圈不良，使制动缸压缩空气向制动管漏泄。

⑤加速缓解阀套上O形密封圈损伤，或阀体与加速缓解阀套的接触面划伤或有缺损，造成O形密封圈密封不良，或加速缓解阀内的夹心阀与阀座接触不良，这些都将使加速缓解风缸的压缩空气向制动管逆流。

⑥当主阀膜板有气孔，主阀上、下活塞有变形或砂眼，主阀上、下活塞间的O型密封圈有损伤，主活塞杆有气孔，主活塞的紧固螺母松动时，都将导致副风缸的压缩空气向制动管逆流。

⑦滑阀套或主阀体漏泄。

（5）紧急制动时，局减阀盖上的小孔有压缩空气漏出。制动位时，局减活塞两侧，一侧为制动缸压缩空气，另一侧为大气。局减阀盖上的小孔处有压缩空气漏出，表明局减阀活塞处有漏泄。

①局减膜板紧固螺母松动。

②局减膜板有气孔。

（6）制动位时，用肥皂水检查半自动缓解阀排气口及下拉杆处有气泡产生。

半自动缓解阀排风口漏泄主要是因为：排气阀与下阀座密封不良或垫有异物；下阀座上的O型密封圈损伤或漏装。

①半自动缓解阀手柄处的夹心阀与阀座密封不良或垫有异物。

②阀座与阀体之间密封不良。

③半自动缓解活塞杆O型密封圈不良或活塞杆套与半自动缓解阀体间有漏泄，使制动缸压缩空气经密封不良处通过半自动缓解阀活塞部与手柄部之间的暗道进

入手柄部。

（7）保压位时，当截断制动缸容积风缸后，制动缸压力上升，10s内超过10kpa。

120型控制阀保压位与常用制动位和紧急制动位的各通路不同之处仅仅在于节制阀的位置变化。而常用制动通路与紧急制动位时完全一样。因此，如果紧急制动位漏泄试验已经合格，那么保压位漏泄试验不合格的主要部位在节制阀，其原因是节制阀与滑阀的顶面研磨不良或有划伤，副风缸压缩空气经滑阀顶面的制动缸孔进入制动缸，使制动缸的压力上升。

2）主阀各项性能及通量试验时的故障判断与分析

以下的故障分析与判断是建立在主阀三个作用位漏泄试验全部合格的基础上的。

（1）副风缸充气过慢

副风缸充气是由制动管压缩空气经滑阀座和滑阀上的充气孔路充入的，所以滑阀座及滑阀上的孔路被堵塞会直接造成副风缸充（过慢。另外，把配套254mm直径的制动管充气缩堵错装在配套356mm直径的主阀上也会造成副风缸充气过慢。

（2）副风缸充气过快

①滑阀充气限孔偏大。

②与254mm直径制动缸配套的120阀的制动管充气缩堵偏大、漏装或未拧紧。

③加速缓解风缸充气孔被异物堵塞，也会造成副风缸充气变快。

（3）加速缓解风缸充气过慢

加速缓解风缸的充气是由作用部滑阀室内的副风缸压缩空气经滑阀顶面的加速缓解风缸充气孔和滑阀座上的加速缓解风缸孔充入的。

①滑阀上的加速缓解风缸充气孔被堵。

②主阀体上的加速缓解风缸充气通路被堵塞。

（4）加速缓解风缸充气过快

①滑阀上的加速缓解风缸充气孔过大。

②加速缓解阀中的止回阀与阀座不密贴，或漏装，导致制动管压缩空气经此处向加速缓解风缸充气。在试验台上可以看到加速缓解风缸压力上升速度高于副风缸升压速度。

（5）制动灵敏度差

是指制动管常用减压20kpa前不发生局减作用，减压40kpa前不发生制动作用。

①充气孔尺寸过大或因为漏泄原因造成主活塞两侧不易形成压力差。

②第一阶段局减通路被堵。

③滑阀与滑阀座、主活塞杆与铜套之间以及滑阀弹簧销与铜套之间发生别劲，造成主活塞上移时的阻力过大。

（6）自然缓解

是指制动管减压40kpa后保压不到1min控制阀就自动缓解。其主要原因是各种漏泄造成的。

（7）缓解不良

是指在试验台上，从制动管慢充风开始到主阀排气口开始排气的时间超过15s。

①滑阀中的逆流孔（眼泪孔）过大。

②制动管通路堵塞。

③主活塞漏泄。

（8）局减阀开放、关闭压力不符合要求

①局减阀弹簧不合格。

②局减阀杆上的O形密封圈压量过大，造成阻力过大。

（9）稳定性不良

①充气孔过小，或被异物堵塞，这种原因还会造成充气过慢。

②稳定弹簧过弱，甚至折损，或主活塞膜板老化。

（10）紧急二段阀跃升压力不符合要求

①紧急二段阀弹簧过硬。

②紧急二段阀杆上的O型密封圈压量过大，使紧急二段阀杆上升时阻力过大。

（11）紧急制动时，制动缸压力上升时间不符合要求如制动缸压力跃升已符合要求，是因为：

①紧急二段阀杆上的限孔（与254mm直径制动缸配套的是缩孔堵）尺寸不符合要求。

②紧急二段阀杆下部O型密封圈与套之间的密封不良。

（12）制动缸压力从350kpa降至40kpa的时间不符合要求

①主阀盖内面上的缓解限孔（或缩孔堵）尺寸不符合要求。

②缓解通路被异物堵塞。

（13）加速缓解阀无加速缓解作用或作用微弱

①加速缓解阀的止回阀四爪没有磨均匀，组装不正位或因异物阻挡，将影响加速缓解风缸的压缩空气进入制动管，造成无加速缓解作用或作用微弱。

②加速缓解风缸气路系统有一处被异物堵死或局部阻塞，也会造成无加速缓解作用或作用微弱。

③加速缓解阀弹簧过强或加速缓解阀顶杆O形密封圈太紧或者主阀前盖排气孔缩孔堵的孔径偏大，都会造成打开加速缓解阀（夹心阀）的阻力增大，使加速缓解阀的夹心阀无法打开或打开通路过小。

④加速缓解阀中的顶杆装反，当作用部缓解时，虽然制动缸压缩空气能推动加速缓解阀顶杆，打开夹心阀，但由于顶杆O形密封圈压向内侧超过最大行程，失去密封作用，于是加速缓解风缸和制动管的压缩空气就经此处进入制动缸缓解通路从主阀排气口排向大气，主阀排气口一直排气不止。

（14）逆流孔（眼泪孔）作用试验时，副风缸压力不随制动管压力一起下降

①逆流孔被异物堵塞，导致副风缸压力不随制动管压力一起下降。

②半自动缓解阀与主阀连接面密封不良，加速缓解风缸压缩空气向副风缸漏泄，导致副风缸压缩空气不易下降。

3）半自动缓解阀常见故障与分析

（1）通量试验时，制动管快速减压，制动缸压力由0升至350kpa的时间大于4s。

通量试验的目的就是检验制动通路是否通畅，不合格应检查制动通路是否被异物、油垢等堵塞。

（2）紧急制动后拉半自动缓解阀手柄至全开位，从副风缸压力开始下降到制动缸开始缓解的时间超过3s，甚至制动缸根本不缓解。

①半自动缓解阀手柄部至半自动缓解活塞下腔的通路不通或被异物阻塞而不通畅。

②半自动缓解活塞杆上方颈部与半自动缓解阀套通手柄部的小孔未对准，导致拉半自动缓解阀时副风缸压缩空气至半自动缓解活塞下腔的通路不畅通。

③没有安装顶杆，拉手柄时，止回阀打不开。

（3）紧急制动后，拉半自动缓解阀手柄，半自动缓解上盖通气口漏泄。

①半自动缓解活塞杆上的螺母未上紧。

②半自动缓解活塞及活塞压板间的O形密封圈损伤。

③半自动缓解膜板有穿孔。

以上原因均会使半自动缓解活塞下腔的副风缸压缩空气经半自动缓解阀上盖通气孔进入大气，造成漏泄。

（4）紧急制动后，拉半自动缓解阀手柄，排尽制动缸压缩空气后，用肥皂水检查半自动缓解阀排风口，漏泄超过要求。

①排气阀上表面缺损或变形，上阀座有污垢或损伤，导致排气阀与上阀座密封不良。

②上阀座与阀体密封不良，产生漏泄。

（5）紧急制动后，半自动缓解阀手把拉到最大位，副风缸压力由450kpa降至200kpa的时间大于20s。

①半自动缓解阀手柄部顶杆座的排气孔被异物堵塞，造成排气不通畅。

②半自动缓解阀手柄或阀体铸造不良，阻碍半自动缓解阀手柄移至最大位置。

（6）半自动缓解阀解锁压力过高。

半自动缓解阀弹簧过硬，组装负荷过大，造成半自动缓解阀过早复位。

（7）半自动缓解阀不复位。

①半自动缓解阀活塞杆与上阀座不垂直，产生别劲或半自动缓解阀弹簧太弱，或活塞杆上的O形密封圈压量过大，产生过大的阻力，导致半自动缓解阀弹簧不能推动活塞杆下移复位。

②半自动缓解阀活塞杆套上的两个通制动上游的小孔被异物堵塞，使半自动缓解活塞下腔的压缩空气不能排出，因此造成半自动缓解活塞不复位。

4）紧急阀常见故障判断与分析

（1）紧急室充气快

①膜板穿孔或膜板未入槽，或紧急上、下活塞有气孔，或形密封圈损伤，或活塞杆上的紧固螺母未拧紧。

②紧急活塞杆上端面异型密封圈损伤或漏装，或上盖与异密封圈接触面太粗糙，导致异型密封圈密封不良。

③紧急室充气限孔Ⅳ的孔径太大。

（2）紧急室充气慢

①紧急室充气限孔Ⅳ被异物堵塞。

②紧急活塞杆内的滤尘套被异物或油垢堵塞。

③紧急阀上盖有漏泄。

（3）紧急阀排气口漏泄

①放风阀与阀座密封不良，如阀面有异物，阀口不平或持伤。

②放风阀座与阀体压装时拉伤，使阀座与阀体之间产生漏泄。

③先导阀顶杆内O形密封圈与放风阀轴向内孔密封不良，可能是因为：先导阀顶杆O形密封圈槽加工尺寸超公差；放风阀轴向内孔拉伤或尺寸不符合要求；O形密封圈损伤。

④先导阀与位于放风阀导向杆内的先导阀座密封不良，如阀面有异物、阀面不平或阀座损伤。

⑤放风阀导向杆O形密封圈损伤或放风阀盖内套拉伤而产生漏泄。

⑥紧急阀体内壁有砂眼或放风阀导向套压装时拉伤造成漏泄。

（4）紧急灵敏度差

①紧急阀上益漏泄或紧急活塞漏泄。

②紧急活塞杆中的限孔Ⅲ过大，使紧急活塞两侧难以形成必要的动作压差，因而紧急活塞无法下移推动先导阀顶杆。

③安定弹簧过硬，紧急活塞两侧的动作压力差虽然形成，但因安定弹簧过硬，紧急活塞不易下移。

④先导阀顶杆别劲，顶杆内O形密封圈压量过大或放风轴向内孔有拉伤或橡胶未清除干净，导致先导阀顶杆运动阻力过大。

⑤放风阀导向杆拉伤或被异物卡住，使放风阀不易开启。

(5) 紧急制动后

紧急室压缩空气已排尽，当制动管充气时，紧急阀排气口大漏。

排气口大漏有三种可能：首先是先导阀顶杆可能没有复位；另一种可能是放风阀未复位；第三种可能是放风阀盖内腔没有充入压缩空气或充的很慢，导致制动管充气时，排气口大漏。

①先导阀杆与放风阀内孔的配合阻力太大，使先导阀弹簧不能推动先导阀上移至关闭位。阻力大的主要原因是由于放风阀内孔划伤，橡胶未彻底清除或顶杆的O形密封圈压量过大造成的。

②放风阀导向套划伤，放风阀导向杆别劲，放风阀杆的O形密封圈压量过大，使放风阀弹簧无法克服阻力使放风阀复位。

③紧急阀体下盖上的充气缩孔堵Ⅳ堵塞，使制动管压缩空气无法畅快的进入放风阀导向杆下腔，不能协助放风阀弹簧及时关闭放风阀。

(6) 紧急室排气时间不合格

①紧急室排气时间过长，主要原因是：紧急活塞杆上的径向限孔Ⅴ过小或被异物堵塞。

②紧急室排气时间过短，主要原因是：紧急活塞杆上的径向限孔Ⅴ过大或活塞杆端面与放风阀面接触不严或紧急活塞有漏泄造成的。

(7) 安定性不良

①紧急活塞杆轴向限孔Ⅱ过小或被异物堵塞。制动管常用制动减压时，紧急室的压缩空气经活塞杆轴向限孔想制动管逆流，但如果限孔过小或堵塞，紧急室压力将不能跟随制动管压力同步下降，从而在紧急活塞两侧形成较大的压力差，使紧急活塞下移，产生意外紧急制动作用。

②安定弹簧过弱。当紧急活塞两侧有很小的压力差时就有可能下移产生紧急制动作用。

第三节　人力制动机及基础制动装置

一、货车人力制动机

用途：用人力转动手轮或手把或脚踏踏板，带动基础制动装置，使闸瓦压紧车轮产生制动力。

安装与种类现在我国的车辆，除了极个别的特种车辆无法安装者外，都规定必须安装人力制动机，一般安装在车辆一位车端（在个别车辆中，也有两端都安装手制动机的）。目前我国货车上采用的人力制动机种类有：链条式、棘轮式、螺旋式、FSW型、旋转卧式、NSW型手制动机和脚踏式制动机等。

（一）链条式手制动机

1. 手制动轴的构造不同

可分为固定轴式和折叠轴式两种。

2. 安装与构造固定

轴链条式手制动机多使用在敞车、栅车、罐车等型式的车辆上，我国现行的大部分货车都采用这种手制动机。折叠轴链条式手制动机一般使用在装有活动端墙或端开门的货车上，如平车、砂石车等。链条式手制动机主要由手制动手轮、手制动轴导架、手制动轴、棘轮、棘子锤、棘子、棘子托、踏板、手制动踏板托、手制动轴托、手制动轴链、链条滑轮、手制动拉杆托、手制动拉杆等组成。

3. 作用过程制动

先将棘子锤压在棘子的外端，使棘子的内端棘舌卡在棘轮上，以防止手制动轴逆转。然后顺时针方向转动手轮，手制动轴随着转动，手制动轴链便卷在手制动轴上，拉动手制动拉杆，从而带动基础制动装置移动，使闸瓦压紧车轮产生制动作用。缓解时，将棘子锤翻置，使棘子内端棘舌离开棘轮，则手制动轴依靠手制动轴链的反拨力逆转（通常要靠人力反向转手轮），恢复到缓解位置。基础制动装置也在制动梁的自重作用下，使闸瓦离开车轮，制动装置处于缓解状态。

（二）棘轮式手制动机

棘轮式手制动机只用在极少数的货车上，通常安装在车辆的端部。制动时上、下扳动制动手把，制动手把的尖端（棘子）拨动棘轮，棘轮轴随着转动，手制动链缠绕在棘轮轴上，拉动基础制动装置动作，使车辆产生制动作用。缓解时，扳动缓解手把，使棘子离开棘轮，棘轮轴依靠手制动链的反拨力自然逆转，松开手制动链起缓解作用。

（三）FSW 型手制动机

FSW 型手制动机是近几年研制的新型货车制动机，目前装在 C63A 型敞车和部分厂矿企业自备车上。FSW 型手制动机由手轮、主动轴、手柄、底座、箱壳等组成。箱壳上压有产品型号、制造厂代号、"制动"和"缓解"等永久标记。手柄为铸钢件，铸有"快速缓解"标记。

FSW 型手制动机具有制动、阶段缓解和快速缓解等三种功能，并具有省力，操作简便，一手扶托，单手操作，安全性好的优点。

（四）NSW 手制动机

NSW 型手制动机是借鉴 FSW 型手制动机技术于 2000 年研制的，适用于各种铁路货车（尤其是适合在平车和集装箱车上），供停车或调车使用。

1.主要结构原理

NSW 型手制动机主要包括手轮、箱壳、底座、棘轮、大齿轮、小齿轮、离合器、链条等零部件，其中小齿轮、键轮采用模锻方法制作，大齿轮、棘轮等零件采用精铸方法制作。

2.作用原理

NSW 型手制动机具有制动、缓解、调力制动和锁闭功能。手柄位于标记"常用"位置，顺时针方向旋转手轮。带动主动轴上的键轮转动，通过离合器将转动传递到小齿轮，再带动天齿轮转动，可以实现制动的目的。此时，反时针方向旋转手轮约 30°，即可带动离合器轴向运动，通过离合器将主动轴与小齿轮的传动断开，从而达到缓解的目的。手轮放在标记"调力"位置，此时，手制动机内部的棘舌不起作用，顺时针方向旋转手轮，带动主动轴上的键轮转动，通过离合器将转动传递到小齿轮上，小齿轮带动大齿轮转动可实现制动的目的，根据需要，通过手轮的反时针转动可随意减少制动力，顺时针，转动手轮可随之增加制动力，从而实现调力制动，但要注意在调力过程，手不要离开手轮，以防手一旦离开而造成彻底缓解。当车辆停稳后，手柄拨至"常用"位置，上紧制动力可以防溜。

为了防止车辆停放后意外溜走，手制动机设有三角锁，通过专用三角钥匙顺时针方向转动手制动机箱壳上的锁舌，使锁闭凸轮推动锁臂逆时针方向转动，从而限制离合器的轴向运动，达到锁闭的目的，锁闭后，缓解功能失效，具有锁车功能。要想开锁，需通过三角钥匙逆时针方向转动手制动机箱壳上的锁舌，锁臂在弹簧作用下顺时针方向转动，使离合器的轴向运动仅通过手轮旋转来控制，达到开锁的目的。

（五）旋转卧式链条手制动机

旋转卧式链条手制动机目前用于 X6A、X6B、X1K、NX17A、D10 等型车上。

此种手制动机主要由转动支架座和转动支架及手制动机构等组成。转动支架可在转动支架座上旋转。转动支架座铆装在一位端梁外侧。手制动轴插入转动支架的两突缘孔内,手制动防缓装置与转动支架以及手制动轴、手制动轮等组成一体。

(六) 脚踏式制动机

脚踏式制动机有制动保压、快速缓解、阶段制动、阶段制动转保压阶段、制动转入快速缓解等功能。

1.制动保压—将控制杆置于左位(制动位),止动棘爪将阻止绕链棘轮倒转。不断踏动脚蹬,通过脚踏杠杆,拉杆使绕链棘爪嵌入绕链棘轮棘齿带动绕链棘轮转动,拉紧制动链,使车辆进入制动状态。

2.快速缓解—左脚脱离脚蹬,将控制杆用力置于右位(缓解位)则止动棘爪脱离绕链棘轮,该轮在已经拉紧的制动链作用下,迅速倒转,实现快速缓解。

3.阶段制动—当制动力达到一定程度,需调节制动力时,制动员左脚将脚蹬踏住,此时绕链棘爪作用于棘轮,而止动棘爪与棘轮不受力的作用,再以右脚跟为轴用脚尖可轻易地将控制杆拨向右位(缓解位)因制动链已产生一定拉力,所以此时绕链棘爪不会脱离绕链棘轮,这时上抬左脚使绕链棘轮倒转,制动力减少。如左脚下踏、绕链轮正转,制动力增大。从而实现阶段制动功能。

4.阶段制动转入制动保压位—用右脚将控制杆置于左位(制动位)再用左脚踏动脚蹬,则制动机进入制动保压位。

5.阶段制动转入快速缓解位—由阶段制动进入制动保压位,然后再进入快速缓解位。

二、货车基础制动装置

基础制动装置是最终产生制动作用的装置,它与空气制动机及手制动机相连形成整套车辆制动机,它是由制动缸活塞杆至闸瓦或闸片间所包含的一整套杠杆拉杆、制动梁、闸瓦或闸片所组成的力的传动装置。

三、基础制动装置主要部件

(一) 制动缸活塞推杆

1.用途用于推动制动缸杠杆并便于手制动机的使用。

2.构造制动缸活塞杆和推杆是介于空气制动机和基础制动装置之间的配件。货车用制动缸活塞杆是由钢管制成的中空筒形圆杆,用铆钉铆固在制动缸活塞座上，中间插入推杆，两者没有固定结合装置。

（二）杠杆

1. 用途 用于传递和扩大制动力。

2. 种类与构造 货车所采用的各种杠杆，根据安装部位和作用的不同，其名称也不相同，如制动缸前杠杆、制动缸后杠杆、移动杠杆、固定杠杆等。但从形式上来看，主要有下列两种：杠杆有四个圆销孔的，多用于制动缸前杠杆；杠杆有三个圆销孔，多用于移动杠杆、固定杠杆、制动缸后杠杆等。各种杠杆的形状大体相同。杠杆中部因受力较大，故其断面尺寸较大，两端稍窄，构成鱼腹形。

（三）制动梁

1. 用途 用于在制动时承受制动机各杠杆扩大后的负荷，将闸瓦压紧车轮。

2. 种类 目前在货车上使用的主型制动梁有滚轴滑槽式制动梁、滚轴防脱式制动梁和组合式制动梁等。

3. 构造

（1）滚轴滑槽式制动梁

滚轴滑槽式制动梁由槽形钢、弓形杆、支柱、闸瓦托、下拉杆安全吊、安全链等组成。滑槽式制动梁在闸瓦托上设有端轴，而在转向架的侧架上设有滑槽，将端轴置于滑槽内，以代替闸瓦托吊的作用。滚轴式滑槽制动梁分为圆钢弓形杆和槽钢弓形杆两种。

（2）滚轴防脱式制动梁

滚轴防脱式制动梁的结构其特点如下：

①滚轴直径加大至40mm；材质改为Q275，具有强度大、可焊性好的优点。

②在闸瓦托上铸有防脱翼板，一旦制动梁滚轴折断或由滑槽中脱出时，止防脱翼板落在侧架的滑槽上挡上面，不致下垂而起到防护作用。

③制动梁安全链链环直径加大至12mm，并将原整体链条改为上、下两组链条，以链蹄环和螺栓连接，从而提高了安全链的强度和调整安全链松余量焊接问题。

（3）组合式制动梁

组合式制动梁有转K3型、L-A型、L--B型和L-C型等。

①转K3型转向架制动梁

转K3型转向架制动梁由圆钢制动梁架、圆钢弓形杆、制动梁支柱、闸瓦托（高摩合成闸瓦专用）及制动梁端头组成。

4. 左右制动梁判别

我国货车制动梁，除少数车型外，制动梁支柱都制成40°倾斜的。因此同一转向架的二根制动梁分为左右两种形式，不能换位使用。其区别的方法是，入站于制动梁背部顺手插入斜口，左手能顺插者为左制动梁，右手能顺插者为右制动梁。

（四）闸瓦

1. 用途用于在制动时直接与车轮摩擦，产生摩擦力。

2. 种类与构造车辆使用的闸瓦可分为两大类：铸铁闸瓦和合成闸瓦。在铸铁闸瓦中又可分为灰铸铁闸瓦、中磷铸铁闸瓦和高磷铸铁闸瓦。在合成闸瓦中，按其基本成分，可分为合成树脂闸瓦和石棉橡胶闸瓦；按其摩擦因数高低，又可分为高摩擦因数合成闸瓦和低摩擦因数合成闸瓦。为防止高摩合成闸瓦与铸铁闸瓦误差，故在其闸瓦托和闸瓦的外侧端部在结构上所不同。

四、ST型双向闸瓦间隙自动调整器（简称闸调器）

（一）概述

1. 调整制动缸活塞行程的理由

（1）车辆经过长时间的运用，由于磨耗，使闸瓦间隙增大。

（2）若闸瓦间隙过大，则在制动时要使制动缸活塞行程变长，从而使制动缸压力降低，因制动力不足而延长制动距离，使列车的行车安全得不到保证。

（3）闸瓦磨耗到限时要更换新闸瓦，使闸瓦间隙减小，从而使制动活塞行程变短，若制动缸活塞行程过小，则在制动时就可能由于闸瓦压力过大而使闸瓦抱死车轮，车轮就会在钢轨上滑行而擦伤车轮踏面，同样也会延长制动距离。

（4）若同一列车中的各车辆制动缸活塞行程大小相差过大，则不但会使各车辆的制动力相差过大，而且会引起各车辆的制动与缓解时间的不一致，从而增大列车的纵向冲动。

因此要对制动缸活塞行程规定一个范围，若超限则必须进行调整。

2. ST型闸调器的种类与结构特点

（1）ST型闸调器的种类根据螺杆工作长度的不同分为ST1-600型和ST2-250型。

（2）结构特点采用四头梯形非自锁螺纹、双向调整结构。

3. 安装位置与组成

闸调器由本体部分和控制部分组成，本体部分作为一位上拉杆或连接拉杆的一部分，其长度可根据需要自动伸缩。

（二）闸调器的构造

闸调器本体部分是由外体部分、引导部分、调整部分、压紧部分、主弹簧部分及拉杆和螺杆等组成。

1. 外体部分外体部分用于安装其他零件及起密封作用。

2. 引导部分引导部分用于引导调整螺母的旋转方向与相对螺杆的移动量。

3. 调整部分调整部分用途是利用调整螺母的转动来使螺杆伸长或缩短，从而调整闸瓦间隙。

4. 压紧部分压紧部分用于在受力后使弹簧变形、间隙转移、离合关系转变，为调整螺母的转动作准备。

5. 主弹簧部分 主弹簧部分用于在受力后使弹簧变形、间腺转移、离合关系转变，为调整螺母的转动作准备。

6. 螺杆及拉杆螺杆与拉杆。

7. 闸调器本体部分的构造除上述部分组成外，主要是靠"一、二、三、四、五"点来作用的。

（1）"一"是指一根螺杆，螺杆伸缩可改变闸瓦间隙。

（2）"二"是指二只螺母，其中调整螺母旋转可使螺杆伸缩。

（3）"三"是指三个间隙，间隙转移可改变离合器的离合关系。

（4）"四"是指四个弹簧，弹簧受力后伸缩可使间隙转移。

（5）"五"是指五个离合器，离合器的离合关系转变可使螺母在弹簧的推动下旋转。

（三）闸调器的常见故障及处理

1. 闸调器外体的紧固螺钉外体调整把手丢失。处理：添补。

2. 作用性能试验时，螺杆不伸长或不缩短。处理：更换匣调器。

3. 螺杆、护管、拉杆头弯曲、变形、裂损。处理：更换闸调器。

4. 控制杠杆、控制杆、调整螺杆、连结杆等。处理：分解检修或更换配件。

5. 连接圆销头部裂纹、变形或直径磨耗超过3毫米。处理：更换圆销。

6. 开口销折损。处理：更换开口销。

五、基础制动装置及人力制动机故障及处理

通过外观检查或作用试验，即可发现基础制动装置及人力制动机的故障，采用相应方法进行处理。

（一）基础制动装置故障及处理

基础制动装置的各杠杆、拉杆弯曲、变形。处理：调修。

杠杆、拉杆的圆销孔磨耗过限（一般超过3毫米）。处理时，段修时拆下原磨耗套，重新镶套；站修时，更换杠杆、拉杆；列检所可关闭截断塞门或扣车入站修线修理。

杠杆、拉杆抗托、复位困难。处理：调整托架并在磨擦部涂润滑油。

各圆销头部裂纹、折损、丢失，更换处理。开口销丢失，补装；未劈或劈开角度不符合60~70°，重劈。

制动梁安全链脱落，重新紧固；链环裂纹，焊修。安全吊脱落、松动、丢失，添补。

缓解阀拉杆曲手、吊架处开焊，焊修；缓解阀拉杆开口销孔磨耗过限，更换缓解阀拉杆；缓解阀拉杆开口销丢失或折断，更换为φ5mm开口销，并须由下向上穿入，劈开角度为60~70°。

制动缸、副风伽、工作风缸、降压（室、加速缓解风缸吊架螺母松动，紧固处理。制动阀、空车安全阀防盗罩脱落或开焊，焊修处理。

闸瓦裂损、折断，闸瓦磨耗过限，同一制动梁两端闸瓦厚度差超限，更换或调换。高磷闸瓦、低摩闸瓦与高摩闸瓦均不能混装。

（二）人力制动机故障及处理

手制动机轴、手轮、棘轮、棘子、棘子托、棘子锤、轴键、轴链、链导板、轴卡板、轴导架、轴托、转动支架、转动支架座、销链及滑轮等配件松动时紧固，裂纹、焊缝开裂、折断或破损时更换，弯曲时调修，丢失时补装。手轮组装螺栓松动时紧固，并安装弹簧垫圈或背母；轴下部垫圈及开口销丢失时补装，开口销须劈开卷起。手制动踏板破损时更换；踏板托及铁制踏板弯曲时调修，裂纹时焊修。手制动轴链、手制动拉杆链佚时，添补，链环裂纹、开焊时，须熔接焊修，并做拉力试验，手制动轴链试验拉力为26.47kN，手制动拉杆链试验拉力为14.70kN。

旋转式（普通型）手制动机止轮座弯曲、变形，调修处理；裂纹者，更换。

折叠式（平车）手制动机的折叠处铆钉松动、铁，叉口处及轴套裂纹、变形，更换；丢失时补装。轴卡板及销、链丢失，添补配件。手制动轴放下检查，超过车辆限界时，调修。

加冰冷藏车的掣轮式手制动机的掣轮盒盖、拉把、棘轮、棘子裂损，弹簧衰弱、折断。处理：更换配件。

FSW型、NSW型手制动机作用不良时须分解检修，手轮组成和箱壳组成零部件焊缝开裂或裂纹。处理：焊修。主动轴组成或卷链轴不良。处理：更换。

脚踏式制动机脚蹬、控制杆、脚踏杠杆、拉杆、壳体、控制棘爪、绕链棘轮、绕链棘爪、重锤连块、制动链、锁鼻、耳环等配件裂损，更换；丢失时补装。摆动杆件与脚踏板无间隙、各铰点转动不灵活，调整处理。挂链螺栓松动，紧固。

第六章 铁路货车运用技术

第一节 铁路货车运用技术介绍

铁路货车是铁路运输的重要装备。铁路货车运用维修工作是铁路运输的重要组成部分,是确保铁路运输安全和畅通的重要环节,做好铁路货车运用工作,是保证行车安全,加快铁路货车周转,完成铁路运输任务的基础保障。由于我国大多数的铁路货车具有无固定配属、无固定检修、不固定使用、全国运行等特点和要求,这就造成铁路货车运用工作的艰巨性和复杂性,并决定了铁路货车运用工作都要着眼于无固定配属使用的基点上。为此,铁路货车运用工作要有科学的生产管理办法,全面适应运输发展以及铁路货车新技术、检测新技术不断进步的实际,维护运用铁路货车的质量符合规定的运用质量技术标准,为铁路运输提供质量可靠的铁路货车,满足运输生产,保证列车安全正点运行。

一、铁路货车运用工作任务

铁路货车运用工作应树立"安全第一、预防为主"的思想,坚持主动发现和及时处理铁路货车故障,通过广泛应用先进的货物列车及检查、检测和修理所需的装备,不断优化列检布局和作业方式等手段,全面采用科学规范的现代化管理手段,加强铁路货车运用安全基础建设,提高从业人员整体素质,从而实现"布局合理、装备先进、素质过硬、管理科学、防范有力、安全稳定"的目标。

目前,铁路货车运用工作的主要任务是:

(1) 货物列车技术检查和列车制动机试验,及时发现和处理铁路货车故障,消除安全隐患,保证列车质量符合规定的技术标准。

(2) 铁路货车安全防范系统的日常运用管理。

（3）负责铁路货车定检到期、过期和技术状态不良需要临修的扣车；检修车、事故车与故障车的扣送和管理。

（4）翻车机翻前卸后、散装货物解冻库（简称：解冻库）解冻后的铁路货车及装前卸后的技术检查和故障处理，进出厂、矿、港和地方、合资铁路等企业的铁路货车技术交接。

（5）自备铁路货车、自轮运转特种设备过轨技术检查。

（6）负责爱护铁路货车（简称：爱车）工作，组织爱车宣传和"爱车周"活动，指导、监督和检查铁路货车的使用，制止损坏铁路货车的行为；负责损坏铁路货车的赔偿和管理。

（7）负责国际联运货物列车的技术交接。

（8）固定配属管理铁路货车的整备作业。

（9）备用基地的铁路货车备用及解除备用的技术检查和故障处理。

（10）负责沿途故障铁路货车的处理。

（11）负责运用铁路货车技术状态的分析、评价和管理，组织交接口和场际间货物列车的质量监控；负责新造车、定检车和主要零部件的质量监督和反馈。

（12）监督指导地方、合资铁路和企业专用铁路的铁路货车运用工作，负责铁路货车安全监督管理。

（13）参加铁路交通事故中有关事故的调查并协助事故救援，负责铁路货车行车设备故障的调查、处理和管理。

二、铁路货车运用工作责任

列检作业场按规定的检查范围和质量标准，对货物列车进行列车技术作业后，须保证车辆相应部位的质量标准符合规定，并安全运行到下一个负责检查该部位的列检作业场或其他铁路货车运用作业场，承担相应的安全与质量责任。

其他铁路货车运用作业场技术检查和修理的铁路货车，按规定的检查范围和质量标准，也承担相应的安全与质量责任。

三、铁路货车运用故障

铁路货车运用过程中，在规定的条件下发生零部件不能完成规定的功能，称为铁路货车运用故障。不能完成规定的功能包括：

（1）铁路货车零部件发生破坏性故障，使其无法工作，因而不能完成规定的功能；

（2）铁路货车零部件尚能工作，但有一个或几个性能参数达不到规定要求；

（3）因新造、设计失误而造成铁路货车零部件不能完成规定的功能；

（4）由于运用环境问题，造成铁路货车零部件不能完成规定的功能。

1. 运用故障分类

铁路货车运用故障按照铁路货车构造分为：车钩缓冲装置部分、转向架部分、轮对走行部分、基础制动装置部分、空气制动部分、车体底架部分六大部分；按照发生原因分为：磨耗故障、质量故障、使用故障、人为故障四种。

（1）磨耗故障：是指铁路货车在运用过程中，由于磨耗配件正常、非正常原因造成的铁路货车零部件故障；

（2）质量故障：是指铁路货车在运用过程中由于新造设计缺陷、不合理，以及制造、检修、配件生产工艺质量标准不落实造成的铁路货车零部件故障；

（3）使用故障：是指铁路货车在运用过程中由于使用单位野蛮装卸、超载、调车撞击、铁鞋制动等造成的零部件故障；

（4）人为故障：是指铁路货车在运用过程中由于治安环境不良造成的运用故障。

2. 运用故障等级

铁路货车运用故障按照严重程度不同分为典型故障、惯性故障、较大故障、其他故障。

（1）典型故障：摇枕、侧架、各梁、车钩、钩尾框裂损，缓冲器破损，车轮轮缘、踏面圆周磨耗过限，车轮踏面擦伤、剥离、缺损过限，车轮轮辋、辐板裂，轴承故障，制动梁故障，交叉支撑装置故障，弹簧托板裂损等。

（2）惯性故障：制动故障关门车、定检过期车、车门车体破损车等。

（3）较大故障

①轮轴：滚动轴承前盖裂损，密封罩、轴端螺栓脱出。

②转向架：承载鞍裂损、异常磨耗，承载鞍错位；侧架导框纵向与滚动轴承外圈接触，转 K1、转 K6 型转向架轴箱橡胶垫中间橡胶与上、下层板错位，转 K2 型转向架承载鞍顶面金属碾出；下心盘螺栓松动、折断及丢失；侧架立柱磨耗板、斜楔及主摩擦板破损、窜出、丢失，摇枕斜楔摩擦面磨耗板窜出；接触式旁承配件丢失、破损，上下旁承有间隙，间隙旁承配件齐全、无破损，间隙不超限，旁承滚子或支撑磨耗板与上旁承磨耗板接触；交叉支撑装置盖板及交叉杆体变形、裂损、折断，交叉杆体弯曲超限，支撑座破损，端部螺栓无松动、丢失，防松垫止耳折断；轴箱、摇枕及减振弹簧折断、窜出、丢失；转 K4、转 K5 型转向架弹簧托板裂损，折头螺栓折断、丢失。

③车钩缓冲装置：钩舌及车钩托梁裂损；钩锁铁锁腿折断，钩提杆座裂损，互钩差超限，车列首尾端部车钩三态作用不良，钩提杆及链配件丢失，松余量不符合规定；从板、从板座、冲击座破损，从板座及冲击座铆钉折断、丢失；钩尾

销托板、钩尾扁销及安全吊架螺母松动、丢失，开口销丢失；钩体支撑弹簧折断；钩提杆复位弹簧折断、丢失；车钩防跳止销丢失、作用不良。

④空气制动装置：空气制动机作用不良；制动主管、支管、连接管、制动缸、副风缸、加速缓解风缸、工作风缸、降压风缸等裂损；各吊架裂损、脱落，缸阀与吊架或安装座连接螺栓螺母丢失；法兰螺栓螺母丢失；空重车自动调整装置各阀、横跨梁及座破损；制动软管、缓解阀、组合式集尘器破损、丢失，缓解阀拉杆脱落；闸调器破损；脱轨自动制动装置配件丢失，塞门关闭。

⑤基础制动装置：制动梁的圆销、开口销、下拉杆下垂超限；基础制动装置各拉杆、杠杆、圆销、制动梁支柱及下拉杆开口销折断、丢失，制动梁支柱及下拉杆圆销破损；人力制动机配件破损、脱落、丢失。

⑥车体：车门、平车端板折页及座折断，车门锁闭装置配件丢失、破损，车号自动识别标签失效、丢失；侧柱、角柱裂损，敞车上端梁、上侧梁折断；罐车卡带裂损，鞍座压板裂损、螺栓螺母松动、折断及丢失，罐体及阀漏泄，鞍木与罐体局部间隙超限，罐车上部车顶走板、防护栏等配件脱落、窜出及丢失。

（4）其他故障

①转向架：轴承挡键及螺栓、螺母松动、丢失；安全索或链折断、脱落、丢失。

②车钩缓冲装置：钩舌销折断、丢失，钩舌销开口销丢失，下锁销组成配件丢失、位置不正确；钩提杆座螺栓螺母松动、丢失；安全托板、钩尾框托板螺母松动、丢失；车钩托梁、钩体支撑弹簧鞍止挡块及螺栓、螺母丢失。③空气制动装置：制动缸活塞行程不符合规定；制动主管、支管、连接管、制动缸、副风缸、加速缓解风缸、工作风缸、降压风缸等漏泄；缸阀与吊架或安装座连接螺栓螺母松动；各制动管卡子及螺母丢失；横跨梁螺栓、螺母及开口销丢失；各塞门及手把破损、丢失，缓解阀拉杆破损，制动阀防盗罩破损、脱落。

④基础制动装置：闸瓦、闸瓦插销折断、丢失，闸瓦磨耗超限，闸瓦插销不正；制动梁安全链脱落、折断，安全吊或索脱落、丢失；基础制动装置各开口销、U形插销或螺栓折断、丢失（制动梁支柱及下拉杆开口销除外）。

⑤车体：车门、平车端板圆销、开口销丢失；绳栓、柱插破损、丢失；集装箱锁闭装置、门挡及箱挡破损、丢失；脚蹬、车梯扶手及车端护栏破损，弯曲超出车辆限界；罐车卡带紧固及锁紧螺母松动，圆销、开口销丢失。

3. 运用故障处理方式

铁路货车运用维修中允许零部件损伤程度的规定叫做运用维修限度。在铁路货车运用工作中，绝大部分的运用维修限度都是尺寸限度，对超出运用维修限度的运用故障要进行处理。铁路货车运用故障的检查、确认、处理和维修是列检在货物列车技术检查或车辆技术检查过程中进行的,其处理方式分为摘车临修、列车队较大修理(大件修)、列车队一般修理(小件修)、边修线整修等四种方式。

4. 运用量具与修理工具

铁路货车运用常用的修理工具有:列车队中处理制动故障集成装置、滚动轴承故障诊断仪、滚动轴承密封罩检查仪、起轴转轮工具、更换空车摇枕弹簧专用工具、新型压轮器、车钩高度差调整工具、油压千斤顶、便携式压力截管器、螺纹套管器、便携式应急灯、处理折断丝扣取出专用工具、锤、扳手、铲、管钳等。近些年,为了提高列检对沿途故障铁路货车的处理能力,逐步配备了专用的故障抢修车(见图5-1-1),集成有电力设备、风动试风设备、空气制动管系加工设备、起吊设备、测量工具等工具设备,以及各类铁路货车配件等,具备了快速出击功能,照明功能,供电功能,起重功能,供风试验功能,快速加工各种管件功能,电、氧焊及轮对踏面打磨功能,搬运功能。极大地提高了列检的铁路货车故障修理能力。

第二节 铁路货车技术检查和修理

一、作业性质

按照货物列车种类的不同,列检作业场对列车技术检查作业(简称:技检作业)的性质分为到达作业、始发作业、到发一次作业、通过作业和中转作业五种。列车技术作业应按照"强化到达、优化始发"的原则,全面提高到达作业能力,确保车辆故障得到及时发现和处理。

1. 到达作业:指列检作业场在车站对到达列车进行的列车技术作业。

2. 始发作业:指列检作业场在车站对始发列车进行的列车技术作业。

3. 中转作业:指列检作业场在车站对中转列车进行的列车技术作业,中转列车分为有调中转列车和无调中转列车。

(1)有调中转列车:指列车在该车站进行部分改编作业的列车。

(2)无调中转列车:指列车在该车站不进行改编作业的列车。

4. 通过作业:指列检作业场对不停车通过列车或在本站只进行更换机车乘务员、换挂机车的无调中转列车,利用TFDS等铁路货车安全防范系统进行的列车技术作业。

5. 到发一次作业:指列检作业场对配属管理、固定循环使用铁路货车组成实行路企直通运输直进直出列车,将到达作业和始发作业合并为一次作业的列车技术作业。

二、作业方式

列检作业场的列车技术作业分为列车技术检查、列车自动制动机性能试验（以下简称：列车制动机试验）、车辆故障处置和修理（以下简称：车辆故障处理）。列车技术检查的作业方式分为：人机分工检查（以动态检查为主，以人工检查为辅的列车技术检查）、动态检查（利用铁路货车安全防范系统进行的列车技术检查）、人工检查（现场人工进行的列车技术检查）等方式。列检作业场列车技术检查的作业方式变化和调整须按规定进行管理。动态检查作业负责的范围是铁路货车安全防范系统正常探测铁路货车零部件时的可探测、可视部位。人工检查作业负责的范围是现场检车员在正常作业位置对动态检查作业范围的补充，检查车辆零部件在正常作用位置上的可视部位。三、作业标准

由于铁路货车新技术的发展和投入使用、生产力布局的调整等因素，列检作业范围和质量标准经历了较

大的变革。目前，按照铁路货车列检作业场等级设置、作业性质、作业方式的不同，列车技术作业范围和质量

标准分为：列车检查范围和质量标准，列车自动制动机试验范围和质量标准。

1. 列车检查范围和质量标准

列检作业场的列车技术检查范围和质量标准分为：全面检全面修、重点检重点修、TFDS动态检查。每个列检作业场根据等级、在路网中所处位置、列车动态检测设备配套情况对不同作业性质的货物列车实行不同的检查范围和质量标准。

（1）全面检全面修

全面检全面修是铁路货车运用维修最基础的检查范围和质量标准。适用于列检作业场对货物列车进行全面检查全面修理，全面维护铁路货车使用性能和运行品质，保证运行安全和运输使用。

（2）重点检重点修

重点检重点修主要是及时发现和修理列车在运行过程中动态出现的铁路货车故障，以及随着列车长距离运行程度不断加深有可能超出运用限度的铁路货车故障，保证列车继续运行时的行车安全。适用于列检作业场对停车中转列车的技术检查作业。

（3）货车故障轨边图像检测系统（TFDS）动态检查

列检作业场对通过TFDS的列车进行动态检查。对TFDS动态检测发现的铁路货车故障根据其对行车安全的影响程度、列车在站是否停车等情况进行检查修理，在本站停车时通知现场检车员进行全面检查、确认和修理；在本站不停车时，根据故障对行车安全的影响程度进行拦停或者向列车下一个作业的列检作业场预

报，通知现场人员进行检查、确认和修理。无列检作业场的车站始发列车，途经第一个实行人机分工或人工检查作业方式的列检作业场，按照全面检全面修的检查范围和质量标准进行列车技术检查作业。对长期不经列检作业场进行停车作业的固定编组、循环使用车组，由铁路局根据列车运行图及运输组织的实际，按照列检安全保证距离的要求，制定列车技术作业办法和标准。

2. 货物列车自动制动机试验范围和质量标准

列车自动制动机试验的目的是为了铁路运输的安全。列车载重量很大，运行速度快，在运行中的动能很大。为了使列车到站或遇到紧急情况下及时减速或停车，以防止列车冒进、冲突和人身伤亡事故的发生，就得保证列车有正常的制动作用。因此列车发车前，进行成组车辆或机车车辆组成列车进行列车自动制动机试验，目的是检验机车车辆成组运用时的性能，是一项必不可少的作业程序。货物列车自动制动机试验分为：全部试验和简略试验两种，全部试验又包括漏泄试验、感度试验、安定保压试验和持续一定时间的保压试验四部分。列检作业场对解体列车到达后、编组列车始发前、中转列车发车前均施行一次全部试验。列检作业场发出的列车运行前方途经长大下坡道区间的，在始发作业、中转作业及到发一次作业进行全部试验时，均施行持续一定时间的保压试验，并填发《制动效能证明书》交机车乘务员。列检作业场发出的挂有列尾装置的列车，简略试验由机车乘务员负责；未挂列尾装置的列车，始发作业和中转作业发车前，连挂机车后施行简略试验，列车停留超过 20 min 时，发车前也应施行简略试验。

（1）全部试验

在列车最后一辆车尾部制动软管上安装列车车辆制动机试验监测装置无线风压监测仪（或压力表），列车主管前部压力达到规定后，确认无线风压监测仪（或压力表）显示的压力与列车主管前部压力差不大于 20 kPa。

①漏泄试验（到达列车不做）：置保压位或关闭第一辆车的折角塞门，使列车管系保压 1 min，列车管压力下降不大于 20 kPa。

②感度试验：置常用制动位，减压 50 kPa（编组 60 辆以上时为 70 kPa），全列车须发生制动作用，并在 1 min 内不得发生自然缓解。然后于运转位充风缓解，全列车须在 1 min 内缓解完毕。

③安定保压试验：置常用制动位，减压 140 kPa（主管压力为 600 kPa 时减压 170 kPa），不得发生紧急制动，并确认制动缸活塞行程符合规定；同时保压，1 min 内列车管压力下降不大于 20 kPa。

④持续一定时间的保压试验（在长大下坡道前方的列检作业场或制动检修所进行）：置常用制动位，减压 100 kPa 后保压，在 3 min 内不得发生自然缓解。

（2）简略试验

在列车最后一辆车尾部制动软管上安装无线风压监测仪（或压力表），确认无线风压监测仪（或压力表）显示的列车主管压力达到规定后，由机车乘务员负责操纵机车自动制动阀，置常用制动位减压 100 kPa，由列车后部现场检车员确认最后一辆车发生制动作用及无线风压监测仪显示压力正确，然后向机车乘务员显示缓解信号并确认最后一辆车发生缓解作用。

第三节 铁路货车动态检测

车辆运行安全监控系统（5T系统）采用智能化、网络化、信息化技术，在铁路沿线建设5T系统探测站，实现地面设备对铁路货车运行安全的动态检测、数据集中、联网运行、远程监控、信息共享，车辆运输安全防范能力显著地提高。

车辆运行安全监控系统主要服务于行车安全监控、行车调度指挥和车辆检修运用的作业部门和人员，以保障行车安全和提高铁路货车的使用效率为目标。车辆运行安全监控系统（5T系统）主要包括车辆轴温智能探测系统（THDS）、车辆运行品质轨边动态监测系统（TPDS）、车辆滚动轴承故障轨边声学诊断系统（TADS）、货车故障轨边图像检测系统（TFDS）、客车运行安全监控系统（TCDS）。客车运行安全监控系统（TCDS）属客车检测在本书不做介绍。自动采集铁路货车运行安全动态监测信息，实现铁道部、铁路局、车辆段及基层作业点分级监控、跟踪和预警，提供检修信息支持和安全管理决策支持。

一、车辆运行安全监控系统的作用和意义

（一）车辆运行安全监控系统的作用

车辆轴温智能探测系统（THDS）作用是：利用轨边红外线探头，动态监测通过列车轴承温度，发现热轴故障，并通过配套故障智能跟踪装置，实现热轴精确跟踪和预报，强化了燃切轴事故防范能力。车辆运行运行品质轨边动态监测系统（TPDS）作用是：利用安装在正线上的轨道测试平台，动态监测通过列车轮轨相互作用连续的垂直力和横向力，并在联网分析处理的基础上，识别车辆运行状态，同时还可监测车轮踏面损伤和车辆超偏载状态等危及行车安全隐患。通过对报警车的追踪和处理，重点防范脱轨事故发生。

车辆滚动轴承故障轨边声学诊断系统（TADS）作用是：利用轨边噪声阵列实时采集运行铁路货轴承噪声，实时在线监测运行车辆滚动轴承早期故障，将燃切轴事故的防范关口提前。货车故障轨边图像检测系统（TFDS）作用是：利用轨边高速摄像技术，实时在线监测通过铁路货车，采用图像智能识别技术和人机结合

的方式判别运行铁路货车隐蔽和常见故障，实现列检作业革命性变革，极大地提高了列检作业质量和效率，改善了铁路货车运输安全性。

（二）车辆运行安全监控系统的意义

车辆运行安全监控系统投入使用以来，在运输安全、运输畅通、关口前移、技术决策、安全管理方面发挥了重要作用，主要体现在：

1.确保了运输安全。随着运输组织的变化，长交路直通货物列车的大量开行，列检平均保证距离已由 300 km 提高到 500 km，最长已达到 1 530 km，TFDS 的运用有效地解决了长交路货物列车途中人工无法进行技术检查的难题。

2.确保了运输畅通。THDS 红外线探头由外探方式调整为内探方式后，有效地解决了轴承端盖与密封罩摩擦产生的"假热"，提高了预报准确性，红外线预报拦停数量已由 2006 年的每月 980 件左右，降低到目前的每月 240 件左右。另外，通过红外线预报强激热区间拦停处置暂行办法的实施，减少了列车在区间长时间等待列检人员前往判断热轴而造成的运输堵塞，确保了运输畅通。

3.关口前移的运用思想得到了实践。从 TADS 预报的轴承早期故障的确认处理数据分析情况来看，TADS 的预报准确性已接近 100%，应该说，TADS 对轴承内外滚道和滚子剥离等故障预报的准确率已经达到了很高水平。随着轴承钢保持架的逐步淘汰，轴承的内外滚道和滚子故障将逐渐上升为主要问题，TADS 的作用会愈来愈明显。

4.为铁路货车运用管理现代化奠定了坚实基础。车辆运行安全监控系统运用前，列检发生的临修工作量，仅凭各铁路局上报的处理故障明细作为临修清算依据，无法对安全质量责任进行追溯。采用车辆运行安全监控系统，可通过动态检查数据分析，对各铁路局上报的临修故障进行对比，并通过调阅车辆运行安全监控历史预报记录、特别是 TFDS 动态抓拍的图片，科学公正地进行临修质量责任追溯。

二、车辆运行安全监控系统布局与规划

（一）建设目标

通过科学布局，建成货物列车运行全过程、全方位的监控网络，实现"卡关口、强中间、联网判、动态检、指导修、检验造"的建设目标。车辆运行安全监控系统建成后，不仅能够确保铁路货车运行安全，提高运输效率，而且能够指导造修、检验新型铁路货车的运用性能。

1.通过动态检查，满足长交路直通货物列车不停车进行技术检查的需求，进一步适应路企拉通和机车交路拉通的运输组织变化。

2.通过动态检查标准的统一,使主要列检和区段列检的作业范围达到一致,使中转列车的动态检查范围远远大于既有人工静态检查范围,使安全更有保证。

3.通过联网监控、信息共享,使作业效率和铁路货车运行故障处理的准确性大幅提高,为挖潜提效、进一步释放运输生产力奠定坚实的基础。

4.通过对铁路货车运行故障的自动记录和保存,进一步明确安全质量责任,使故障处理率得到大幅提高。

5.通过人机分工,使劳动组织进一步优化,劳动生产率大幅提高,并使作业条件发生质的改变,以进一步适应社会进步和发展。

6.通过5T系统预报信息与铁路货车定检、新造信息的结合,使定检的针对性进一步增强,责任心进一步提高,对新型铁路货车结构适应性的运用评判变得更为科学。

7.通过动态检查与静态检查地点的统筹设置,使铁路货车列检布局更加优化、合理,减少了重复作业和对运输组织的梗阻。

8.通过动态检查数据的综合利用,对运行故障的既有评定标准进行了革命性变革,减少了经验性评定限度,建立了科学的评定标准。

9.通过对动态检查故障的综合分析,能够准确地评判定检、临修、新造及配件的实际运用质量,掌握故障发生的规律和特点,制定行之有效的技术政策。

10.通过对动态检查故障的全面统计,能够科学地进行临修清算,根除只清算不施修的弊端,为精细化成本管理创造条件。

(二)规划原则

1.贯彻"以货保客"的安全理念,通过对货物列车技术状态的全方位监控,确保提速客车、特别是动车组的运行安全。

2.在繁忙干线入口进行规划,把住提速区段入口关。由于在六大干线基本建成了5T系统,加之在提速区段运行的铁路货车基本上都是经过转K2型转向架改造的提速铁路货车和70t级通用铁路货车,车辆技术状态较好,因此,提速区段的运行铁路货车安全裕量较大。但在非提速区段、非重点区段、非国有铁路运行的铁路货车多为未经改造且使用年限较长的旧型铁路货车,技术状态相对较差,如果存在安全隐患的铁路货车进入提速区段且没有得到及时处理,将会严重威胁提速区段的列车安全,因此,要将非提速区段进入提速区段、非重点区段进入重点区段、非国有铁路进入国有铁路的技术状态不良铁路货车卡在关口之外。

3.在干线进行规划,消除安全保障盲区,确保运用铁路货车得到全程监控和闭环监控。5T系统建设之初,没有在非提速区段进行5T系统规划和建设,造成呼和浩特、成都、南宁、昆明铁路局5T系统建设空白,存在安全盲区。而运输组织要求将不进行提速改造的旧型铁路货车调至东北、西北、西南三区域固定编组循环使用，这些车辆的技术状态如果得不到及时有效的监控，就会危及行车安全。此外，就目前运输发展的形势而言，5T系统规划要有前瞻性，要一次规划，不留死角。

4. 在路企直通开行区段进行规划，以动态检查取代静态检查，减少停车检查，进一步提高运输效率。路企直通、大宗货物直进直出的运输组织模式，必然要取消货物列车进入企业前或离开企业后的停车检查，而技术状态不良车辆一旦失去动态监控，出现安全问题的话，就会打乱正常的运输秩序，影响运输效率的提高。

（三）设置原则

系统根据路网结构和运输组织的需要进行设置，符合以下原则：

1. 设置在机车交路拉通的途中，以便及时发现危及行车安全的故障
2. 设置在车站的入口前方，以确保运行故障能够在站内得到处理，避免区间停车，减少对运输的干扰。
3. 设置在入站咽喉处，兼顾各方向的来车，实现投资效益最大化。
4. 在编组站所在地列检，同时设置TFDS，TPDS，TADS系统，利用既有THDS系统，实现对故障的综合判断，提高故障预报准确性。
5. 充分考虑铁路货车故障发生的特点和规律，科学合理地设置间隔，确保列车安全运行。原则上，TFDS设置间隔为300 km，TPDS设置间隔为400 km，TADS设置间隔为500 km，THDS设置间隔为30 km。
6. 相邻铁路局布点综合考虑，不重复设置。系统布局既要考虑安全性，也要考虑经济性，确保投资效益最大化，要综合考虑，要按整条线别进行规划，避免按铁路局管辖范围进行布局所产生的重复设置。

三、技术及运用管理

（一）技术

车辆轴温智能探测系统（THDS）是对行进列车的车辆轴温进行非接触式探测，根据轴温及其他信息预报车辆热轴故障的运输安全保障系统。

1. 车辆轴温智能探测系统（THDS）技术

铁路货车在运行过程中，如果轴承内部损伤或外部受力不合理，会导致轴承发生结构部件过度磨耗或损坏、卡滞等故障，如果不及时对这些轴承故障发出警告，最终会导致发生严重的列车安全事故。铁路货车轴箱温度过高是轴承出现故障的一个重要表征，而且轴承故障的严重程度与轴箱温度的高低有着密切关系。车辆轴温智能探测系统（THDS）能够实时测量行进中铁路货车的轴箱温度，并根

据是否出现异常轴温（热轴）判断轴承状态是否异常，及时发出警告，从而防止出现热切轴事故。经过多年的发展，车辆轴温智能探测系统（THDS）目前已形成保障列车运行安全的一个智能化、网络化、信息化系统。车辆轴温智能探测系统（THDS）综合运用红外探测技术、自动控制技术、光机电一体化技术、计算机技术、信息处理技术、网络通信技术，实现分散探测，集中报警，联网运行，信息共享，防止铁路货车热切轴事故的发生，成为保障铁路运输安全与畅通的一个重要体系。

车辆轴温智能探测系统（THDS）由查询中心、铁路局运行安全监测站、铁路局行车调度复示终端、车辆段复示站、列检复示站、探测站及通信网络组成，构成红外线全路联网系统。探测站是车辆轴温智能探测系统（THDS）的最前端，探测站的轴温探测信息是整个红外线全路联网系统的基础数据，是各级系统报警、查询、分析、统计的数据来源。

查询中心由查询双机集群服务器、查询终端等构成，通过铁路计算机网络与各铁路局相连接，可查询全路车辆轴温智能探测系统探测、预报、处理信息及设备运行情况，并进行相关数据汇总和分析。

铁路局运行安全监测站设于铁路局调度所，业务工作由铁路局车辆处管理。运行安全监测站由数据传输设备、数据处理设备、监控终端等构成，通过专用通道或铁路计算机网络与管内车辆轴温智能探测系统（THDS）探测站相连接，实时监测全铁路局车辆轴温智能探测系统探测、预报信息，监控系统运行状态，并进行相关数据汇总和分析。

铁路局行车调度复示终端设于铁路局调度所相关列车调度台，复示管辖线路内车辆轴温智能探测系统（THDS）探测站热轴预报情况，按规定及时处理热轴预报列车。

车辆段复示站设于车辆段调度室或动态检测车间。车辆段复示站由数据复示终端、通信（网络）接口设备、防雷装置、不间断电源等构成，通过专用通道或铁路计算机网络与铁路局运行安全监测站连接，实时监控管内车辆轴温智能探测系统（THDS）探测站的网络和设备运行状态，汇总、统计、分析及上报相关数据。

列检复示站设于车辆技术作业场所。列检复示站由复示终端、通信（网络）接口设备、防雷装置、不间断电源等构成，通过专用通道或铁路计算机网络与铁路局运行安全监测站和车辆轴温智能探测系统（THDS）探测站连接，实时监测本站车辆轴温智能探测系统（THDS）探测、预报信息，监控系统运行状态，汇总、统计、分析及上报相关数据。

车辆轴温智能探测系统（THDS）探测站沿铁路线路每隔 30 km 左右设置，

是探测行进铁路货车轴温的基础设施。探测站主要由红外探头、车轮传感器、探测站主机、控制箱、电源箱、远程控制箱、车辆智能跟踪装置、防雷装置、不间断电源等组成,实时探测通过探测站车辆的轴温,进行信息处理,将数据通过通信网络上传铁路局运行安全监测站和各复示站。作为保障铁路货车运行安全的最前端设备,车辆轴温智能探测系统(THDS)探测站要能够长时间地持续正常工作,若设备本身出现故障,要能够迅速上传报警信息,因此探测站设备具有完善的自检功能,并持续进行设备自检。

当 THDS 预报铁路货车激热、货物列车在区间拦停时,由铁路机车司机使用激热拦停系统的数据采集终端——便携式温度及图像采集仪对该辆车红外线预报的疑似故障轴承和同侧轴承进行现场温度检查,并通过对比与同侧轴承的温差、记录轴承外观状态、综合数据分析的方式为该辆列车如何进行激热处理提供可靠而直观的信息,避免人为主观进行判断甩车导致的运能下降,提高铁路运输的整体能力。

2. 车辆滚动轴承故障轨边声学诊断系统(TADS)技术

车辆滚动轴承故障轨边声学诊断系统(TADS)是利用设在轨边的声学传感器阵列采用现代声学诊断技术对高速运行的铁路货车轴承故障信号进行实时拾取、滤波、采集、处理。根据检测诊断结果判定并预报轴承故障类型及轴承缺陷的程度,从而实现对滚动轴承早期故障进行预警、防范、保证行车安全。由于系统采用了声学传感器阵列技术和多传感器信号合成及定位技术保证了系统对故障轴承诊断的可靠性和准确性。利用故障轴承信号拾取技术和系统降噪技术及频谱分析和小波形分析技术使得系统对故障轴承缺陷程度具有极高预报精度。该系统与车号自动识别系统结合,从而实现故障轴承的车号定位和轴位的自动定位。车辆滚动轴承故障轨边声学诊断系统(TADS)是铁路货车安全防范预警系统的重要组成部分,是保证铁路运输安全,防止列车脱线、铁路货车切轴的重大技术装备设备。系统采用声学技术和计算机技术,对运行列车滚动轴承裂缝、破损等故障进行在线、早期诊断预报,确保行车安全。TADS 系统轨边设备安装在车站进站方向,探测的数据经过探测站中央数据处理计算机进行分析和处理形成数据报文,通过专线或 TMIS 网以 FTP 方式发送至节点服务器,节点服务器再通过 TMIS 网以 MQ 方式上传至铁路局服务器和铁道部中央服务器,各级服务器对数据报文进行分析和入库,同时根据分析的结果,对轴承的故障情况进行报警。设立 TADS 系统列检复示终端、车辆段复示终端、铁路局红外中心监控终端、铁路局车辆处查询终端和铁道部查询终端,通过访问相应级别的服务器,实现对铁路货车滚动轴承运行状况的多级监控。

TADS 的报警标准:

（1）车辆滚动轴承故障轨边声学诊断系统（TADS）根据故障噪声频率确定轴承故障类型，分为内圈、外圈、滚子故障，当上述故障组合发生时列为其他故障。对铁路货车滚动轴承内圈、外圈、滚子等故障严重程度根据噪声的强度确定，按三个等级报警，分别为一级、二级、三级，一级为最严重。

（2）车辆滚动轴承故障轨边声学诊断系统（TADS）实行联网综合报警，符合以下条件之一的由系统自动重点报警：同一轴承连续 3 次被报警一级故障的；同一轴承连续经过 5 次探测，并被报警 3 次一级故障的；同一轴承连续经过 6 次探测，并被报警 3 次二级及以上故障的；同一轴承连续经过 8 次探测，并被报警 5 次三级及以上故障的。

（3）车辆滚动轴承故障轨边声学诊断系统（TADS）报警内容包括探测站名、列车通过时间、车次、运行方向、编组辆数、车号、故障车位、故障类型、轴位等。

3. 车辆运行品质轨边动态监测系统（TPDS）技术

车辆运行品质轨边动态监测系统（TPDS）具有监测技术先进、测量精度高、系统稳定性好、测试数据分析和处理实时全自动、数据网络共享等特点。监测装置主要功能有：识别蛇行失稳；识别运行状态不良铁路货车；监测铁路货车总重、前后转向架重、轴重、轮重；检测超载和偏载；识别车轮踏面擦伤；自动计算统计轨道负荷通过总重、平均轴重和当量通过总重。

车辆运行品质轨边动态监测系统（TPDS）由探测站、基层汇聚节点、铁路局监控中心、查询中心四级组成，并在列检所设监控复示终端。各级中心间以及基层数据汇聚节点与探测相联。

探测站安装铁路货车运行状态地面安全检测装置，实时检测通过铁路货车的运行状态；基层汇聚节点、铁路局和查询中心三级中心负责收集所辖下级系统的检测数据和处理情况汇总报告，执行监控、追踪、查询、管理、分析、评判等功能；列检场所监视探测站测点过车检测情况，并负责铁路货车检查和处理任务的具体执行。全路 TPDS 的组网形式充分体现了系统运行分散检测、集中报警、网络监测、信息共享的基本要求，实现了三级联网、三级复示以及三级管理信息系统。三级联网为：探测站与基层汇聚节点联网、基层汇聚节点与路局监控中心联网、路局监控中心与铁道部查询中心联网；三级复示为：前方列检所复示（重点检查、处理问题车辆）、车辆段复示（主要解决管理和设备维修上的问题）、铁路局车辆安全监控技术中心复示（对疑难问题给予技术支持，及时对问题车辆进行处理）。三级系统为：查询中心系统、铁路局监控中心系统以及铁路基层监测中心系统。

各级中心接收下级系统上报的铁路货车运行状态监测数据，建立管辖范围内的多测点状态不良铁路货车数据库，数据存储期限为 2 年以上；部中心能对多测点检测情况进行综合评判，生成状态不良危险铁路货车监控名单，并通过路局/基层数据汇聚节点逐级将危险铁路货车监控名单和处理命令等下达给下级中心，直至由列检所具体执行；各级中心都能提供管辖围内的监测信息查询，可根据时间、地点、车次、车号、不良运行状态类别或等级等进行多角度的分类查询或组合查询；并对管辖范围内铁路货车运行状态进行实时监控，对危险铁路货车自动报警，以及负责对实时检测到各类状态不良和监控名单上的危险铁路货车实施跟踪监控。另外，铁路局监测中心还要负责远程监视关联探测站设备的工作状况，而列检作业场需要把列检结果和设备故障处理情况上报到铁路局监测中心，并由铁路局监测中心定期汇总后上报给查询中心。

4. 铁路货车故障轨边图像检测系统（TFDS）技术

铁路货车故障轨边图像检测系统（TFDS）是利用应用计算机、网络通信、自动控制和图像采集处理技术并引进科学的管理方法和系统化的开发方法，为运行故障检测提供故障图片信息动态收集、存储、传输及预警服务，提高列检作业质量和效率和车辆安全防范的水平，加强铁路货车运用中故障基础信息收集、管理的人机系统。系统构成是：

（1）铁路货车故障轨边图像检测系统（TFDS）由查询中心、铁路局监控中心、列检检测中心、探测站及传输网络组成。

查询中心设由铁路货车主管部门负责业务管理，用于查询全路 TFDS 探测、预报和处理铁路货车故障信息情况，定期进行全路 TFDS 相关数据汇总分析。

铁路局监控中心设在铁路局调度所运行安全监测中心内，由车辆处负责业务管理，对铁路局管内 TFDS 网络运行状态进行不间断监控，查询全局 TFDS 探测、预报和处理铁路货车故障信息情况，定期进行 TFDS 相关数据汇总、分析、上报。

列检检测中心设在车辆段运用车间列检所内，由运用车间管理，负责本站铁路货车故障和设备故障信息的预报，并收集、反馈和分析故障车处理情况。

探测站按铁道部统一规划设置，由车辆段管理，实现对货物列车关键部位图像的动态拍摄及处理、车号的自动识别、自动计轴计辆等。

传输网络由信息（通信）部门管理，实现查询中心、铁路局监控中心、列检检测中心、探测站之间的信息传输。

（2）铁路货车故障轨边图像检测系统（TFDS）按照结构划分主要由探测站（轨边探测设备）、信息处理传输设备（轨边机房设备）、列检检测中心（复示中心）三个部分组成。TFDS 探测站机房设备主要由：信息控制采集计算机、图像采集及关门车自动识别计算机、前置控制箱、车号读取设备、网络传输设备等组成。

(二) 运用管理

1. THDS 运用管理

THDS 运用管理是指对铁路货物列车热轴预报相关工作，规定车辆轴温智能探测系统（THDS）运用标准、预报流程、热轴处置、工作标准和责任界定等程序。各级铁路货车运用主管部门负责对 THDS 运用质量进行评价，制定 THDS 运用和处置标准，对红外线调度员（值班员）进行业务指导和技术培训，对 THDS 进行运用验收，对 THDS 运用责任进行界定等工作。在铁路局调度所设置车辆运行安全监测站，配备红外线调度员，简称红调；在列检作业场设置列检复示站，配备红外线值班员。

2. TPDS、TADS 和 TFDS 运用管理

TPDS、TADS 和 TFDS 运用管理是指对各系统的运用标准、预报处理、工作标准、责任界定等进行规定。各级铁路货车运用主管部门负责对铁路货车安全防范系统的设置提出主导性意见，定期对系统运行情况进行评价，提出系统选型意见，制定系统运用标准，对铁路局车辆运行安全监测站值班员（调度员）、运用车间动态检车人员进行业务管理和培训，制定系统运用岗位职责，协调运输部门做好日常工作，对系统进行运用验收，对系统运用责任进行界定，对系统预报故障的确认情况进行考核。安全防范系统运用工作是铁路货

车运用工作的重要组成部分，是实现货物列车作业手段现代化的有力支撑，是确保货物列车长交路运行、列检保证区段进一步延长的安全保障

四、综合应用四、综合应用

5T 系统在各专项应用子系统自下而上纵向贯通的基础上，运用集成、整合技术实现横向关联集成和信息共享，随着 5T 应用的深入，开展了 5T 综合报警方案的研究与应用，拓展了 5T 系统综合应用的深度和广度。

（一）综合报警

综合报警基本构架：根据铁路货车安全防范的需求和 5T 系统建设的应用现状，为充分发挥 5T 系统安全防范作用，根据 5T 系统技术特性，确定 5T 系统综合应用的目标为：以 THDS 应用为主，结合 TADS 系统提供的轴承早期故障诊断信息、TPDS 系统提供的列车载重及踏面擦伤信息、HMIS 系统提供的轴承类型信息，自动关联 TPDS、TADS、HMIS、手动调用 TFDS 图像进行综合报警，实现 THDS、TPDS、TADS、TFDS 预报信息全路共享。

热轴综合报警流程：热轴综合报警是实时监测热轴检测信息，遇到热轴则进行声光报警。红外线热轴综合报警是 5T 综合报警的关键，在 5T 综合报警过程中

起主导作用。5T系统的综合报警是通过5T系统查询中心服务器与HMIS部数据库服务器及各铁路局安全监测中心5T服务器，及时交换、更新THDS、TPDS、TADS监测信息及铁路货车厂、段修及辅临修换轮信息，在铁路局安全监测中心的红外线热轴评判可在THDS的轴温探测信息的基础上，参考TPDS的踏面损伤信息、TADS滚动轴承故障的声学诊断信息及轴承类型等辅助信息，从而更科学地做出热轴报警。5T系统综合报警分成两步走：

第一步：根据TPDS、TADS报警汇总和报警明细，按照5T综合预报标准进行热轴提级预报，实现自动5T综合报警。

第二步：除了TPDS、TADS提供的报警汇总和报警明细，还通过车号、轴位获取轴承型号作为选取热轴评判模型和综合评判标准的参考依据，实现自动5T综合报警。

5T系统综合报警的重点表现在铁路局综合车辆安全监测中心的红外线热轴评判结合5T报警汇总信息进行综合报警评判，其流程如下：

当列车通过TADS、TPDS、THDS探测站时，监测数据实时通过网络逐级上传到所属汇聚节点、所属铁路局5T双机群集服务器集中存储以及5T双机群集服务器集中存储、接收，5T双机服务器以车号、轴位为单位整合全路TADS、TPDS、THDS监测、报警信息，定时接收HMIS服务器提供的全路厂修、段修、辅修、临修换轮信息，对5T监测、报警信息清零，形成全面、实时、完整的全路5T监测汇总信息和5T报警信息明细。5T双机服务器定时（拟每2h一次）将全路5T监测汇总信息和5T报警信息的明细下发到各路局5T双机服务器，数据落地，增量更新，供5T各子系统应用。

铁路局安全监控中心THDS监控主机实时接收THDS监测信息，根据热轴评判模型进行单点热轴评判，出现微热通报时，根据THDS监控主机提供的热轴车号及轴位自动调用铁路局5T双机服务器上全路5T监测汇总信息和5T报警信息的明细，按5T综合预报标准进行热轴提级预报，在监控中心、红外车间及列检THDS复示终端上显示综合报警结果，声音报警。

铁路局监控中心主机对列检所到达列车的THDS、TADS和TPDS报警信息进行综合评判，形成重点检查车辆及轴位，将相关的综合报警和明细转发到列检复示终端，进行重点检查。

（二）综合应用

1. 运用故障质量跟踪系统

车辆运行安全监控系统（5T系统）检测信息可以分为两类，一类是系统本身提供的自动故障报警监测信息，另一类是职工通过5T系统进行人工检查而发现的铁路货车故障检测信息。在这两种信息中，特别是后一类检测信息中，是保证行车安全的重要信息资源，将这些信息资源在各个运用车间进行共享，对于形成全段一盘棋，达到共同保证安全的作用是十分必要的。同时，5T检测信息包含了TFDS、TPDS、TADS、THDS等几类信息，这对于进行铁路货车故障的动态跟踪以及综合判断和正确处理提供了科学依据。因此，在人机分工的情况下，充分发挥动态检测的作用，将5T系统检测信息与现场作业以及各个车间进行共享，是保证行车安全的重要手段。铁路货车运用综合信息平台目的在于为运用工作提供综合信息服务，通过此信息平台实现5T系统检测发现的故障信息及现场鉴定处理信息、人工技检作业发现和处理的故障信息和工作绩效信息以及其他与运用工作相关的信息的记录和共享。通过5T系统之间检测数据的综合共享和各个运用车间、车辆段、铁路局等部门之间的数据共享，实现检测数据的综合分析，为安全生产提供决策支持。

运用故障质量跟踪系统的作用主要有以下几点：

（1）运用故障发现能力得到提升。通过整合5T预报信息、HMIS定检到过期车信息、铁路货车装用主要大部件的使用寿命信息、缺陷车网络布控信息、前方列检发现的状态不良车的跟踪信息等五种关键信息。形成了针对铁路货车运行的动态安全判别模型，加强了信息化系统数据的利用率和综合判断能力，辅助现场人员在有限的技检时间内，更为有重点的检查车辆的安全状况，提升运用铁路货车整体的故障发现能力，确保安全运输。

（2）运用故障现场处理更加有效。提前预报运用铁路货车状态信息，有助于使现场检车员提前做好施修配件准备，有针对性的看车，合理利用有限的技检作业时间，初步实现"人机分工"。提高直通货物列车中道作业效率和列车修理的针对性。

（3）运行铁路货车的综合安全保障能力得到加强。由于在列车到达之前已经将该列铁路货车的主要问题以及发现的故障锁定，因此可以提前应对故障情况做好响应的准备工作，可以说将列检作业场的技检准备工作前移，处理列车故障更加主动、更加快速，在保证正常运输秩序的同时，也提升了对运用铁路货车综合安全的保障能力。

（4）运用作业质量和检修质量的螺旋式拉动提升。通过每个月、每个季度对运行质量的对比和分析，可以清晰的找到铁路货车运行故障的规律，对于不同的车种车型常见故障的发生原因和发生时机进行深入研究，协同铁路货车定检部门对检修工艺有重点的跟踪和优化，并通过现场实际检验，逐步改进定检的检修质量。单车的检修信息又做为静态信息通过系统传递到各列检作业场，结合铁路货车运行的动态信息服务于各级运用部门，从而为提升运行安全水平打好基础。

（5）重复信息录入减少，直接作业人员生产力得以解放。目前，在使用5T系统中，需要记录大量的检测数据、工作任务等基础信息，比如故障预报记录、故障鉴定反馈记录等。这些记录分散在不同的记录簿、电子表格中，有很多是重复性数据。比如发现一个大部件故障，那么在典型故障登记表、大部件故障登记表、故障预报表、鉴定反馈记录等记录簿中都要进行相应记录，用以作为统计分析的基础，在这些表格中有很多数据如车次、编组、车号、车型、故障描述、定检信息等几乎在每个表中都进行填写，重复录入工作量大，增加了人力物力消耗。通过该系统可以有效的得到解决。由于，在系统的内部实现了信息高度共享。因此，系统预报信息实现在同一界面综合预报，反馈的信息可以通过数据接口直接回写到5T、HMIS等相应的系统中，避免了信息的重复录入和多次生成类似的报表、台账的问题。各级单位和部门的直接作业人员的生产力得以一定程度的解放。

（6）提供量化数据，支持领导决策。依据系统的统计分析功能和场际互控功能，可以积累大量的业务数据，通过现场信息系统的平台化建设，极大提高了铁路货车技术信息利用率，增强了管理部门宏观数据的掌握、决策能力，解决了信息资源分散管理、应用单一的问题。为各级管理者提供量化的依据来管理5T动检值班员作业量和评判作业质量，还可以以反馈的动态信息来判断5T设备工作状态。从而保证5T设备本身的运行质量，做好质量评价，收集5T设备运行及故障信息，向厂家进行反馈和沟通，不断拓展和完善5T系统功能。

（7）作业质量驱动员工提高业务能力。通过场际互控的功能收集并建立典型故障知识库，通过多媒体教学的等手段以考核故障图片库和易漏检、误报的故障信息来帮助现场检车员和动态检车员进行自我学习和测试，提升其工作能力，从而不断提高铁路货车运用作业质量。

2. 5T指导造修

5T指导造修的提出，就是将5T综合信息运用到铁路货车定检和制造，有效地指导造修工作，而不是将5T信息只局限于铁路货车技术检查。

5T指导造修是对铁路货车技术管理信息系统（HMIS）的延伸和扩展。该系统在生产组织、技术管理、报警分析、数据共享等方面较HMIS标准版本有长足的进步，特别是在数据共享方面，实现了全路铁路货车履历信息、5T动态检查信息、运用故障信息的全方位的数据共享，告别了以往检修企业看到现车才制定检修计划的被动检修形式，实现了检修企业在扣修的同时，共享铁路货车履历信息，预先知道车号、车型、装用配件信息，以及该车在运行过程中5T系统发现、预报的运用故障信息，利用5T运用故障信息指导检修企业各工序检修的新型作业模式，5T指导造修管理的应用，在检修技术改革发展以及检修任务量繁重的今天，使各检修企业充分落实了"扁平化管理"的要求。对于没有应用"铁路货车段修安全质量智能化管理系统"的单位，可以通过"铁路货车检修履历管理子系统"实现对5T动态检测共享数据的统一展现和对单车运用、动态检测故障的汇总分析。各单位在接收数据后，可以打印并和现车核对，对重点部位进行检查，实现5T、段修、运用故障数据共享。

第七章　铁路货车技术管理系统应用

第一节　铁路货车安全管理理念

　　现代铁路货车安全管理的理念，是要通过以科技创新为途径，实现产品的升级换代，提升铁路货车安全可靠性的综合保障能力。通过体系化的管理，融入科学的管理方法和手段，对风险进行全方位、全过程的识别、控制和管理，并落实以工装保工艺、以工艺保质量、以质量保安全的行动理念，来实现消灭或降低铁路货车事故、故障和质量隐患的目的。其具体的理念创新过程和结果主要从突出安全主动防范、强化源头安全控制、实施安全质量联保、严格质量责任追溯等方面来具体体现。

一、突出安全主动防范

　　铁路货车安全管理是一个系统的链条，总体分为设计开发、生产制造、定期检修、运用维修四个环节，而每一个环节又是一个复杂的系统工程。提高铁路货车的安全可靠性，必须通过高标准的工作质量、产品质量和服务质量，使每个环节的管理更加完善。落实"安全第一，预防为主"的基本方针，必须全面分析每个环节上的影响因素，通过系统的信息反馈、分析和预测，系统的问题整改机制来实现安全的超前控制和主动防范。技术、工艺现代化是实现铁路货车安全可靠性的基础，拥有现代化的检修装备和检验、检测手段是铁路货车制造检修质量的保障，采取全方位、全过程的防范措施是确保铁路货车安全运行的最后关口，只有在这些方面夺得先机，最大程度的提高铁路货车的安全裕量，才能确保技术装备的安全可靠性。

(一) 技术创新保安全

近年来，为了提高铁路货物运输能力，缓解制约国民经济发展的瓶颈问题，经过走内涵扩大再生产之路，铁路货车系统以提速、重载、安全为目标，瞄准世界先进水平，立足高起点、高标准，通过引进消化吸收再创新和集成创新，通力合作，适时推出了一系列具有自主知识产权的新产品及配套技术，实现了铁路货车载重由60t级向70t级升级换代，形成了产、学、研、用相结合的技术开发体系，铁路货车的制造、保障能力取得了重大进步，铁路货车技术得到了全面的发展，综合技术水平已经接近或达到了国际进水平。

铁路货车的技术创新和升级换代，在考虑提高铁路货车运能的同时，着重考虑的就是铁路货车运用的安全性和可靠性。好的开始是成功的一半，产品研发是运输装备的源头，产品设计对于运输安全起着至关重要的作用。因此，在新一代的铁路货车升级换代产品的研制开发中，各主导设计厂在产品设计手段上，大量采用目前国际通用的大型三维设计软件；在产品的结构分析方面，采用仿真分析技术进行强度和动力学计算；在新材料运用方面，通过大量采用高强度耐候钢、铝合金和不锈钢等防腐材料，保证在使用寿命期限内铁路货车结构的运用安全；在产品配件方面，对于涉及运用安全的零部件，努力提高其使用寿命、安全性、易用性及可维护性能。近年来，特别是2000年以来，铁路货车产品通过不断的技术创新，从量的积累到质的变化，使新一代的铁路货车产品在安全运用方面有了本质的提升，为铁路运输安全提供了装备保障。

(二) 工艺装备保安全

近年来，随着铁路货车提速、重载的发展，新技术、新材料普遍推广应用到铁路货车装备中，为了适应铁路现代化进程，满足铁路货车装备的现代化发展需要，"以工装保工艺、以工艺保质量、以质量保安全"指导思想，早已成为铁路货车制造、检修的基本方针。工艺装备是源头工作，抓好源头工作就起到了事半功倍的效果。铁路货车制造、检修装备及检测、检验手段近几年来发展非常迅速，五六十年代都是由各制造、检修单位按需要自行设计，装备比较简单、粗糙，精度差。进入七八十年代以后，铁路装备专业制造厂已形成一定的规模，并向装备的专业化、系列化、自动化、智能化、模块化方向发展。各铁路货车检修单位经过长时间对检修工艺的理顺、工艺布局的调整，装备的更新改造，铁路货车厂修建成了厂修十条工艺线，段修建成了段修九条工艺线。

(三) 防范手段保安全

铁路货车的运用维修工作是铁路运输的重要组成部分，也是铁路货车安全管理的重要环节。我国铁路货车运用工作发展非常迅速，在作业方式、生产布局、管理机制、质量控制、装备设施等方面都有了创新和突破，特别是5T等科技设备的应用，给铁路货车运用工作带来了历史性的变化。目前，我国已经建成了全方位、全过程的铁路货车运用安全防范体系，在适应新的运输组织方式的条件下，作为保障铁路货车安全运行的最后一道关口，发挥着非常重要的作用。

为提高铁路货车的利用率，运输组织对铁路货车运用工作的基本要求是：少停、少坏、少修。少停：即发挥动态检查作用，优化列检作业布局，延长列检安全质量保证区段，减少列车停车技术作业频次。少坏：即推进铁路货车技术装备创新，加强造修源头质量控制，提高铁路货车安全使用可靠性，减少运用铁路货车临修故障。少修：即延长配件使用寿命和铁路货车检修周期，实现检修车扣修全过程管理，减少铁路货车检修车扣修频次。铁路货车的运用工作既要确保安全生产，又要服从运输生产的大局，在新形势下面临双重挑战，也决定了铁路货车运用工作的发展方向。

随着先进科技手段在铁路货车运用工作中的不断应用，使得作业方式得到了发展和转变，回顾铁路货车运用工作的作业方式，主要有以下三个阶段：

第一阶段：人工作业阶段，铁路货车的运用技术检查主要是原始的人工检查方式进行，铁路货车故障的发现和处理完全依靠人的技能和经验，劳动效率低、劳动强度大、安全可靠性差。

第二阶段：人机结合阶段，从红外线技术在轴温探测上的应用开始，随着科技手段逐步在铁路货车运用各个环节上广泛应用，采取了设备监控、检测与人工复检相结合的作业方式，在人工检查的基础上增加了安全可靠程度。

第三阶段：人机分开阶段，随着5T监控、检测技术的成熟和网络技术的应用，特别是TFDS系统管理的日益完善，把设备检测范围与人工检查范围进行匹配，在部分环节上取代了人工作业，这是现在努力追求和今后发展的方向。

铁路货车装备安全技术保障能力的提升，使提速、重载的发展战略和长交路的运输组织方式成为现实，我国铁路货车运用生产布局为适应新的运输组织方式的发展发生了重大变化。实现了铁道部、铁路局、车辆段大三级和车辆段、车间、班组小三级的管理格局。在生产力布局调整后，经过不断优化组合，由整合前的101个铁路货车车辆段合并为28个车辆段，原车间建制的列检所改为由运用车间统一管辖的列检作业场。运用车间的设定按照既有利于确保安全，又有利于提高管理效率的原则，科学合理地确定运用车间的管理规模和跨度，实现"管理有效、规模适中、跨度适当"的目的。在生产力布局调整以后，针对不同的管理规模和跨度，经过不断的实践总结，摸索出了一套适合铁路货车安全管理实际的"条块管理结合"的管理模式。

运用维修工作在列检作业场（原列车检修所）、技术交接作业场（原车辆技术交接所)、装卸检修作业场(原装卸检修所)、国境站技术交接作业场、配属专用列车整备作业场(简称专列整备作业场)等地点进行。按照运输组织和机车交路安排,原则上以500 km为列检作业保证区段,根据"强化两端、简化中间、把住干线入口关"的总体要求,结合现代化的铁路货车安全防范体系,科学合理地设定列检作业场的布局和作业内容,实现生产力资源的优化配置。在处于路网性、区域性、地方性编组站的到达、始发和中转(换挂机车的)场应设置相应的列检作业场和站修作业场。干线中逐步取消对直通货物列车技术作业的地点设置相应的5T系统,实施对铁路货车技术状态的动态检测。

科学技术的应用不但实现了铁路货车运用作业方式的转变,随着5T、AEI和HMIS技术功能的不断拓展以及信息资源的共享,建设以枢纽作业场为核心的铁路货车运用智能化信息系统,高效的结合5T、AE1和HMIS信息,在作业场现场实现生产智能化,成为全面推进铁路货车运用管理现代化,提升铁路货车安全防范能力,实现管理机制规范、人机结合创新、作业条件完善、确保运输安全的必要手段。

通过整合列检作业场既有铁路货车信息系统,提供有效的分析、查询和统计功能,从而代替传统的手工作业方式,提高管理的信息化程度。能够快速的查阅、统计和分析运用相关的生产、作业和安全、质量情况。可为运用车间的技术管理,安全质量管理,技术装备管理,人员素质管理和日常的工作管理提供一个高效的信息化管理工具,成为运用车间对下级作业场以及对上级车辆段铁路货车运用管理工作衔接的"桥梁",拉近了管理层与现场的距离,是解决段对车间管理跨度大、车间对场地班组管理跨度大的有效途径。

利用计算机网络、无线作业手持机等信息处理技术,结合系统工程学、运筹学等领域知识,挖潜铁路货车的数据资源,围绕铁路货车检查修理的主要业务内容,实现针对生产现场值班员和检车员业务数据的采集、与现场作业信息进行有机的结合,实现5T安全信息在列检作业场的综合应用,实现覆盖列检作业场主任室、值班室、待检室、作业现场以及微控设备的一体化的管理信息系统的应用整合,实现了管理方式的创新。

(四) 爱车宣传保安全

铁路货车影响安全的危险源一类是来自铁路货车本身的性能和质量,另一类就是在运用中装卸车等作业过程中造成的机械人力损坏,以及停留期间的铁路货车配件被人为偷盗,造成铁路货车原有的安全性被破坏。爱护铁路货车的主要内容包括建立爱车工作领导和组织机构,健全爱车工作制度和协调沟通渠道,完善爱车工作监控手段和监督考核机制,组织学习和宣传铁路货车有关知识,规范装卸作业方式，指导、监督作业人员正确使用作业设施和铁路货车装置，保护铁路货车配件免受损坏，加强治安综合治理，严厉打击拆卸、偷盗车辆配件行为。

各站区的铁路方面与企业单位成立联合爱车领导小组，负责本站区爱车组织管理，监督和协调工作。各车辆段成立以段长为组长，主管安全副段长为副组长，技术、安全、财务等相关科室为组员的爱车工作领导组。各运用车间成立以车间主任为组长，副主任为副组长，车间运用技术员、技术指导、各爱车工长为组员的爱车领导小组组。

车辆段具体负责爱车协议的签订和监督实施，负责铁路货车的技术检查及维修工作，与协议单位办理部属铁路货车的技术交接及进入铁路营业线的厂矿、港口企业自备车辆的过轨检查，履行爱车管理职责，检查和监督爱护铁路货车协议的执行情况及货车使用情况；负责爱车宣传、监督及对协议单位的翻车机、解冻库及装卸设备性能的日常巡查；负责对管辖区域内国铁及企业自备铁路货车损坏原因进行调查及修理；负责编制铁路货车破损记录，按规定向责任单位索取赔偿及赔偿费用的上缴，对铁路内外损坏铁路货车的统计、分析和管理。

（五）质量管理保安全

先进的装备技术是铁路货车安全管理水平得以提升的条件，但光拥有先进的技术还远远不够，技术上的优势必须通过质量才能得以体现。没有产品质量作为保障，技术再先进的铁路货车装备也难以保证运行安全。所以，铁路货车必须把提高产品质量作为确保运行安全的主要途径，只有突出强化铁路货车的源头质量控制，才能为铁路货车提速、重载和开行长交路列车的发展战略赢得更广阔的安全空间。铁路货车的产品质量从狭义上说，是指铁路货车制造质量，从广义上讲，又包括厂修、段修、辅修、临修和运用维修质量。

（六）工序互控保安全

铁路货车检修工艺流水线都有若干个工位，而且各流水线的工序之间又存在联系，这样就形成了一个存在纵向或横向关系的网，每个工位都是这个网上的结点。所谓工序质量控制，就是下一级工序要对上一级工序完成的产品或半成品的关键质量属性实施控制，每个工位除要完成本岗位负责完成的工作内容，同时对流入本工位的产品或半成品的关键质量属性负责控制，形成了各工位、工序之间的内部质量约束。铁路货车修理大体上有分解、检查、修理和组装四个工序。按照流水线分工作业方式，每个环节都是由一个相对独立的岗位来完成，这样就为工序质量互控创造了条件。工序质量互控在实际操作时，关键是要形成完善的质量互控制度，根据质量控制的需要，明确关键配件或部件的质量互控范围和项点，根据产品形成过程的流转顺序，明确相关岗位上的互控要求。

实施工序质量互控，一是最大程度地做到作业层职工的全员参与，最大程度地发挥和挖掘作业层职工对质量的控制潜力，二级工序对本工序及一级工序质量负责，三级工序对本工序及一级、二级工序质量负责，这样就扩大了的质量责任主体范围，督促了职工为质量负责积极性的发挥。二是突出质量控制的超前预防，质量控制行为实施于产品形成之前，最大程度地避免把上级工序质量不合格品流入到下级工序中，同时也避免了质量缺陷在产品经过组装、落成工序后，掩藏在内部不可视部位，在最终的质量检验中难以控制的问题。三是正负向激励相结合，对发现上级工序流入的质量问题后要进行正向激励，如果各相关工序对质量问题都没有做到防止，则需要按主要、次要和关联责任进行追究，强化了岗位责任制的落实。

产品质量属性的最终确认离不开质量检验。质量检验的基本任务是按程序和相关文件规定对产品形成的全过程包括原材料进货、作业过程、产品实现的各阶段、各过程的产品质量，依据技术标准、图样、作业文件的技术要求进行质量符合性检验，以确认其是否符合规定的质量要求。对检验确认符合规定质量要求的产品给予接受、放行、交付，并出具检验合格凭证。对检验确认不符合规定质量要求的产品按程序实施不合格品控制，剔除、标识、登记并有效隔离不合格品。

（七）责任追溯保安全

铁路货车制造及检修质量特性的体现，不单是产品形成后的质量状况，其产品质量特性要持续到一次质量保证期限，在一个检修周期内不能发生影响安全的质量问题。近年来，在铁路货车质量管理理念上，对制造、检修质量的认可不仅仅满足于产品形成后的"三检一验"，用低级修程检验高级修程的检修质量，是科学发展观理论指导下的又一次创新。

运用铁路货车故障率考核是一种双向考核方式，以故障反馈率考核铁路货车制造、定检质量，以故障发现率考核列检作业质量。统计范围为摇枕、侧架、各梁（中、侧、端、枕梁）、车钩、钩尾框、制动梁裂损，车轮轮辋、辐板裂损，车轮缺损、剥离，轴承故障等11项。其中新造车、厂修车主要考核摇枕、侧架、车钩、钩尾框、各梁裂损等5项故障。考核结果与新造、厂修招标、评标挂钩，各铁路局对站段成本清算上实施优质优价，对列检检车员实施典型故障奖励。

故障反馈率和发现率考核实施的关键是故障信息的统计分析，在HMIS信息管理系统未应用之前，采取人工统计方式，即各车间统计后再由各车辆段汇总，各车辆段统计汇总后再由各铁路局车辆处汇总，然后上报到铁道部进行统一汇总。在HMIS信息管理系统实施以后，这项工作的自动化程度大大提高，可以从铁道部服务器中直接采集列检、临修、辅修、段修上传的典型故障，利用计算机软件可以实现各级修程反馈率的自动统计计算。

铁路货车滚动轴承故障统计分析办法主要是为充分发挥和突出列检作业场和红外线轴温探测系统在保证运输安全上的重要作用,探索热轴和无轴温轴承故障的发生规律,指导防范热切轴工作而采取的一项措施。故障统计范围为铁路货车在运用中由列检发现或红外线轴温探测系统预报并经退检确认的滚动轴承故障。故障分为滚道、滚子剥离、密封罩脱出、轴承脂变质、外圈裂、保持架破损。

(八) 质量评价保安全

铁路货车检修质量的对规、抽查是通过随机抽样的方式检验铁路货车定期检修和运用检修质量、促进检修质量提高的有效手段。1978年8月召开了铁路货车厂、段修质量鉴定评比会,总结各厂、段加强企业管理,提高质量的经验,对各段制造及检修质量进行了检阅。而后,坚持开展这项质量管理活动,近年来各铁路局车辆处、各车辆段也充分利用这种形式开展质量对规、抽查活动。目前,每年春秋两季以车辆段为单位,对段修、辅修、临修车各进行一次对规、抽查;铁路局车辆处每季以车间为单位对段修、辅修、临修车检修质量进行对规抽查;各车辆段每月以车间为单位对段修、辅修、临修车检修质量进行对规、抽查。

在定检车质量对规、抽查可采取两种形式,一种形式是到铁路货车施修单位,随机对一辆或几辆铁路货车检修全过程及落成后的质量进行对规、抽查,这种方式的优势是可以对施修过程中标准执行、工艺落实、生产组织以及质量控制等进行全面检验。另一种方式是将各厂、段施修后运用一段时间的铁路货车集中扣留在一个地点,然后逐辆进行全面质量鉴定,这种方式的优势是可以检验出各厂、段施修后的铁路货车在质量保证期限内的质量状况。

各铁路局每季度组织一次铁路局交接口的货物列车质量鉴定,对相邻铁路局始发列车中存在的制动故障关门车、车轮擦伤过限车以及影响装车使用的车体、车门破损车等惯性故障进行记录和分析,并将鉴定结果电报通知相邻铁路局,抄报铁道部运输局。铁道部将不定期组织对各铁路局发出列车进行质量抽查。各铁路局车辆处要负责制定本铁路局管内车辆段、车间之间的货物列车质量鉴定办法,明确责任和考核。在列检标准化活动评比考核中要突出列车队中发现和处理故障的能力和实际完成情况。

二、实施安全质量责任

我国铁路从1949年开始采用预防性计划检修的制度,其内容包括定期检修和日常维修。定期检修有大修、中修、年修三级主要修程和制检、轴检两级辅助性修程。1965年起简化定期检修制度,铁路货车施行厂修、段修、辅修、轴检共四级修程。除此之外并采取日常维修，主要是指列检和临修，其主要任务是保证运用中的铁路货车具有良好的技术状态，防止发生行车事故。铁路货车厂修通常在修理工厂进行，也可在有条件的车辆段进行，厂修周期有4年、5年、6年、8年、9年和10年六种；铁路货车的段修在车辆段的检修车间进行，段修周期有1年、1.5年、2年和3年四种；铁路货车的辅修通常在车辆段站修线（作业场）进行。铁路货车辅修周期均为6个月；铁路货车的轴检周期为3个月，随着滚动轴承取代滑动轴承，铁路货车的轴检修程随着滑动轴承的淘汰逐步自然消失。上述各级修程的质量保证相互交叉，共担铁路货车的安全责任。质量保证是指在质量保证期限内，铁路货车在正常运用中不得发生的质量故障，但不包括在定检检修时发现的故障。铁路货车零部件实施质量保证管理；是适应市场经济和法制化的具体体现，也是对科学发展观理论的具体实践。铁路货车检修单位是零部件制造单位的用户，运用部门又是铁路货车检修单位的用户，为用户提供质量良好的铁路货车和零部件是零部件制造单位和铁路货车检修单位共同的责任，实施质量责任追溯是保证零部件制造和铁路货车检修质量的途径。当零部件发生质量问题时，追溯零部件制造单位的质量责任并赔偿，同时装用单位负装用责任，这就要求零部件制造单位须为用户提供质量良好的零部件，满足质量保证内容和保证期限，装用单位在装用时严格控制零部件的制造质量，杜绝不合格的零部件装车使用。目前我国铁路货车规定了48种零部件的质量保证期，其中车钩缓冲装置有6种，转向架部分有29种，制动装置有13种，具体的质量保证期根据不同的零部件分9年、6年、5年和3年四种。

寿命管理：实行铁路货车零部件寿命管理是车辆检修工作的一大进步，长期以来，由于受国情和技术条件的限制，铁路货车零部件未能实行寿命管理，制约了铁路货车及零部件的技术更新，超期使用的零部件给铁路货车检修工作带来一定的困难，给铁路货车的安全管理也带来一定的压力，随着铁路货车提速重载的发展，铁路货车零部件实施寿命管理势在必行，铁路货车零部件实行寿命管理有助于零部件在技术上的更新换代。

三、实施技术支持保障

为完善铁路货车设计和生产工艺责任制，建立铁路货车安全保障的长效机制，快速解决产品设计结构及质量问题，消除安全隐患，铁路货车设计主导厂和生产厂集中优势技术资源，在全路范围内构建铁路货车产品阶段评价和改进体系，实现铁路货车产品性能和结构的科学评价，及时发现、快速处理铁路货车产品出现的质量问题，确保提速、重载运输持续安全稳定。

铁路货车产品阶段评价和持续改进工作是售后服务的重要组成部分，是产品质量追溯的形式之一。各铁路货车造修工厂围绕主要提速、重载线路区段，已形成覆盖主要铁路局站段、辐射重点列检作业车间的现场技术服务网络，建设完成辐射所在提速干线的各列检及站修作业场的大秦线、哈尔滨、丰台、济南、郑州、西安、武汉、杭州等八个铁路货车运用安全技术保障培训基地。目前，较为完善的铁路货车技术支持与保障体系已基本形成。

（一）构筑铁路货车技术保障体系

1. 巩固铁路货车提速技术保障基础

各铁路货车造修工厂均高度重视技术支持及保障工作，建立了以工厂领导牵头负责，设计、工艺、检查及售后服务等部门领导组织实施、各相关专业人员积极参加的技术保障组织机构，使各项技术支持及保障工作能协调开展。各铁路货车造修工厂技术保障人员相对固定，职责分工明确且人员培训到位，使各项技术保障工作顺利实施。各主要铁路货车造修工厂均在主要提速干线附近，使技术服务及时、资源保障有力。各铁路货车造修工厂实行24h值班并有严格的汇报制度，使信息沟通渠道时刻畅通。工厂内部服务组织、人员配备、资源保障、信息沟通等已形成体系，铁路货车提速技术保障的基础已牢固。

2. 形成现场技术服务监控网络

各铁路货车造修工厂合理布置现场服务驻点及监控区间、联系网点及分片包线人员，在主要重载、提速线路的主要站段和运用车间设置现场服务驻点，现场驻扎技术服务人员，可对铁路货车的技术状况进行监控，及时反馈现场信息，主要提速、重载线路现场服务驻点最短距离不足100 km，最长距离不超过900 km，可以保证接到信息后，铁路货车造修工厂人员快速到达指定现场并提供技术服务。现场驻点人员具有较高的业务素质并已熟悉了现场的工作环境，具备处理突发事件的能力。

3. 建立铁路货车提速配件保障体系

根据各提速、重载线路区段的具体特点，各铁路货车造修工厂储备了一定数量的多种易损易耗及紧缺配件；优化了配件储存点的合理分布和配件储存点，采取专件专用、专项管理的方式，明确配件供应及补充的具体要求，各铁路货车造修工厂在运用现场关键及紧缺配件均有合理储备；规范配件保障网络及联络方式，采取专人负责，明确分工及职责，确保供应及时到位。

4. 具备技术保障突发事件处理能力

各铁路货车造修工厂均设置处理突发事件的组织机构，准备了必要的工艺装备，围绕铁路货车可能出现的运行故障类型及各主要提速重载线路的具体特点，结合造修工厂多年现场服务经验，以"反应快速，保障安全"为目的，制定了技术保障应急预案,明确应急启动要求、人员及配件调动、装备保障、故障处理、人员联络及制度等方面的要求,有突发事件时能够保证将所需人员、配件和装备及时调到指定现场并开展保障工作。

5. 形成技术保障信息传输网络

为确保高质量、高效率地完成重载提速铁路货车技术支持及保障工作,各铁路货车造修工厂建立信息沟通网络,在各造修工厂、现场驻点、铁路局、车辆段、运用车间等各相关人员之间建立了电话通信网络,保持畅通的信息传递。已实现了信息畅通、共享,形成了技术支持及保障的信息传输网络。

(二) 形成了铁路货车技术支持体系

各铁路货车造修工厂通过大量的现场调研,及时发现影响铁路货车运用的故障,联合相关科研院所进行专题分析讨论,对其中的典型运用故障进行专题深入的分析讨论和改进研究,提出可行的解决措施或制定专项攻关计划开展攻关研究,这一过程既有助于提高车辆的运用可靠性,又可使造修工厂从产品设计、制造工艺、运用操作及检修维护等各方面对铁路货车的可靠性进行进一步完善,为今后的设计改进工作打下良好基础。多年来,由设计主导厂或造修工厂组成的调研组,分别深入铁路重点提速、重载线路区段的主要铁路局站段及列检作业车间进行现场调研,调研装用转 K2、转 K4、转 K5、转 K6 及转 8A 等各型转向架的铁路货车的运用状况,了解各型铁路货车运用及检修故障类型,各主导设计厂对调研发现的主要运用故障进行了系统分析,诊断出主要运用故障,并对其进行了深入分析研究,提出改进措施并全面实施,提高铁路货车的使用安全可靠性。

(三) 共筑铁路货车人员培训体系

各铁路货车造修工厂创新理念,不断延伸服务领域,不仅派出大量技术人员深入运用现场实地调研,而且还配合列检和编组对运用人员开展培训,协同运用部门开展相关工作。

各铁路货车造修工厂派出大量的设计及技术人员深入各铁路局站段及列检作业车间,了解运用部门的实际培训需求,举办各种形式运用检修人员培训班,培训运用检修部门的技术管理及列检检修作业等相关人员。同时,各工厂的设计及技术人员深入编组站场,将培训服务进一步延伸到编组人员,让更多的人了解和掌握新技术,从多方面提高运用保障水平。通过培训,显著增强了运用系统人员识别和处理运用故障的能力,进一步提高了检修维护水平。

在有关铁路局和工厂的积极努力下,各造修工厂协助建设运用安全技术保障培训基地,向培训基地提供各种型号练功车用转向架及车钩、摇枕、侧架、制动梁等实物配件、模型及新型配件结构图等教学用实物及教材。通过培训基地的建设，为技术培训、信息交流和运用调研活动提供平台，一方面各运用部门在全员技术培训的基础上，组织开展新型铁路货车及零部件现场实物培训及练功活动，使运用列检人员能直观地了解和掌握新型铁路货车的结构及性能要求；另一方面各铁路货车造修工厂定期、分批地派出设计及技术人员深入运用现场开展技术交流和现场调研，既提高了运用人员对新型铁路货车及零部件的了解，又使造修工厂能了解铁路货车运用概况，并对现场发现的问题及时进行改进解决，进一步促进了铁路货车设计、制造水平的提升。

四、严格质量责任追溯

在正常使用情况下，如果铁路货车或零部件在质量保证期限内因存在制造或检修质量缺陷而导致铁路交通事故或行车设备故障的发生，要依据相关的制度和标准追究制造或检修单位的质量责任，这是对铁路货车产品质量管理的最基本的要求。从法律意义上讲，铁路货车的制造、检修单位都是责任的主体，发生质量责任问题要承担相应的法律责任。为使铁路货车产品质量责任追究更加明晰，依托铁路货车技术管理信息系统（HMIS），提高了信息管理精细化程度，为产品质量的追溯提供了强有力的技术支持。

（一）制造、检修信息管理

实施产品质量追溯，首先要通过产品的标识和信息跟踪，及时、准确地寻找到质量责任的主体，才能依据相关的法律、法规、规章、制度或产品合同实施责任追溯。也就是说产品标识和信息是实施产品质量追溯的基本条件。

制造信息：铁路货车制造信息包括现车标记信息和电子标签信息两种形式。现车标记信息即制造厂铭牌，除要标出工厂名称外，还标有制造年份，在车辆新造出厂时将铭牌固定在车体上，永久保留。除整车标记信息外，铁路货车的互换配件上须铸出、涂打、刻打出制造及检修日期及单位的标记。铁路货车电子标签信息内存有铁路货车属性、车种、车型、车号、换长、制造厂、制造日期等信息，在安装前通过标签编程管理系统将车号信息及铁路货车参数信息数据写入标签，永久保存。

检修信息：铁路货车检修信息包括现车标记信息、检修原始记录信息和HMIS数据信息。现车标记信息即厂、段、辅、临修定检信息，包括检修单位和检修日期等内容，另外也包括局部技术改造标记信息。检修原始记录是指车统资料，是对铁路货车从扣车到修竣全过程的痕迹记载，所采集的数据须齐全、准确和及时，并按照一定的保存周期妥善保管。HMIS信息系统是一个综合信息系统，由铁道部、铁路局、车辆段（工厂）三大级系统和车辆段（工厂）、车间（分厂）、工位小三级系统构成。段级应用系统又包括运用、段修、站修、轮轴、修配五个子系统和调度管理、技术管理、安全管理、领导决策、质量和验收管理五个分系统组成，从入段（厂）鉴定、检修计划、技术数据、故障处理、加装改造、质量检验等信息集成，并逐步实现工位录入和自动采集。

信息追踪：当铁路货车或零部件发生质量问题，传统的途径是通过铁路货车现车或零部件上的标识来确定制造或检修单位及日期等身份信息，然后与生产厂家的制造或检修原始记录进行核对，最终依据相关规定确定责任主体。这种方法有一定的局限性，特别是实施配件互换检修以后，经过多次修程的检修，信息的追踪就会非常复杂。铁路货车技术管理信息系统（HMIS）的开发和应用，积累了大量的制造及检修信息，并且实现了网络化共享，使得质量信息追踪变得更加简单、准确和快捷。

（二）责任追溯与赔偿

责任追溯的依据是损害事实和损害与产品质量之间的因果关系。铁路货车产品质量的责任追溯及赔偿要依据《铁路法》、《安全生产法》、《铁路交通事故应急救援和调查处理条例》等相关法律法规，同时要根据《铁路货车厂修规程》、《铁路货车段修规程》、《铁路货车站修规程》和《铁路货车运用维修规程》的具体规定来确定具体责任。

发生因产品质量原因导致的铁路交通事故时，应根据事故责任程度承担相应比例的事故损失费用。依据《事规》的规定，由事故处理委员会和安全监察部门负责裁决，负事故全部责任的，承担事故损失费用的100%；负事故主要责任的，承担事故损失费用的50%以上；负重要责任的，承担事故损失费用的50%以下，负次要责任的承担事故损失费用的30%以下。

检修时发现事故车、与图纸不符的车辆时，须及时上报，事故车须按规定办理索赔，与图纸不符的车辆须进行结构鉴定，对未经批准擅自变更结构的铁路货车要予以恢复，费用由责任单位承担。

在正常使用条件下，凡在制造质量保证期限内零部件发生质量问题时，须由零部件制造单位承担质量保证责任，装用单位承担装用责任。车辆在检修中因设计、制造原因，需改造的项目或零部件在质量保证期限内超过段修限度，或发生裂损等影响使用的缺陷，需更换的零部件由车辆制造或检修单位无偿以旧换新，车辆制造或检修单位继续向零部件生产单位进行质量追溯。在使用寿命内，因内部缺损造成事故时由零部件制造单位负责。

在质量保证期限内可追溯配件发生裂损更换时，产生费用根据HMIS录入情况，向配件生产厂家按配件成本索赔，同时按配件成本价格的30%追溯检修及管理费用，每季度向临修、站修所所在车辆段进行结算。质量保证期限外可追溯配件发生破损时，产生的费用根据 HMIS 录入情况，按更换配件的类别（新品配件、利旧配件）向上次定检单位进行追溯清算。同时按配件成本价格的 30% 追溯检修费用，加修配件只支付检修劳务支出费用。因检修质量不高发生的主要故障，由临修单位通过 HMIS 上报，产生的检修费用向上次定检（临修）单位追溯，每季度向临修、站修所所在车辆段进行清算。

发生重大质量问题或因产品质量问题导致发生事故时，除要根据以上规定进行赔偿外，为制止及防止同类问题的重复发生，近年也采取了一些强制性的处罚措施。例如：对确实不具备质量保证条件的单位，及时采取停产措施，避免制造或检修出更多质量不合格的产品投入使用。再如：对由于设计、制造等原因导致已投入使用的批量不合格产品，采取产品召回，防止再次因产品质量问题造成损失。

产品停产和召回都是一种强制性的预防纠正措施，依据行政命令而生效，另外根据顾客的反馈，制造或检修单位也可以主动采取这些措施。停产整顿是我国铁路货车及零部件制造及检修方面的一种比较常见的手段，责任单位经过纠正违规行为、规范生产秩序等行动，在产品质量能够达到标准以后，申请上级主管部门进行审核认证，合格后方可恢复正常生产。产品召回制度在发达国家已经有很长的历史，我国第一个产品召回制度 2004 年出现在汽车制造行业，后在医药食品行业广泛应用，是维护消费者权益的法律行为。近年来铁路部门加大了对重大质量问题的处理力度，多次采取产品召回措施。

第二节　铁路货车安全管理责任与制度

一、铁路货车安全责任管理

铁路货车安全管理按照"逐级负责、领导负责、专业负责、岗位负责"的管理机制，科学界定各层次的安全

责任，明晰领导层、管理层、作业层各岗位的安全职责，实现铁路货车安全生产压力、责任逐级传递、逐级落

实，保证铁路货车安全管理达到全面、全员、全方位覆盖，保证铁路货车安全生产保障能力持续提高，实现铁

路货车运行安全、稳定、可靠。铁道部、铁路局车辆处（含铁路货车造修企业，下同）和货车车辆段、生产车间各级管理层和作业班组执行层，按照逐级负责、领导负责、分工负责、岗位负责、分级管理的原则，明确各级、各部门、各

管理层人员、各岗位作业人员安全职责，形成一个职权明晰、目标具体、利益一致的共同体，其主要内容应包括以下几个部分。

（一）安全生产逐级负责制

1. 铁道部铁路货车主管部门安全职责

（1）贯彻落实《安全生产法》和《铁路运输安全保护条例》，对全路铁路货车的制造、检修质量、技术标准和运行安全负责。

（2）负责铁路货车装备管理工作，提出铁路货车装备发展规划意见，提出铁路货车装备维修手段现代化

及近远期能力发展和布局规划意见，

（3）制定铁路货车检修规程、规则、技术管理要求，负责铁路货车行车安全装备的研制和使用管理工作，并监督执行。

（4）提出铁路货车技术政策、技术标准和技术管理规程及设计规范意见；提出新型铁路货车设计任务书和组织技术审查、样车试验和鉴定定型工作，负责铁路货车技术图纸审批和管理工作；参加、组织有关的对外

技术合作和技术交流，组织进口铁路货车技术的消化、吸收工作，并监督执行。

（5）负责铁路局交接口铁路货车列检作业场的布局，承担编制货物列车运行图的有关工作，制订国际联运铁路货车规章。

（6）提出铁路货车新造建议计划，实施铁路货车采购工作，编制下达检修及修理费用使用计划，核定检修定量，组织爱车工作；负责铁路货车调拨、报废工作，制定段修车单价，参与核定铁路货车使用费用并审核支付修理费，指导企业自备车检修及运用工作。

（7）制定铁路货车检修装备规程和管理办法，

（8）参加铁路大中型建设项目中有关铁路货车布局、能力的设计鉴定和竣工验收工作，提出新线建设、既有线改造后的铁路货车运用、安全保障方案。

（9）负责领导铁路局、铁路货车造修企业的验收工作。负责铁道部驻铁路局、驻铁路货车造修企业验收人员的管理工作。

2. 铁路局铁路货车主管部门安全职责

（1）贯彻落实《安全生产法》和《铁路运输安全保护条例》，按照"谁主管、谁负责"和"管生产必须管安全"的原则，对本部门技术及安全管理负责，对本部门安全生产负有直接责任，既要负责技术标准的制定、实施和检查监督，又要加强对本部门安全管理的指导和监督。

（2）按照"负什么责、怎么负责、不负责怎么办"的要求，建立健全本部门

安全生产责任制；组织审核所辖货车车辆段及其党、政正职的安全生产责任制。

（3）贯彻实施上级安全生产法律、法规、制度、规章、规程、指示和要求，保证政令畅通，令行禁止。

（4）在规章制度管理、设备管理、生产管理的全过程和结合部管理中承担技术管理责任；严格技术标准的制定、把关和监督实施。

（5）承担货车车辆段、作业现场的专业管理和专业指导责任，检查监督管理制度、技术标准、工艺标准在运输安全生产中的落实情况。

（6）制定干部职工业务技术和安全知识培训计划，组织货车车辆段规范技术设备质量标准和职工作业标准，组织干部职工学标、对标、贯标，提高设备检修维护水平，督促设备用、管、修制度的落实，确保设备质量达标，规范职工作业行为，推行职工作业标准化。

（7）组织召开月、季、半年、年度安全生产会议，分析本部门安全生产中存在的关键性、倾向性问题，组织开展攻关活动，超前做好安全预防。

（8）负责本部门与其他部门结合部的协调工作，建立健全协商、协调、协作制度，完善激励约束机制，消除安全管理的脱节、失控现象。

（9）制定本部门事故应急救援预案，保证救援设备的资金投入，建立应急救援组织，定期进行演练和培训，提高救援能力。

（10）建立安全生产问题库，对重大问题和严重隐患纳入问题库管理进行分类管理、跟踪处理、定期落实整改销号。

（11）参加调查、分析与铁路货车有关的铁路交通事故；组织调查、分析、处理与铁路货车有关的行车设备故障，按照"四不放过"的原则进行责任追究。

（12）对列入投资计划的安全设备项目督促实施和落实。

（13）抓好安全重点，强化安全关键的控制，提高铁路货车检修运用质量。严格落实铁路货车检修工艺，加强铁路货车主要部件的检查、探伤工作；落实5T安全防范系统的"用、管、修"制度，防止铁路货车大部件断裂、脱落、燃轴、切轴等惯性事故发生；坚持不懈抓好铁路货车列检工作，提高现场控制的有效性，确保铁路货车运行安全。

3. 货车车辆段安全职责

（1）货车车辆段是铁路货车安全生产的基层单位和责任主体，在铁路局的领导下，贯彻落实国家、铁道部和铁路局有关安全生产的政策、法律、法规、标准、规定、措施、部署和要求。

（2）按照铁道部、铁路局的部署和有关制度、规定，结合实际制订安全管理规划、目标、实施措施和细则，保证安全措施、作业标准、技术标准、作业纪律、技术纪律等规章制度在运输生产过程中全面落实。（3）建立健全安全生产责任制，科学界定各技术主管部门、车间、班组安全职责；明晰岗位责任，制定各级管理人员的岗位工作标准、细化作业人员的岗位作业标准和岗位间的联控互控办法；明确安全责任制考核办法，做到责任到人，标准到岗。

（4）定期分析安全生产现状，落实安全工作进度，分析安全动态，确定安全重点，协调、解决安全中存在的关键性和倾向性问题；每月召开一次安全生产分析会议，每季至少召开一次安全生产委员会会议。

（5）按规定设置安全监督管理机构，完善安全监督管理制度，配齐配强安全监督管理人员，不断采用先进技术和设备，优化安全检查监督手段。

（6）建立健全安全管理办法、技术作业标准、设备设施管理及安全措施的动态管理机制，根据上级要求、运输组织和生产任务的变化以及新技术发展的要求，进行及时的清理、整合和修改完善。

（7）结合安全生产实际，把铁道部、铁路局安全生产规定、规程、制度、办法、措施、细则，细化分解到车间、班组和岗位，卡控安全关键，提高现场安全控制能力。

（8）加强对干部职工安全生产法律、法规和安全第一的思想教育，增强全员安全生产意识；落实职工业务技术和安全知识培训计划，保证主要工种按规定进行脱产培训。

（9）以本部门应知应会的基本规章、基本作业标准、基本技能、非正常作业办法、应急处理能力为主，建立健全日常技术教育与考核制度；定期组织开展技术演练和技术比武，提高职工业务素质；对行车主要工种新职、转岗、晋升人员实行严格考核，保证主要工种持证上岗制度的落实。

（10）建立健全设备的管理、运用、检修、保养制度，对安全关键设备合理安排成本支出，落实包保制度，做到责任到人，控制到岗，保证设备动态达标。

（11）根据铁路局的部署，及时组织开展春、秋两季设备大检查、大整修活动，强化设备质量；积极采用新技术、新设备，提高科技保安全的水平。

（12）组织实施上级下达的安全设备更新改造和新技术设备投资方案；建立健全主要设备大修、更新改造的质量监督、验收制度。

（13）加强对安全生产检查监督和指导，建立健全安全日常检查和重点监控制度，对现场检查的时间、频次、方式、发现解决问题件数、覆盖率和检查质量，特别是干部安全巡视、关键岗位盯岗监控做出量化规定和明确要求，对车间、班组和岗位执行、落实安全规章、制度、规程、标准的情况进行检查，强化现场控制；建立完善违章违纪处罚办法，强化对不安全行为的约束。

（14）依据安全管理职责范围和管理权限，建立健全管理人员聘用、考核、诫免、解聘制度，作业人员择优、转岗、下岗、待岗制度，分配捆绑、工效挂钩制度。定期组织对各及时主管部门、各车间安全生产工作进行检查考评，按管理权限实行安全生产考核奖惩和责任追究。

（15）建立健全安全信息管理制度，及时收集、整理各个层面传来的安全信息，准确掌握安全生产动态，针对运输安全关键性、倾向性的问题，抓好超前防范，消除隐患，完善管理；对本单位的安全信息及时逐级上报。（16）按照上级要求结合单位实际，深入开展安全生产专项整治、安全大检查活动；对需由本单位解决的安全问题和重大隐患，要组织人力、物力、财力进行重点攻关和专项整治。

（17）抓好生产车间和班组建设，配强车间管理干部和专业技术干部，优化车间布局和劳动组织；完善班组安全自控、互控、他控机制；开展标准化车间和创建自控型班组活动，提高车间和班组安全管理水平和自我控制能力。

（18）结合本单位实际，细化控制重大危险源应急预案和事故应急救援预案，成立快速抢险救援组织，加强救援设备的管理，定期组织抢险、救援队伍演练，提高安全应急快速反应和快速处理能力

（19）建立安全生产问题库，对本单位存在和各级检查发现影响安全生产的隐患及时纳入问题库，分类管理，组织落实整改销号，并跟踪复查，督促整改到位。

（20）总结推广安全生产先进经验，把握安全规律、完善安全生产管理措施，逐步建立科学有效的安全管理长效机制，提高安全管理水平。

（21）参加调查、分析和处理与铁路货车有关的铁路交通事故和行车设备故障，按照"四不放过"的原则，实行安全生产考核奖惩和责任追究。

（22）按照"安全稳定、设备优良、管理规范、队伍过硬、科技领先、环境优美"的要求，深化安全标准线建

设，不断强化安全基础，努力实现安全生产有序可控，基本稳定。

（23）建立健全党政工团齐抓共管合力保障机制，深入开展党支部"安全屏障工程"建设、"职工代表监察安全管理"以及团员青年"安全路风杯竞赛"等群众保安全活动，调动各方面积极因素，形成群体保安全的合力。

4. 生产车间安全职责

（1）按照货车车辆段安全生产委员会的要求及有关安全生产的规章、标准，制定本车间安全生产目标及实施措施，并具体组织落实。

（2）对安全生产坚持半月一分析，一月一总结，对安全生产实行动态控制，对本车间存在的不安全因素和发生的问题，制定整改措施，防患于未然。

（3）对职工进行政治思想和安全生产知识的教育，不断提高职工遵守各项劳动纪律和规章制度的自觉性。

（4）强化在职、新职及转岗职工的实作技能培训，组织职工开展群众性的岗位练兵和技术比武活动，不断提高全员的技术素质，确保每个职工达到本岗位应

知应会要求。

（5）定期组织车间安全设备检查，确保压力容器、防火防爆装置等安全设施的正常有效使用

（6）车间干部深入现场检查工作，及时发现和解决存在的问题，确保现场作业安全。

（7）参加本车间及管辖区域内发生的与铁路货车有关的铁路交通事故和行车设备故障的调查、分析和处理，并按规定向上级报告。

（8）对安全生产中有功人员进行表扬、奖励；对违章违纪人员进行考核，对发生事故的有关人员提出处理建议。

5.作业班组安全职责

（1）按照上级有关安全生产的规章、标准及货车车辆段、车间安全生产的要求，制定本班组安全生产目标及实施措施，并具体组织落实。

（2）对安全生产坚持每班分析、总结制度，实行动态控制，对本班组存在的不安全因素和发生的问题，制定整改措施，防患于未然。

（3）对职工进行政治思想和安全生产知识的教育，不断提高职工遵守各项劳动纪律和规章制度的自觉性。

（4）组织职工学习有关安全技术规章制度，教育职工遵守劳动纪律按章作业。

（5）经常检查、整修机具和安全装置，及时清理工作场所。

（6）组织开展安全生产竞赛与评比，学习推广安全生产经验。

（7）及时分析发现本班组管辖范围内的安全隐患，制定改进措施，抓好落实。

（二）安全生产领导负责制

1.铁道部铁路货车主管部门主要领导安全职责

（1）贯彻《安全生产法》和《铁路运输安全保护条例》，始终坚持把安全工作摆在第一的位置，把主要精力、主要时间放在抓安全生产上，对铁路货车安全全面负责。

（2）提出铁路货车发展规划和技术政策，编制年度铁路货车检修、改造计划，并监督实施。

（3）制定铁路货车检修制度和铁路货车检修、运用、红外线及安全监测、铁路货车淘汰报废等各项规程、

规章、标准和技术管理要求并监督实施，制定国际联运铁路货车规章，指导企业自备车的检修和维修保养工作。

（4）提出铁路货车及其主要零部件的设计任务书，确认技术条件，组织设计审查、样车试制、试验和鉴定

定型工作，办理新造、进口铁路货车设计图纸的审批，制定进口铁路货车及其重要零部件的技术条件。

（5）负责铁路货车及其主要零部件的改造，归口管理铁路货车制动、钩缓等主要零部件的技术条件，推广铁路货车检修、运用先进工艺、装备和科学管理方法。

（6）管理铁路货车运用、安全工作，审批主要列检作业场、铁路局交接口、国境口岸站列检作业场的设置方案，负责红外线等安全监测系统管理，指导铁路货车列检工作。

（7）管理特种、专用铁路货车有关技术、检修、运用工作，负责特种铁路货车的配属和超限货物运输中有关铁路货车工作。

（8）分析铁路货车事故及故障规律，制定铁路货车行车安全措施，组织爱车工作。

（9）领导铁路货车调度、验收工作。

（10）组织铁路货车检修专用设备的选型、鉴定和推广。

2. 铁路局

（1）铁路局行政主要领导安全职责

①贯彻执行党和国家安全生产政策和法律、法规，坚持"安全第一、预防为主、综合治理"的方针，贯彻落实铁道部安全生产指示、命令、规章、制度和规程。

②根据铁道部安全工作部署，组织制定本企业安全生产规划、目标，明确安全管理模式，领导、组织、督促、检查主管领导抓好实施。

③规范安全管理，组织建立健全本企业安全生产责任制、责任追究制度和考核落实体系。

④加强专业部门安全管理，完善检查监督机制和安全管理体系，提高综合部门服务安全的保障能力；组织制定干部职工教育培训计划；组织制定行车设备投入产出制度，保证安全生产的投入；督促主管领导抓好铁路货车检修和铁路货车检修、检测设备"用、管、修"工作，积极推进新技术、新设备的运用，全面提高科技保安全水平。

⑤组织制定并实施安全生产重大危险源辨析、归档、管理制度和安全事故应急救援预案；正确处理好履行政府职能和履行企业职责的关系，做到依法行政、依法管理，领导、组织、督促、检查本企业和有关部门按照"四不放过"的原则认真调查、分析、处理各类铁路交通事故和行车设备故障；按照《事规》的规定，及时、如实报告安全事故；按照本企业安全生产考核办法有关规定考核追究有关责任人员。

⑥主持本企业安全工作会议、安全生产委员会会议,分析安全生产形势,研究安全生产重大问题,部署安全工作;深入运输生产一线调查研究,对安全生产进行检查指导;认真组织开展安全生产活动和安全专项整治,制定并落实安全生产中超前性、倾向性、关键性问题的控制措施。

⑦坚持以人为本,关心职工安全和健康,领导、督促、检查本企业机关、站段不断改善安全生产条件和环境,实现安全生产有序可控、基本稳定。

(2) 铁路局行政主管领导安全职责

①在铁路局行政主要领导的领导下,贯彻执行党和国家的安全生产政策和法律、法规,坚持"安全第一、预防为主、综合治理"的方针,贯彻落实铁道部铁路货车主管部门和本企业安全生产指示、命令、规章、制度和规程,对主管工作负管理领导责任。

②规范安全管理,督促有关部门根据本企业安全生产责任制,制定实施细则,严格进行考核奖惩;认真落实专业管理、部门负责制度,督促、检查主管部门加强安全基础建设的实施措施和办法,充分发挥专业管理的作用。

③督促检查各单位认真落实职工培训计划,抓好职工业务技术培训工作;认真落实行车设备投入产出制度,督促、检查各单位抓好铁路货车检修和铁路货车检修、检测设备"用、管、修"工作,提高设备质量。

④督促、指导主管部门及各单位制定安全事故应急预案和设备质量管理制度及设备故障管理办法;正确处理好履行政府职能和履行企业职责的关系,做到依法行政,依法管理;组织参与铁路交通事故的调查、分析和处理,督促、检查主管部门按照"四不放过"的原则调查、处理、分析铁路交通事故和行车设备故障,按照本企业安全生产考核办法有关规定处理有关责任人员。⑤参加本企业安全工作会议、安全生产委员会会议;督促、指导专业部门针对本部门安全生产关键,开展安全生产专项整治,认真解决影响安全生产的突出问题。

⑥经常深入运输生产一线,检查指导、调查研究安全生产工作,组织、指导并督促专业部门制定和落实超前性、倾向性、关键性问题的控制措施。

⑦加强对主管部门安全生产的管理和检查指导,及时消除安全隐患,确保安全生产。

(3) 铁路局铁路货车主管部门负责人安全职责

①在铁路局行政主要领导和主管领导的领导下,负责铁路货车主管部门安全管理工作。

②建立健全铁路货车主管部门安全管理责任制,明确各岗位安全管理责任和标准,落实安全生产责任制考核办法和安全责任追究制度。

③组织铁路货车主管部门贯彻落实上级安全生产法律、法规、政策、制度、

规章、规程、指示和要求，结合本部门实际组织制定相关的实施细则；组织落实本部门安全管理规划、方针、目标和实施办法。

④组织制定、完善本部门安全规章制度、设备质量标准、技术标准、作业标准和管理标准，形成配套的标准体系，狠抓落实。

⑤每半年进行一次对货车车辆段的安全管理评估考核，重点检查评估货车车辆段安全管理制度是否健全和落实，技术标准、管理制度是否完善，作业标准、工艺标准是否严格执行，工作质量、产品质量是否达标，检修、运用、安全监测设备的维护是否到位；要考核评估结果，实行排队促尾、差点公示；每季度剖析一个货车车辆段，分析现状，发现并解决安全关键和倾向性问题。

⑥组织对职工进行安全生产法律、法规宣传教育，增强安全第一意识；制定落实干部职工业务技术和安全知识培训计划，组织货车车辆段规范技术设备的质量标准和职工作业标准，组织干部职工学标、对标、贯标，规范职工作业行为，推行职工作业标准化，每半年进行一次对标、对规检查；落实行车、特种设备"用、管、修"制度，确保设备质量达标。

⑦建立健全专业管理制度，量化对货车车辆段和作业现场检查的时间、频次、方式、发现解决问题件数、覆盖率和质量，强化现场控制。

⑧制定铁路货车部门安全生产事故应急救援预案，保证救援设备的资金投入，建立应急救援组织，定期进行演练和培训，提高救援能力。

⑨建立安全生产问题库，对重大问题和严重隐患纳入问题库管理，跟踪复查，落实整改销号。

⑩组织召开月、季、半年、年度安全生产分析会议，分析本部门安全生产中存在的关键及倾向性问题，针对薄弱环节和安全关键组织开展攻关，超前做好安全预防；每半年组织召开一次安全专业管理工作会议，贯彻上级安全生产的部署和指示，总结安全工作，通报行车、人身安全情况及存在的主要问题，组织开展安全专项整治和攻关活动，并结合实际布署下步安全工作重点。

⑪组织制订本部门行车设备质量管理制度和设备故障管理办法；组织分析、调查、处理与铁路货车有关的铁路交通事故和行车设备故障，并亲自参加对行车一般B类、人身重伤及以上事故的调查处理，按照"四不放过"的原则进行责任追究和整改。

(4) 铁路局铁路货车主管部门分管负责人安全职责

①在铁路局行政主管领导和铁路货车主管部门主要负责人的领导下，负责铁路货车运用检修安全管理工作。

②协助业务主管部门主要领导建立铁路货车系统安全管理责任制，明确各岗位安全管理责任和标准，落实安全生产责任制考核办法和安全责任追究制度；定

期检查铁路货车运用、检修技术主管部门专业技术人员、货车车辆段领导班子安全责任制的落实情况；负责对铁路货车运用、检修、设备技术主管部门安全生产责任制履行情况进行考核，找出存在问题，督促整改。

③组织铁路局货车运用、检修、设备技术主管部门和货车车辆段认真贯彻落实上级安全生产法律、法规、政策、制度、规章、规程、指示和要求，结合主管工作实际组织制定相关的实施细则。

④组织落实铁路货车检修和铁路货车检修、检测设备安全管理规划、方针、目标和实施办法；组织制定、完善铁路货车检修和检修、检测设备安全规章制度、质量标准、技术标准、作业标准和管理标准，形成配套的标准体系，狠抓落实。

⑤协助部门主要领导每半年组织一次安全管理评估考核，检查评估货车车辆段安全管理制度是否健全和落实，技术标准、管理制度是否完善，作业标准、工艺标准是否认真执行，工作质量、产品质量是否达标，检修、运用、安全监测设备的维护是否到位

⑥组织对铁路局货车运用、检修、设备技术主管部门和货车车辆段职工进行安全生产法律、法规宣传教育，增强安全第一意识；制定落实干部职工业务技术和安全知识培训计划，组织货车车辆段规范技术设备的质量标准和职工作业标准，组织干部职工学标、对标、贯标，规范职工作业行为，推行职工作业标准化，每半年进行一次对标、对规检查；落实铁路货车检修、检测设备"用、管、修"制度，确保设备质量达标。

⑦负责组织货车车辆段质量良好地完成段修、段做厂修、辅修、临修和列车检修任务；负责组织检查指导货车车辆段及时完成军、特运铁路货车的选扣、整备和军、特运列车的技术检查作业，保证军、特运铁路货车运行安全。

⑧建立健全专业管理制度，量化对货车车辆段和作业现场检查的时间、频次、方式、发现解决问题件数、覆盖率和质量标准，强化现场作业控制。

⑨组织制定并监督货车车辆段落实重大危险源应急预案和安全生产事故应急救援预案，保证救援设备的资金投入，建立应急救援组织，定期进行演练和培训，提高救援能力。

⑩组织建立铁路货车运用、检修及铁路货车检修、检测设备安全生产问题库，对重大问题和严重隐患纳入问题库管理，跟踪复查，落实整改销号。

3. 货车车辆段

（1）主要领导安全职责

①在铁路局主要领导（主管领导）的领导下，在上级专业主管部门的业务指导下，对本单位的安全管理负责。

②贯彻《安全生产法》和《铁路运输安全保护条例》，坚持"安全第一、预防

为主、综合治理"的方针，贯彻执行党和国家的安全生产方针政策和法律、法规，贯彻落实铁道部铁路货车主管部门、铁路局和上级业务技术主管部门的安全生产指示、命令、规章、制度和规程。

③根据铁路局安全工作部署，组织制定单位安全生产规划、安全生产目标。明确安全管理模式并领导、组织、督促、检查各主管领导抓好实施。

④组织建立健全本单位安全生产责任制、考核落实机制和责任追究制度；督促各主管领导认真抓好铁路货车运用、检修和铁路货车检修、检测设备"用、管、修"工作；理顺安全管理关系，实现规章制度、技术标准、作业标准以及财务管理、劳资管理、收入分配、考核评价等有关制度的统一规范。

⑤根据铁路局安全生产基本制度、管理办法，建立健全落实机制，针对运输生产的变化，及时调整和完善安全管理制度和行车规章、标准，保证安全管理的有效性。

⑥按规定设立安全主管部门，配齐配强安全专职人员，督促、指导安全主管部门履行安全监督管理责任；按照强化车间的要求，配齐配强车间管理干部和专业技术干部，加强班组布局的优化调整，开展标准化车间建设活动，提高车间对异地班组的安全控制能力；组织健全岗位自控、他岗互控、干部包控、设备保控等制度和措施；建立健全安全关键卡控制度，提升运输安全保障能力，实现现场作业的有效管理和控制。

⑦加强班组建设，调整充实自控型班组建设内容，深入开展自控型班组和自控型岗位创建活动，提高班组现场管理和控制能力；组织制定并落实干部职工教育培训计划，开展岗位练兵和技术比武活动，提高干部职工业务素质。

⑧组织制定并实施安全生产重大危险源辨析、归档、管理制度，制定事故应急救援预案，保证救援设备的资金投入；建立应急救援组织，定期进行演练和培训，提高救援能力；按照"四不放过"的原则，组织调查、分析和处理与铁路货车有关的铁路交通事故和行车设备故障，按照《事规》、《铁路行车设备故障调查处理办法》等规定，及时、如实报告事故和设备故障，按照安全生产责任制的要求处理有关责任人员。

⑨主持安全生产分析会议、安全生产委员会会议，分析安全情况，研究安全生产重大问题，针对安全生产关键，组织安全生产专项活动，及时解决安全生产中存在的问题，部署安全工作。

⑩对列入投资计划的安全设备项目组织实施和落实；深入现场对安全生产进行检查指导，制定和落实安全生产中超前性、倾向性、关键性问题的控制措施，并组织落实。

⑪坚持以人为本，关心职工安全和健康，领导、督促、检查车间和班组不断

改善安全生产条件和环境,为实现安全生产的长治久安创造条件。

(2) 安全主管领导安全职责

①协助货车车辆段主要领导对全段的安全生产负责。

②组织制定货车车辆段安全生产目标和安全生产有关的重要文件,审核批准货车车辆段安全目标和主管部门的岗位职责及重点工作计划,审核批准有关安全生产标准、制度、措施、方案等,组织落实车辆段安全生产责任制实施办法。

③深入车间调查研究,检查安全生产,每月深入现场检查指导工作时间不少于月工作日的二分之一。检查设备质量、现场控制、运输组织等工作中存在的问题,并督促解决问题

④每月对安全隐患进行专题分析,制定防范措施。参加处理突发事件,参加与铁路货车有关的铁路交通事故和行车设备故障的调查、分析和处理,及时、准确地向上级汇报铁路交通事故和行车设备故障概况,主持车辆段对责任铁路交通事故、行车设备故障、事故危机、事故苗子的分析会。

⑤抓好职工安全教育工作,定期检查主管部门、车间安全教育情况,结合生产需要,定期进行安全知识考试。

⑥主持开展春、秋季安全设备大检查、大整治活动,深入生产一线,检查指导活动进展情况,协调解决活动中出现的问题。

⑦组织制定并实施安全生产重大危险源辨识、归档、管理制度和安全事故应急救援预案等。

(3) 运用主管领导安全职责

①协助货车车辆段主要领导对全段的铁路货车运用安全工作负责。

②组织制定主管部门和生产车间安全生产目标和安全生产有关的重要文件,审核批准主管技术部门的岗位职责和重点工作计划,审核批准主管工作有关安全生产标准、制度、措施、方案等并组织落实。负责组织贯彻上级有关铁路货车运用维修工作的文件、命令、指示和各项规章制度。根据列车运行图和运行方案负责组织制定实施措施,确保列检作业场全面完成各项检修任务和经济技术指标。

③加强对运用车间工作的指导,确保铁路货车运用维修工作的安全可控。深入现场调查研究,及时检查发现设备质量和现场作业存在的问题,并提出控制措施、抓好落实。

④参加因铁路货车检查、维修不良造成的铁路交通事故和行车设备故障的调查、分析和处理,并制定整改防范措施,预防类似问题再次发生。

⑤加强班组建设,进一步发挥管理人员作用,加强对重点部位的卡控、把关力度,确保辆辆安全、列列优质。

⑥采取有效手段,对车间、班组和岗位落实安全规章制度、规程、标准情况

进行检查监督,加强安全生产过程控制,及时发现和纠正违章违纪行为,确保安全生产。

(4)检修主管领导安全职责

①协助货车车辆段主要领导对铁路货车检修安全工作负责。

②组织制定主管部门和生产车间安全生产目标和安全生产有关的重要文件,审核批准主管技术部门的岗位职责和重点工作计划,审核批准主管工作有关安全生产标准、制度、措施、方案,并组织落实。

③督促主管部门、车间落实安全生产责任制,定期参加车辆段安全生产专题会议,

④督促主管车间加强职工教育培训工作,定期对职工教育培训工作进行调研,

⑤参加因铁路货车厂、段修车检查、维修不良造成的铁路交通事故和行车设备故障的调查、分析和处理,并制定整改防范措施,预防类似问题再次发生

⑥深入现场调查研究、检查安全生产。检查发现解决设备质量、现场控制、生产组织等工作中存在的问题,对安全隐患进行专题分析,制定防范措施,

(5)技术主管领导安全职责

①协助货车车辆段主要领导对主管工作的安全负责。

②负责审批主管工作的安全目标、岗位职责、重点工作计划的制定。

③督促主管部门、车间落实安全生产责任制,定期参加车辆段安全生产专题会议。

④督促有关车间加强职工教育培训工作,定期对职工教育培训工作进行调研。深入现场调查研究,检查安全生产工作。每月深入车间、班组检查指导工作。

⑤每月深入车间、班组检查指导工作时间不少于月工作日的二分之一。检查5T设备及各项管理标准落实情况,对存在的安全隐患进行专题分析,制定防范措施,针对5T设备管理工作中存在的关键性、倾向性问题进行分析,提出措施并督促整改,进行超前防范。

⑥参加因设备检查、维修不良造成的铁路交通事故和行车设备故障的调查、分析和处理,并制定整改防范措施,预防类似问题再次发生。

(三)安全生产分工负责制

铁路货车是铁路运输的主体承载设备。为适应铁路运输货物品种的多样化,铁路货车车种、车型与之匹配,呈多样化的态势;为适应铁路运输载重、密度、速度并举的发展趋势,铁路货车不断进行改进和增加新技术的含量;铁路运输是一个环环相扣的大联动机,铁路货车部门与其他各部门之间有着千丝万缕的联系。因此,必须要有一个专门的技术部门来管理铁路货车安全工作,而且要持续加强。

所以，加强铁路货车专业技术管理是不断适应铁路运输发展形势的需要，是不断提高铁路货车质量，确保铁路货车运行安全的基本保证。

1. 铁道部铁路货车主管部门

铁道部铁路货车主管部门是铁路货车制造、维修的管理者，也是铁路货车制造、维修、检修质量标准、工艺标准和运用管理标准的制定者。

2. 铁路局

铁路局铁路货车主管部门是认真落实上级各种文件及要求、认真抓好铁路货车工艺质量落实、指导车辆段做好铁路货车检修和运用工作的直接管理者。

（1）运用技术主管部门

①在铁路局铁路货车主管部门主要领导和主管领导的领导下，贯彻落实《安全生产法》和《铁路运输安全保护条例》，按照"谁主管、谁负责"和"管生产必须管安全"的原则，对本专业技术及安全管理负责，对本专业安全生产负有直接责任，既要负责技术标准的制定、实施和检查监督，又要加强对本专业安全管理的指导和监督。

②按照"负什么责、怎么负责、不负责怎么办"的要求，加强对铁路货车运用、5T运用安全管理的指导和监督。健全完善本部门、本专业安全管理责任制；组织审核所辖车辆段对口专业的安全生产责任制。

③负责上级安全生产法律、法规、政策、制度、规章、规程、指示和要求在本专业的接收和贯彻工作，保证政令畅通，令行禁止。同时，结合铁路货车运用安全工作实际，进行细化和转发，并指导、监督车辆段落实。④按照铁道部颁布的《铁路货车运用维修规程》要求，结合实际制定铁路局《铁路货车运用维修工作管理细则》，对《铁路货车运用维修规程》中的技术要求、质量标准和管理规定进行分解细化，统一规定本部门安全管理、铁路货车运用、5T运用的作业标准、质量标准、管理标准及工作程序标准。建立健全基本制度、基本台账和基础资料。

⑤对货车车辆段上报的《铁路货车运用管理细则》进行审查；制定本铁路局列检作业场列车技术检查范围、质量标准和技术作业过程；制定经翻车机卸车铁路货车翻卸前后的技术整备标准、铁路货车技术交接检查标准、企业自备铁路货车过轨技术检查标准、各种专用铁路货车的技术整备及技术检查标准；制定本铁路局铁路货车列检作业安全标准；制定与铁路货车有关的铁路交通事故和行车设备故障调查处理程序、标准以及故障铁路货车的处理办法；编制本铁路局货物列车技术作业时分标准，参加本企业货物列车运行图编制。

⑥建立健全安全质量分析、检查、评估制度。组织制定铁路货车列检作业场标准化评比条件及验收命名办法、铁路货车运用工作检查评估办法、安全管理工作检查评估考核办法、运用维修质量互控制度、典型故障统计分析制度，定期进

行检查、验收和评估，结果纳入对货车车辆段的考核；完善安全生产分析制度、安全信息管理制度以及铁路交通事故和行车设备故障转出、转入、报告制度，加强对铁路交通事故和行车设备故障的管理。

⑦负责脱轨器、对讲机、5T、列车制动机试验监控系统等铁路货车列检工装设备的运用管理工作，督促车辆段抓好设备管理使用制度的落实，规范职工作业行为，推行职工作业标准化。

⑧对列入投资计划的铁路货车运用安全设备项目进行督促、检查。参加铁路货车运用新技术、新装备的研究、试验和开发，组织铁路货车运用工装设备整改，提高设备运用质量；协助职工教育主管部门，做好铁路货车运用、5T运用岗位的职工教育培训工作。

⑨根据运输组织方案的调整情况，为保证运输安全畅通的需要对管内列检作业场及铁路局交界口列检作业场的设置、撤销和变动提出建议，并上报铁道部批准；对货车车辆段上报的装卸检修作业场和铁路货车技术交接作业场设置以及检修人员配备的建议进行审批。

⑩根据铁路发展战略的要求以及管内机车交路特点、运输组织需要，研究制定管内铁路货车列检作业布局优化方案，并组织实施；根据管内各列检场作业特点，研究制定管内铁路货车列检作业场发展规划和铁路货车重要行车安全监控系统建设方案，并指导、监督车辆段实施。

⑪检查指导货车车辆段及时完成军事运输、紧急运输或超限货物运输等有特殊要求的货物列车技术检查作业，保证铁路货车运行安全。

（2）检修技术主管部门

①在铁路局铁路货车主管部门主要领导和主管领导的领导下，贯彻落实《安全生产法》和《铁路运输安全保护条例》，按照"谁主管、谁负责"和"管生产必须管安全"的原则，对本专业技术及安全管理负责，对本专业安全生产负有直接责任，既要负责技术标准的制定、检查和监督，又要加强对本专业安全管理的指导和监督。②按照"负什么责、怎么负责、不负责怎么办"的要求，对管内车辆段做厂修、段修、辅修及自备车检修安全管理工作负责。加强对段做厂修、段修、站修及自备车检修安全管理的指导和监督。健全完善安全管理责任制；组织审核货车车辆段对口专业的安全生产责任制。

③负责组织货车车辆段贯彻落实铁道部、铁路局有关段做厂修、段修、辅修及自备车检修工作的规章制度，保证政令畅通，令行禁止。

④建立健全铁路货车段做厂修、段修、辅修及自备车检修工作的规章制度收发记录台账；指导、督促货车车辆段贯彻落实铁道部、铁路局有关段做厂修、段修、站修及自备车检修工作的规章制度；负责企业自备车年度检修合同审核，定

期组织有关人员对企业自备车自做定检的单位，进行专业检查和指导；对货车车辆段贯彻铁道部、铁路局颁发的有关段做厂修、段修、辅修及自备车检修工作规章制度的落实情况进行检查。

⑤负责贯彻、执行铁道部颁发的有关铁路货车检修技术标准，编制有关铁路货车检修的工艺技术文件。建立有关货车车辆段厂修、段修、辅修及自备车检修工作的标准、文件、电报、命令收发记录台账，并结合实际情况提出贯彻、实施细化措施。

⑥负责对货车车辆段制订的段做厂修、段修、辅修作业标准或岗位作业指导书进行审核，及时收集和上报有关铁路货车检修的各种安全生产信息，指导、督促货车车辆段建立有关段做厂修、段修、辅修规章制度、技术标准、作业标准管理制度，建立技术档案资料库。指导、督促货车车辆段根据铁道部、铁路局下发的有关段做厂修、段修、辅修及自备车检修工作的规章制度、技术标准，结合生产现场实际情况编制、补充、完善、修订作业标准或各岗位作业指导书。对货车车辆段上报的作业标准或岗位作业指导书编制及修订情况进行检查和审核。

⑦严格落实铁路货车检修工艺，加强铁路货车主要部件的检查、探伤工作，保证铁路货车检修质量持续提高，确保铁路货车运行安全。按规定组织进行段做厂修、段修、辅修、临修车质量对规检查。

⑧定期剖析段修和站修车间，检查监督管理制度、技术标准、维修工艺在运输安全生产中的落实情况。

⑨对干部职工进行安全生产法律、法规和安全第一的宣传教育，提高安全生产意识，协助职工教育主管部门做好铁路货车检修系统干部职工教育培训工作。协助技术设备主管部门每年组织一次对全局铁路货车检修部门轮轴探伤工、质量检查人员进行持证上岗理论和实做考试，对全局铁路货车检修部门轮轴探伤工及质检员持证上岗情况进行检查。

⑩负责参加铁道部关于段做厂修、段修、辅修检修任务的招标、投标工作，协调和组织相关部门、货车车辆段提供投标所需各项基础资料，编制投标文件。

⑪根据铁道部下达的段做厂修、段修、辅修检修任务量或中标数量提出段做厂修、段修、辅修及自备车检修和加装改造任务分配计划，督促、指导货车车辆段制定检修生产计划。

⑫指导、协调段做厂修、段修、辅修及自备车检修、加装改造生产计划的实施。

⑬配合铁路货车综合管理部门做好铁路货车检修、运用主要配件的招标工作，提出铁路货车检修、改造用配件招标工作的意见和建议。

（3）验收主管部门

第七章 铁路货车技术管理系统应用

①在铁道部的领导下，贯彻落实《安全生产法》和《铁路运输安全保护条例》，按照"谁主管、谁负责"和"管生产必须管安全"的原则，对本部门监督驻在单位落实技术标准及本部门安全管理负责，对本部门安全生产负有直接责任，既要负责管理标准的制定、检查和监督，又要加强对本部门安全管理和指导、监督。

②按照"负什么责、怎么负责、不负责怎么办"的要求，负责铁路局派驻各货车车辆段验收室的管理工作。健全完善安全管理责任制；组织审核车辆段对口专业的安全生产责任制

③及时接收、登记、转发上级文件、规章制度、技术标准，根据需要提出具体实施措施并做好监督落实。保证政令畅通，令行禁止。

④制定验收各岗位作业标准，指导所属验收室依据国家和铁道部有关行业的法律、法规、规章规定，按照岗位作业标准，独立开展铁路货车产品的质量监督验收工作。

⑤制定铁路局驻车辆段验收室对行车关键设备的性能监控制度，定期对执行情况进行检查指导。

⑥按照上级要求，选派验收人员参加技术业务学习；指导铁路局驻车辆段验收室对验收员进行新聘和岗位交流前的业务培训；组织对全局铁路货车验收人员进行安全生产法律、法规和安全第一的宣传教育，提高安全生产意识。

⑦指导所属验收室建立和完善管理制度，规范验收管理工作；做好验收人员的推荐、选拔、考核、聘任工作；负责管理和协调所属验收室的队伍建设、职责监督、业绩考核，管理和协调日常事务性工作；指导驻段验收室对驻在单位及管内重要铁路货车零部件生产厂家的质量管理体系运行的适宜性进行监督和审核，促进企业质量管理体系有效运行，监督和审核生产企业对合格供方所进行的评价与管理。

⑧定期召开铁路局驻车辆段验收室主任会议。定期组织"三对三查"（对规、对标、对图，查工艺、查管理、查纠正预防措施的落实）工作。

⑨监督所属验收室对验收员名章，产品验收专用章和铁路货车重要零部件合格证（件）签发工作的管理；组织和指导所属驻段验收室开展创建标准化验收室活动。

⑩负责对铁道部驻铁路局验收人员、铁路局驻车辆段验收室主任的年度工作进行检查指导，协助铁路货车主管部门对铁道部驻铁路局验收人员、铁路局驻段验收室主任进行考核评价，对重大质量责任进行追究，落实铁道部驻铁路企业验收机构主任负责制。

3. 货车车辆段

（1）安全主管部门

①在主要领导和主管领导的领导下，负责全段安全管理工作。

②贯彻上级有关安全生产法规、规章、命令，制定本段有关安全生产管理制度，并督促落实。

③监督检查车辆段、车间、班组三级安全教育制度和安全网的落实、运转情况。

④负责安全信息的收集、传递、反馈工作，定期公布安全成绩，通报安全情况。

⑤坚持开展以"五防"为主要内容的防止事故竞赛活动。对防止的典型故障及时鉴定、拍照、上报奖励，对安全生产做出贡献的有功人员建议领导进行奖励。

⑥坚持"安全第一，预防为主"的方针，坚持到车间班组进行作业检查，及时发现帮助解决安全上存在的问题，落实各项安全生产措施，做好事故预防。

⑦参加与铁路货车有关的铁路交通事故、行车设备故障和人身伤亡事故的调查、分析、处理和上报工作；

组织有关车间和技术主管部门按"四不放过"原则进行分析，并对有关责任者提出处理建议。

⑧负责管内行车事故或故障应急处理工作，负责组织对事故车进行鉴定、回送或修复。

⑨组织开展各项安全生产和"安全专项整治"等活动，坚持对本单位职工进行安全宣传教育，不断增强干部职工的安全意识。

⑩对车辆段发生的铁路交通事故和人身伤亡事故承担相应的安全管理责任。

（2）调度主管部门

①在主要领导和主管领导的领导下，组织完成各项生产任务。

②贯彻上级有关安全生产法规、规章、命令，制定有关调度工作管理制度，并督促落实；负责安全信息、行车信息的收集、传递、反馈工作和防洪防汛工作；掌握生产动态和生产进度，收集各种有关生产资料，组织按计划全面完成各项生产任务；组织指挥生产工作，均衡下达年、季、月铁路货车定检，轮对加修计划及外委任务；与车站签订扣车、取送车协议等，督促站方执行协议，保证生产任务顺利完成；按时上报生产任务和有关经济技术指标完成情况等有关资料；接收上级发布的各项调度命令，按规定程序下发有关车间执行。

（3）技术主管部门

①在主要领导和主管领导下负责全段段做厂修、段修、辅修、临修、设备大修、更新改造、机械动力设备、5T系统设备、特种设备、节能、环保、HMIS系统、技术档案、计量、化验等方面的技术管理工作。

第七章 铁路货车技术管理系统应用

②根据上级下达的有关技术规程、规则、细则、命令,结合本单位情况,编制各种工艺文件、操作规程、作业指导书;不断采用和推广新技术、新工艺、新设备、新材料,组织制定实施细则,解决生产中存在的技术问题。

③经常研究铁路货车技术状态及其发展方向,监控铁路货车质量,对铁路货车惯性故障和薄弱环节组织技术攻关,制定措施及实施方案,确保安全生产;组织开展技术革新活动,总结推广先进技术经验。

④搜集技术情报、技术资料,按期提报分管技术指标的分析资料。收集内外部信息,特别是现代化管理和修车质量方面的信息,为领导决策提供依据;定期组织对用户的调查,征求同行业单位对本单位铁路货车检修质量方面的意见;每月组织一次段修、辅修、临修修车质量和产品质量鉴定及标准化车间评审。

⑤根据有关技术政策、技术标准结合本单位具体情况编制设备操作规程、自检自修范围及管理细则,并经常检查实施情况,对设备发生事故及严重故障,提出分析处理意见;编制、下达设备检修计划、检查完成情况,参加重点设备中修以上修程的会检、竣工验收及基建大修、更新改造、扩建工程的竣工验收工作;对设备常见故障组织攻关,制定预防措施,减少临修,提高设备质量;推行设备综合管理。采用和推广新技术、新工艺、新材料、新装备,合理使用大修、更新资金及维修费用,加强设备可行性、经济性的管理,达到设备周期费用最佳的目的;安排设备整修鉴定计划,制定设备升级方案,开展红旗设备竞赛活动,组织设备检查评比。

⑥负责本单位计算机及相关设备的日常维护、保养,发现病毒及时上报;负责本单位HMIS设备及网络的日常维护,保证运行正常;负责本单位工作计量器具和检修样板的管理工作。负责本单位各专业计量标准器的使用、维护、定期送检,按照《计量质量手册》和《计量质量分册》的要求进行工作,保证各专业计量标准器正常运行。

⑦贯彻铁道部5T系统有关规章、命令、指示,结合本单位情况,制定5T系统工作管理办法;编制与修订5T技术作业指导书和有关技术作业标准;负责本单位5T系统设备(包括车号系统)的安装、更新、小修、中修、大修和改造工作的全面规划,联系有关科室,统筹安排工作范围。按有关规定提报计划、预算、图纸及资料;督促开展标准化动态检测车间活动,对5T系统设备进行定期检查和抽查,提出检查考核办法,提高设备质量。

⑧参加与铁路货车有关的铁路交通事故的调查、分析工作;对因技术作业过程、工艺规程、操作规程不健全、质量标准不明确造成的铁路交通事故承担相应的技术管理责任,对定检车发生的质量安全问题承担相应的质量管理责任,对发生的设备质量问题和设备事故承担相应的设备管理责任。

⑨贯彻铁路货车运用规章，提出具体贯彻措施，检查执行情况；负责列检作业场的技术管理工作。编制管内各列检作业场技术作业过程、岗位责任制；经常深入各列检作业场检查安全生产情况，调查列车质量，了解掌握运用车技术状态，分析故障规律，制定预防措施；开展列检标准化活动，及时检查进展情况，总结和推广先进经验，不断提高标准化作业水平；组织各运用车间开展练功比武活动；不断总结、推广列车检查、维修新技术、新工具、新装备，指导各运用车间开展技术革新活动，逐步实现检车、维修机械化、现代化；根据铁路现代化发展方向，负责提出管内列检作业场布局及作业范围的建议；组织完成铁路货车军运、特运、春运等临时性、季节性的运用工作；定期签署自备车检修技术协议，对企业自备车状况、过轨技术检查进行检查指导；对列检标准化活动存在的问题和运用维修质量问题承担相应的运用管理责任。

⑩对全段生产任务的均衡完成负有一定的责任。

（4）材料主管部门

①在主要领导和主管领导领导下负责按计划供应质量合格的材料、配件、工具和职工防护用品。

②按规定到指定厂家或单位采购指定产品及配件；严格进货渠道，落实质量保证，对材料、配件供应不及时影响生产任务的问题承担相应的材料供应责任；对因配件、材料质量达不到规定标准而造成的质量问题和事故承担相应的采购把关责任。

（5）质检主管部门

①在主要领导和主管领导领导下负责铁路货车定期检修、临修过程中和修竣后的质量检查工作。

②负责建立健全本单位铁路货车检修质量检查制度，并认真抓好落实，根据质量检查结果按经济责任制考核办法对各生产车间和各技术主管部门进行质量考核；对本单位检修铁路货车发生的质量问题承担相应的质检把关责任。

（6）验收主管部门章命令。

①在铁道部驻铁路局车辆室的领导下，贯彻有关铁路货车检修、铁路货车配件造修标准、技术要求和规范。

②根据有关标准对入段配件进行复验，对铁路货车使用原材料的化学成分和物理性能进行抽查、鉴定，并进行验收把关；对铁路货车及配件进行认真验收，对交验的铁路货车质量承担相应的验收把关责任。

③发挥"审核评价、监督控制、认可接收、沟通反馈"的职能作用，收集修车质量与生产任务完成情况，认真统计有关数据，帮助车辆段解决检修过程中存在的问题，促进检修质量提高。

④积极开展质量管理和标准化活动，针对生产中的关键质量问题，组织开展攻关，不断提高产品质量，确保行车安全。

（7）劳动人事主管部门

①在主要领导领导下，负责本单位的劳动人事工作；根据运输生产任务的变化，及时查定劳动定额，合理调配作业人员。

②对定职、定级、改职职工经安全技术考试、鉴定合格的人员下达人事命令。

③对身体不适合行车主要工种、接触尘毒作业工种的人员按规定予以调整。

④坚持深入车间班组，检查劳动纪律遵守情况，针对存在的问题，提出防范措施；对因劳动定额编制不当，职工超劳或违犯劳动纪律所造成的铁路交通事故和人身伤亡事故承担相应责任。

（8）职工教育主管部门

①在主要领导和主管领导领导下，贯彻执行党和国家有关职工教育工作的方针、政策、法律、法规及上级有关职工教育工作的命令指示精神，拟定本单位中、长期职工教育工作规划及年度和阶段性职工培训计划。②组织和实施本单位职工培训工作，监督和检查职工培训工作计划的落实，对培训的实施、进度及培训质量进行考核。编制培训计划和教学计划，会同劳动人事主管部门实施新职、定职、转岗、升级的业务技术培训及考核工作；负责送外培训、学历教育、岗位规范化培训人员的报批、输送和管理工作。

③结合本单位实际，依据规章和作业标准，编制职工业务技术培训资料、教材及有关工种的业务技术考核范围标准，对职工业务技术学习情况定期考核，建立职工业务技术档案；定期组织全员练功比武，业务技术竞赛，开展岗位培训，实施持证上岗；对待岗或下岗职工，实施岗位培训和再就业培训；会同相关科室定期对干部进行业务技术考核和职工职业技能鉴定；实施机械设备操作人员培训、考核。

④对因职工培训工作不到位而造成的铁路交通事故和人身伤亡事故承担相应的管理责任。

（9）计划统计主管部门

①在主要领导领导下，负责本单位计划统计工作，认真贯彻执行党和国家的路线、方针、政策和法令及铁路局下发的更新改造计划、统计、成本控制、节能、环保的各项规章制度；根据国家和铁路局颁发的有关计划、统计、节能及环境保护的法令、规章，按照管理权限，制定具体的实施办法和细则，并监督实施。

②对铁路货车修理成本费用、成本核算分析、成本费用预算、预算组织实施、修旧利废工作及本单位基本建设、更新改造、节约能源、环境保护等计划执行情况负有监督管理责任。

（10）财务主管部门

①在主要领导和主管领导领导下，负责本单位财务工作，负责严格执行国家、铁道部、铁路局有关财务管理的法律法规，完善有关安全生产项目支出管理办法。

②建立健全安全技改投资项目支出台账，对安全生产项目资金的使用情况进行监督检查，及时掌握预算执行情况。

③责提供安全生产和改善劳动条件所必要的资金，保证安全生产专项资金有效使用，对因资金未按计划到位所造成的铁路交通事故和人身伤亡事故承担相应的责任。

（四）安全生产岗位责任制

安全生产岗位责任制是指铁路货车从业人员对本岗位的安全生产负有的责任。铁路货车各生产岗位从业人员的主要安全职责是：遵守铁路货车有关安全生产的各项规章、安全管理的规定和办法，遵守铁路货车安全生产的各项工艺标准、技术标准，遵守铁路货车安全生产的各项劳动纪律，通过在铁路货车制造、检修、运用检查和设备检修维护作业中不违章、不违纪的具体体现，保证安全生产。

二、铁路货车安全制度管理

铁路货车安全制度管理是铁路货车安全管理的基础，也是铁路货车加强安全管理、规范安全管理、提高安全管理水平的有效保障，切实用安全制度提高铁路货车安全管理水平是我们行之有效的重要方法。

（一）安全生产委员会制度

铁路货车各级安全生产管理委员会是各级最高的安全生产管理组织机构，安全生产委员会每季召开一次会议，由主要领导主持，各安全生产委会成员参加，贯彻上级安全生产的部署和指示，检查安全生产工作阶段目标的实施进度和安全措施的落实情况，研究解决安全生产重大问题及倾向性、关键性、前瞻性问题，总结和部署安全生产重点工作，对上级安全生产的重大决策和重要指示，研究制定贯彻措施，保证上级指示和要求得到迅速落实，编发《安委会会议纪要》，对安委会部署的工作，督促各部门、各单位抓好落实。

（二）安全生产分析会制度

安全生产分析会制度是铁路货车各单位对安全生产现状进行定期分析，制定解决问题措施，加强安全管理的工作制度，铁道部铁路货车主管部门、铁路局铁路货车主管部门每月组织召开一次安全生产分析会，分析安全生产中存在的问题，对带有倾向性和关键性的问题提出相应措施督促整改；每半年、年度末组织召开一次铁路货车系统安全工作会议，总结铁路货车系统安全工作，分析存在的问题，对铁路货车系统下一步的安全工作进行具体部署。货车车辆段和生产车间每月组织召开一次安全生产分析会，由主管安全领导主持，总结当月安全生产情况，针对存在的问题采取措施，形成会议纪要，认真抓好落实。

（三）安全生产目标管理制度

铁路货车系统各部门、各单位根据上级管理部门制定的安全生产总体目标，分层制定年度及阶段性安全生产目标和各类事故、设备故障控制指标，制定具体的落实措施和保障措施，确保安全生产目标顺利实现。

（四）行车规章管理制度

行车规章是指导现场作业的有效依据，确保行车规章制度在现场的有效落实，是确保铁路货车安全的前提，没有行车规章管理制度，将会导致现场作业失控，甚至导致事故。因此铁路货车各部门、各单位均制定有行车规章管理制度，每半年对各种规章制度进行定期检查清理，根据《铁路货车技术管理规程》、《铁路局行车组织规则》等基本规章和运输组织、行车设备的变化，补充制定铁路货车作业标准和非正常情况下作业标准、技术标准、设备标准、工艺标准，指导基层检修单位、生产车间、生产班组修订完善管理实施细则和规章制度实施办法等规章制度，铁路货车各级主管部门每年公布有效行车规章目录，组织各部门和基层单位对行车规章修、建、补、废，保证行车基本规章制度科学严密、统一规范、动态优化、具体可行，同时，通过规定专业管理规章不得违背或宽于铁路行业基本规章，下级规章严禁违背或宽于上级规章，以确保行车规章的有效性和严肃性。

（五）劳动安全管理制度

劳动安全管理制度，是依据国家和铁路行业有关劳动安全、特种设备安全、劳动保护的法律法规、管理标准和规章制度制定的，它包括铁路货车系统劳动安全专项检查、伤亡事故调查、处理、上报内容和程序，各类惯性伤亡事故、特种设备事故的预防及控制措施，劳动安全预防、预警和技术装备"修、管、用"制度及各工种劳动安全防护措施，劳动保护措施等内容，保障作业人员的安全健康。

（六）行车事故管理制度

铁路货车行车事故管理制度，是对铁路货车发生行车事故时的事故调查、救援、处理、分析管理制度。它包括行车事故（设备故障）信息传递、责任划分、调查处理及应急救援的具体要求；事故调查、处理及分析统计管理办法；事故调查、救援装备要求；事故调查处理人员素质要求；事故调查信息管理（包括信息传递规范、信息上报时效、事故调查内容）要求和各类铁路货车故障的填报规范，事故的处理与统计分析要求等内容，以实现对铁路货车行车事故的有效管理和控制。

(七) 安全信息管理制度

安全信息主要是指在铁路货车生产过程中发生的因不落实规章制度、不按标准化作业或设备质量不良而发生的危及安全的行为或问题,铁路货车系统各部门、各单位都设有安全信息管理中心,所有参与安全生产管理人员是安全信息的收集队伍,在安全生产过程中收集反馈各类安全信息,通过对安全信息的收集、分析,整理出具有实际价值的重要信息、倾向性信息,制定有针对性的防范措施,利用安全信息的收集、反馈、分析、共享和管理情况考核,提高安全管理水平。

(八) 安全统计分析制度

安全统计分析就是真实、完整地对每一件与铁路货车有关的铁路交通事故、行车设备故障进行统计,完成最原始的数据积累,并在对行车设备故障进行认真统计的基础上,定期组织对行车设备故障按故障种类、类别、故障配件、配件故障部位、生产厂家、检修单位等项目进行分析,查找在一定时期内铁路货车发生故障的突出问题和规律,评判铁路货车制造、检修单位和配件生产企业产品质量的优劣,为改进铁路货车安全管理提供可靠的决策依据。

(九) 安全专题调研制度

铁路货车安全专题调研就是铁路货车主管部门组织有关铁路局和铁路货车设计、制造和检修单位进行广泛深入的调查研究,不断发现铁路货车质量问题和安全隐患,组织攻关,解决铁路货车设计方面与现场实际运用情况脱节或无法满足铁路提速、重载安全需要的问题,解决铁路货车在运用过程中暴露出的质量问题和产品质量缺陷,以及影响运输安全的惯性事故,消除铁路货车安全隐患,为铁路运输安全和提速、重载提供安全保证的安全管理制度。

(十) 安全生产专项整治制度

铁路货车安全生产专项整治制度是集中解决铁路货车在日常运输生产中出现的广泛性、倾向性、关键性问题的有效方法。它包括确定整治重点和项目、明确整治目标和标准、规定完成期限、落实整治责任等要求,并利用检查、对规、评比、落实安全生产责任制等手段对整治结果进行考核,达到消除安全隐患的目的。

(十一) 铁路货车质量鉴定制度

质量鉴定制度是对铁路货车新造、厂修、段修、站修和铁路货车主要零部件定期组织进行质量鉴定,保证铁路货车运行安全的一种管理制度。铁路货车质量鉴定一般采用在铁路货车新造、检修单位对落成车进行现场对规鉴定,或在某地扣修新造、检修单位一个时期内新造、检修的铁路货车进行集中鉴定,或组织专业人员专门对铁路货车主要零部件进行鉴定的方式组织实施。

(十二) 安全生产危险源控制制度

安全生产危险源是指铁路货车易发生各类重大事故和惯性事故的关键处所,关键工装设备和关键部位。安全生产危险源控制制度包括对安全生产危险源的监管、整治、检验、监控制度和辨识、分类、建档管理办法控制程序和定期普查、重点检查要求以及风险等级评估,分级管理、分类控制要求等内容。

(十三) 安全生产培训制度

安全生产培训制度是铁路货车系统根据《中华人民共和国安全生产法》和铁路运输主管部门《从业人员安全生产培训教育管理办法》,制定的职工安全教育培训制度。

安全生产培训一般包括全员安全培训、特殊工种培训和"三新"人员(新入单位、新录用的合同工、临时工、毕业生、复员退伍军人,从外单位调入或临时聘用人员、回聘的离退休人员,集体企业提供劳务人员等;新换岗、新改职、提职、兼职和离岗一年以上重新上岗人员和使用新技术、新设备、新工艺、新材料的全部人员)培训等。

(十四) 持证上岗制度

持证上岗制度是指对铁路货车主要行车工种岗位、特种作业操作岗位和特定作业岗位实行持证上岗的安全管理制度。上述岗位从业人员,须经不同层级的专业技能培训、安全专业知识培训,并考核合格,取得岗位资格证书后方可上岗,铁路货车各级管理人员定期对岗位作业人员的上岗资质进行监督检查。

(十五) 安全生产监督检查制度

1. 安全检查量化制度安全检查量化制度是对铁路货车各级领导干部,专业管理人员现场检查规范有效的监督指导制度,它包括上述人员现场检查的主要内容、要达到的目标、需要完成的任务量化指标等内容,并通过按月进行落实情况考核的手段,提高各级领导干部和管理人员现场检查质量和有效促进作用发挥。

2. 安全检查表制度

铁路货车各级管理部门统一制定了铁路货车系统各级干部现场安全检查表工作制度。它的目的在于规范铁路货车各级领导干部、专业管理人员下现场检查内容和检查行为,督促落实安全职责,保证各级干部现场检查标准明确,内容针对性强,不走过场,避免检查工作的盲目性和随意性,从而实现及时发现、卡控和解决安全生产中存在的突出问题和隐患的目的

3. 安全检查整改通知书制度

安全检查整改通知书制度是铁路货车系统各级安全管理人员下现场检查发现问题，反馈信息，限期督促整改的制度，要求铁路货车各级主管部门对各级管理人员下现场检查发现的问题，进行汇总分析，定期以通报方式向本系统各单位、各部门进行通报，举一反三，吸取教训，督促整改；各级监督检查人员下现场检查发现的问题以下发整改通知书的方式通知相关责任部门和单位，提出整改期限和整改要求，接到检查通知书的部门和单位按问题的性质作出相应的考核处理，并制定整改防范措施。

4. 安全问题追踪整改制度

铁路货车各级管理部门对各级干部下现场检查问题进行分类、统一登记管理，实行安全问题统一追踪管理制，明确整改要求、复查人，及时登记复查结果，从而实现对问题检查整改的闭环管理。

5. 定期安全检查评估制度

铁路货车安全管理工作明确了铁道部铁路货车主管部门、铁路局、货车车辆段、生产车间各管理层次的安全职责，明确了各管理层次主要领导、主管领导、技术主管部门的具体分工后，能否实现各管理层次的预期目标，关键在于落实，坚持日常和定期地对各管理层次安全职责履行情况、具体工作完成情况进行考核和评估，是铁路货车安全管理工作的动力和生命，定期安全检查评估制度，是铁路货车各级管理部门、基层检修单位对分管范围内各部门、各单位安全基础建设、安全管理水平、安全控制能力、安全结果进行定期评估考核的制度。评估考核内容包括安全生产责任制落实、安全基础与信息管理、专业技术管理、安全关键环节控制攻关、职工技术业务培训、劳动安全和特种设备安全管理、消防安全管理、现实安全状况、班组建设、职工两纪、安全文化建设、党组织安全屏障建设等内容。

定期安全检查评估是按铁路局负责对铁路货车主管部门主要领导和部门整体安全工作进行考核与评估；铁路货车主管部门主要领导负责对各主管领导进行考核；各主管领导负责对所属各技术主管部门负责人进行考核，各技术主管部门负责人负责对本部门的专职进行考核；铁路局铁路货车主管部门负责对货车车辆段的安全工作进行评估的方式组织实施。

定期安全检查评估的方法一般采取听、看、查、问、考等方法，通过查阅文件、会议记录、作业记录、事故台账等原始资料，听取情况介绍，抽考技术业务知识，现场检查职工作业、检修质量、设备管理、职工两纪、定置管理等，对评估单位安全管理作出评价。

定期安全检查评估一般采取等级评分和联挂考核等方法，对检查评估实现奖优罚劣，对检查评估不合格的单位或部门采取限期整改和挂黄牌限期整改等措施，促其转化,提升管理水平。

(十六) 安全生产奖惩制度

铁路货车安全生产奖惩制度包括安全生产奖励制度、安全生产考核制度、安全生产责任追究制度,是依照国家法律法规和铁路部门有关规定,运用法律、行政、经济等手段,按照"有功必奖、有责必问、失职必究"的原则,制定的对安全生产奖罚和责任追究的管理制度。对铁路货车系统各级领导干部、安全管理人员、生产人员防止的铁路货车事故依据标准进行奖励,对因岗位职责不履行、责任不落实、管理不到位、现场控制不严密、违章指挥等失职行为造成的安全生产严重问题、重大隐患和责任事故,实行处罚和"问责"追究;按照所发生各类事故等级、性质、直接经济损失和影响程度的不同,对负有直接责任、管理责任、领导责任和相关责任的人员,给予行政处分和通报批评、诫勉、下岗待岗等组织处理,并根据事故损失实行个人有限经济赔偿。

(十七) 应急救援管理制度

铁路货车安全事故应急救援制度是为了最大限度地减少人员伤亡和财产损失,尽快恢复铁路运输秩序而实施的管理制度。事故应急救援和处理遵循"以人为本、逐级负责、应急有备、处置高效"的原则。事故应急救援管理和处理包括应急救援机构设置、应急救援报告程序、应急救援响应、应急救援队伍建设、应急救援装备配备、应急救援预案制定和应急救援培训等方面。

第三节 铁路货车安全管理实践

一、建立健全安全管理机制

铁路货车是重要的运输工具,其安全管理至关重要。为了确保铁路货车的运营安全,我们需要建立健全的安全管理机制。首先,应该建立完善的安全责任体系。各级管理部门和企业应明确各自的安全职责,并建立起相应的责任链条。同时,还应加强对相关人员的培训和考核,提高他们的安全意识和责任意识。其次,要加强安全监管力度。政府部门应当加大对铁路货车的监督检查,确保各项安全制度的落实情况。同时,还要加强对铁路货车运营企业的监管,严格执行安全规程和标准,确保其按照法律法规进行运营。最后,建立健全的安全隐患排查和整改机制也是必要的。铁路货车在长时间运行中,存在一些潜在的安全隐患,如车辆老化、设备失效等。因此,应定期组织安全隐患排查,及时发现问题并进行整改,以确保货车的运营安全。

（一）安全生产逐级负责制

铁道部、铁路局车辆处和车辆段、生产车间各级管理层和作业班组执行层，按照逐级负责、分级管理的原则，建立下级部门和单位对上级部门和单位负责，主管领导对主要领导负责，技术主管部门负责人对主管领导负责的安全责任制，明确各级、各部门、各管理层人员安全管理的职权、目标和利益，形成职权明晰，目标具体，利益一致的共同体。

1. 铁道部铁路货车业务主管部门安全职责

（1）认真贯彻落实《安全生产法》和《铁路运输安全保护条例》，对全路铁路货车的制造、检修质量、技术标准和运行安全负责。

（2）负责铁路货车装备管理工作，提出铁路货车装备发展规划意见，提出铁路货车装备维修手段现代化及近远期能力发展和布局规划意见。

（3）负责制定铁路货车厂、段修规程，并监督执行。负责铁路货车行车安全装备的研制和使用管理工作，并监督执行。

（4）负责提出铁路货车技术政策、技术标准和技术管理规程及设计规范意见；负责提出新型铁路货车设计任务书和组织技术审查、样车试验和鉴定定型工作，负责铁路货车技术图纸审批和管理工作；参加、组织有关的对外技术合作和技术交流，组织进口铁路货车技术的消化、吸收工作并监督执行。

（5）负责铁路局交界口铁路货车列检作业场的布局，承担编制货物列车运行图的有关工作，负责制定国际联运铁路货车规章。

（6）提出铁路货车新造建议计划，负责铁路货车采购工作，编制下达检修及修理费用使用计划，核定检修定量，组织爱车工作；负责铁路货车调拨、报废工作，制定段修车单价，参与核定铁路货车使用费用并审核支付修理费，指导企业自备车检修及运用工作。

（7）负责铁路货车检修装备规程和管理办法。

（8）参加铁路大中型建设项目中有关铁路货车布局、能力的设计鉴定和竣工验收工作，提出新线建设、既有线改造后的铁路货车运用方案。

（9）负责领导铁路局、造修工厂铁路货车的验收工作。负责铁道部驻铁路局、造修工厂铁路货车验收室人员的管理工作

2. 铁路局铁路货车业务主管部门安全职责

（1）认真贯彻落实《安全生产法》和《铁路运输安全保护条例》，按照"谁主管、谁负责"和"管生产必须管安全"的原则，对本部门技术及安全管理负责，对本部门安全生产负有直接责任，既要负责技术标准的制定、实施和检查监督，又要加强对本部门安全管理的指导和监督。

（2）按照"负什么责、怎么负责、不负责怎么办"的要求，建立健全本部门

安全生产责任制；组织审核所辖车辆段及其党、政正职的安全生产责任制。

（3）负责上级安全生产法律、法规、制度、规章、规程、指示和要求在本部门的贯彻实施，保证政令畅通，令行禁止。

（4）在规章制度管理、设备管理、生产管理的全过程和结合部管理中切实负起技术管理责任；严格技术标准的制定、把关和监督实施。

（5）加强对车辆段和作业现场的专业管理和专业指导，检查监督管理制度、技术标准、工艺标准在运输安全生产中的落实情况。

（6）制定干部职工业务技术和安全知识培训计划，组织车辆段规范技术设备质量标准和职工作业标准，组织干部职工学标、对标、贯标，提高设备检修维护水平，督促设备用、管、修制度的落实，确保设备质量达标，规范职工作业行为，推行职工作业标准化。

（7）在月、季、半年、年度末，组织召开安全生产会议，分析本部门安全生产中存在的关键性、倾向性问题，组织开展攻关活动，超前做好安全预防。

（8）负责本部门与其他部门结合部的协调工作，健全协商、协调、协作制度，完善激励约束机制，消除安全管理的脱节失控现象。

（9）制定本部门事故应急救援预案，保证救援设备的资金投入，建立应急救援组织，定期进行演练和培训提高救援能力。

（10）建立安全生产问题库，对重大问题和严重隐患纳入问题库进行分类管理、跟踪处理、定期落实整改销号。

（11）参加调查、分析与铁路货车有关的铁路交通事故；组织调查、分析、处理与铁路货车有关的行车设备故障，按照"四不放过"的原则进行责任追究。

（12）对列入投资计划的安全设备项目督促实施和落实。

（13）抓好安全重点，强化安全关键的控制，提高铁路货车检修运用质量。严格落实铁路货车检修工艺，加强铁路货车主要部件的检查、探伤工作；落实5T安全防范系统的"用、管、修"制度，防止铁路货车大部件断裂、脱落、燃轴、切轴等惯性事故发生；坚持不懈抓好铁路货车列检工作，提高现场控制的有效性，确保铁路货车运行安全。

3. 车辆段安全职责

（1）车辆段是安全生产的责任主体，在铁路局的领导下，认真贯彻落实国家、铁道部和铁路局有关安全生产的政策、法律、法规、标准、规定、措施、部署和要求。

（2）按照铁道部、铁路局的部署和有关制度、规定，结合实际制定安全管理规划、目标、实施措施和细则，保证安全措施、作业标准、技术标准、作业纪律、技术纪律等规章制度在运输生产过程中全面落实。

（3）建立健全安全生产责任制，科学界定各技术主管部门、车间、班组安全职责；明晰岗位责任，制定各级管理人员的岗位工作标准、细化作业人员的岗位作业标准和岗位间的联控互控办法；明确安全责任制考核办法，做到责任到人，标准到岗。

（4）定期分析安全生产现状，落实安全工作进度，分析安全动态，确定安全重点，协调、解决安全中存在的关键性和倾向性问题；每月召开一次安全生产分析会议，每季至少召开一次安全生产委员会会议。

（5）按规定设置安全监督管理机构，完善安全监督管理制度，配齐配强安全监督管理人员，不断采用先进技术和设备，优化安全检查监督手段。

（6）建立健全安全管理办法、技术作业标准、设备设施管理及安全措施的动态管理机制，根据上级要求、运输组织和生产任务的变化以及新技术发展的要求，进行及时的清理、整合和修改完善。

（7）结合安全生产实际，把铁道部、铁路局安全生产规定、规程、制度、办法、措施、细则，细化分解到车间、班组和岗位，卡控安全关键，提高现场安全控制能力。

（8）加强对干部职工安全生产法律、法规和安全第一思想教育，增强全员安全生产意识；落实职工业务技术和安全知识培训计划，保证主要工种每两年进行一次不少于10个工作日的脱产培训，

（9）以本部门应知应会的基本规章、基本作业标准、基本技能、非正常作业办法、应急处理能力为主，建立健全日常技术教育与考核制度；定期组织开展技术演练和技术比武，提高职工业务素质；对行车主要工种新职、转岗、晋升人员实行严格考核，保证主要工种持证上岗制度的落实。

（10）建立健全设备的管理、运用、检修、保养制度，对安全关键设备合理安排成本支出，落实包保制度，做到责任到人，控制到岗，保证设备动态达标。

（11）根据铁路局的部署，及时组织开展春、秋两季设备大检查、大整修活动，强化设备质量；积极采用新技术、新设备，提高科技保安全的水平。组织实施上级下达的安全设备更新改造和新技术设备投资方案；建立健全主要设备大修、更新改造的质量监督、验收制度。

（12）加强对安全生产检查监督和指导，建立健全安全日常检查和重点监控制度，对现场检查的时间、频次、方式、发现解决问题件数、覆盖率和检查质量，特别是干部安全巡视、关键岗位盯岗监控做出量化规定和明确要求，对车间、班组和岗位执行、落实安全规章、制度、规程、标准的情况进行检查，强化现场控制；建立完善违章违纪处罚办法，强化对不安全行为的约束。

（13）依据安全管理职责范围和管理权限，建立健全管理人员聘用、考核、诚

免、解聘制度，作业人员择优、转岗、下岗、待岗制度，分配捆绑、工效挂钩制度。定期组织对各级主管部门、各车间安全生产工作进行检查考评，按管理权限实行安全生产考核奖惩和责任追究。

（14）建立健全安全信息管理制度，及时收集、整理从铁道部、铁路局、作业现场等地传来的安全信息，准确掌握安全生产动态，针对运输安全关键性、倾向性的问题，抓好超前防范，消除隐患，完善管理；对本单位的安全信息要及时上报铁路局。

（15）按照上级要求，结合单位实际，深入开展安全生产专项整治、安全大检查活动；对需由本单位解决的安全问题和重大隐患，要组织人力、物力、财力进行重点攻关和专项整治。

（16）加强车间和班组建设，配强车间管理干部和专业技术干部，优化车间布局和劳动组织；完善班组安全自控、互控、他控机制；开展标准化车间和创建自控型班组活动，提高车间和班组安全管理水平和自我控制能力。

（17）结合本单位实际，细化控制重大危险源应急预案和事故应急救援预案，成立快速抢险救援组织，加强救援设备的管理，定期组织抢险、救援队伍演练，提高安全应急快速反应和快速处理能力。

（18）建立安全生产问题库，对本单位存在和各级检查发现影响安全生产的隐患及时纳入问题库，分类管理，组织落实整改销号，并跟踪复查，督促整改到位。

（19）总结推广安全生产先进经验，把握安全规律、完善安全生产管理措施，逐步建立科学有效的安全管理长效机制，提高安全管理水平。

（20）参加调查、分析和处理与铁路货车有关的铁路交通事故和行车设备故障，按照"四不放过"的原则，实行安全生产考核奖惩和责任追究。

（21）按照"安全稳定、设备优良、管理规范、队伍过硬、科技领先、环境优美"的要求，深化安全标准线建设，不断强化安全基础，努力实现安全生产有序可控、基本稳定。

（22）建立健全党政工团齐抓共干合力保障机制，深入开展党支部"安全屏障工程"建设、职工代表"监察安全管理"以及团员青年"安全路风杯竞赛"等群众保安全活动，调动各方面积极因素，形成群体保安全的合力。

（二）安全生产分工负责制

1. 铁道部铁路货车技术主管部门主要领导职责

（1）认真贯彻《安全生产法》和《铁路运输安全保护条例》，始终坚持把安全工作摆在第一的位置，把主要精力、主要时间放在抓安全生产上，对全路铁路货车安全全面负责。

（2）负责提出全路铁路货车发展规划和技术政策。

（3）负责编制年度铁路货车检修、改造计划并监督实施。

（4）负责制定铁路货车检修制度和铁路货车检修、运用、红外线及安全监测、铁路货车淘汰报废等各项规程、规章和标准并监督实施。指导企业自备车的检修及维修保养工作。制定国际联运铁路车辆规章。

（5）负责提出铁路货车及其主要零部件的设计任务书，确定技术条件，组织设计审查、样车试制、试验和鉴定定型工作。制定进口铁路货车及其重要零部件的技术条件。办理新造、进口铁路货车设计图纸的审批。

（6）负责铁路货车及其主要零部件的改造，归口管理铁路货车制动、钩缓等主要零部件的技术条件，推广铁路货车检修、运用先进工艺、装备和科学管理方法。

（7）管理全路铁路货车运用、安全工作，审批主要列检作业场、局界交接口、国境口岸站列检作业场的设置方案，负责红外线等安全监测系统管理，指导铁路货车列检工作。

（8）管理特种、专用铁路货车有关技术、检修、运用工作，负责特种铁路货车的配属和超限货物运输中有关铁路货车工作

（9）分析铁路货车事故及故障规律，制定铁路货车行车安全措施，组织爱车工作。

（10）负责组织铁路货车检修专用设备的选型、鉴定和推广。

2.铁路局铁路货车技术主管部门主要领导职责

（1）在铁路局行政主要领导和主管领导的领导下，负责车辆部门安全管理工作。

（2）建立健全车辆部门安全管理责任制，明确各岗位安全管理责任和标准，落实安全生产责任制考核办法和安全责任追究制度。

（3）组织车辆部门认真贯彻落实上级安全生产法律、法规、政策、制度、规章、规程、指示和要求，结合车辆部门实际组织制定相关的实施细则；组织落实车辆部门安全管理规划、方针、目标和实施办法。

（4）组织制定、完善车辆部门安全规章制度、设备质量标准、技术标准、作业标准和管理标准，形成配套的标准体系，狠抓落实。

（5）每半年进行一次对车辆段的安全管理评估考核，重点检查评估车辆段安全管理制度是否健全和落实，技术标准、管理制度是否完善，作业标准、工艺标准是否严格执行，工作质量、产品质量是否达标，检修、运用、安全监测设备的维护是否到位；要考核评估结果，实行排队促尾、差点公示；每季度剖析一个车辆段，分析现状，发现并解决安全关键和倾向性问题。

（6）组织对职工进行安全生产法律、法规宣传教育，增强安全第一意识；制定落实干部职工业务技术和安全知识培训计划，组织铁路货车车辆段规范技术设备的质量标准和职工作业标准，组织干部职工学标、对标、贯标，规范职工作业行为，推行职工作业标准化，每半年进行一次对标、对规检查；落实行车、特种设备"用、管、修"制度，确保设备质量达标。

（7）建立健全专业管理制度，量化对车辆段和作业现场检查的时间、频次、方式、发现解决问题件数、覆盖率和质量，强化现场控制。

（8）制定车辆部门安全生产事故应急救援预案，保证救援设备的资金投入，建立应急救援组织，定期进行演练和培训，提高救援能力。

（9）建立安全生产问题库，对重大问题和严重隐患纳入问题库管理，跟踪复查，落实整改销号。

（10）在月、季、半年、年度末组织召开安全生产分析会议，分析车辆部门安全生产中存在的关键及倾向性问题，针对薄弱环节和安全关键组织开展攻关，提前做好安全预防；每半年组织召开一次车辆部门安全专业管理工作会议，贯彻上级安全生产的部署和指示，总结车辆部门安全工作，通报车辆部门行车、人身安全情况及存在的主要问题，组织开展安全专项整治和攻关活动，并结合实际部署下步安全工作重点。

（11）组织制定车辆部门行车设备质量管理制度和设备故障管理办法；组织分析、调查、处理与铁路货车有关的铁路交通事故和行车设备故障，并亲自参加对行车一般B类、人身重伤及以上事故的调查处理，按照"四不放过"的原则进行责任追究和整改。

（12）培育、选树安全生产先进典型，总结推广先进经验，定期对部门内安全管理现状进行调研，积极探索搞好安全生产的有效途径和工作方法；坚持深入现场调查研究，每月按要求完成检查、监督、指导任务。

（13）组织完成铁路局交办的其他任务。

3. 车辆段主要领导职责

（1）在铁路局主要领导（主管领导）的领导下，在上级专业主管部门的业务指导下，对本单位的安全管理负责。

（2）认真贯彻《安全生产法》和《铁路运输安全保护条例》，坚持"安全第一、预防为主、综合治理"的方针，贯彻执行党和国家的安全生产方针政策和法律、法规，贯彻落实铁道部、铁路局和上级业务技术主管部门的安全生产指示、命令、规章、制度和规程。

（3）根据铁路局安全工作部署，组织制定单位安全生产规划、安全生产目标。明确安全管理模式并领导、组织、督促、检查各主管领导抓好实施。

（4）组织建立健全本单位安全生产责任制、考核落实机制和责任追究制度；督促各主管领导认真抓好铁路货车运用、检修和铁路货车检修、检测设备"用、管、修"工作；理顺安全管理关系，实现规章制度、技术标准、作业标准以及财务管理、劳资管理、收入分配、考核评价等有关制度的统一规范。

（5）根据铁路局安全生产基本制度、管理办法，建立健全落实机制，针对运输生产的变化，及时调整和完善安全管理制度和行车规章、标准，保证安全管理的有效性。

（6）按规定设立安全主管部门，配齐配强安全专职人员，督促、指导安全主管部门履行安全监督管理责任；按照强化车间的要求，配齐配强车间管理干部和专业技术干部，加强班组布局的优化调整，开展标准化车间建设活动，提高车间对异地班组的安全控制能力；组织健全岗位自控、他岗互控、干部包控、设备保控等制度和措施；建立健全安全关键卡控制度，提升运输安全保障能力，实现现场作业的有效管理和控制。

（7）加强班组建设，调整充实自控型班组建设内容，深入开展自控型班组和自控型岗位创建活动，提高班组现场管理和控制能力；组织制定并落实干部职工教育培训计划，开展岗位练兵和技术比武活动，提高干部职工业务素质。

（8）组织制定并实施安全生产重大危险源辨析、归档、管理制度，制定事故应急救援预案，保证救援设备的资金投入；建立应急救援组织，定期进行演练和培训，提高救援能力。

（9）主持安全分析会议、安全生产委员会会议，分析安全情况，研究安全生产重大问题，针对安全生产关键，组织安全生产专项活动，及时解决安全生产中存在的问题，部署安全工作。

（10）对列入投资计划的安全设备项目组织实施和落实；深入现场，对安全生产进行检查指导，制定和落实安全生产中超前性、倾向性、关键性问题的控制措施，并组织落实。

（11）坚持以人为本，关心职工安全和健康，领导、督促、检查车间和班组不断改善安全生产条件和环境，为实现安全生产的长治久安创造条件。

（12）每月按要求完成检查、监督、指导任务。

二、实施铁路货车安全专项整治

为进一步提高铁路货车的运行品质，铁路部门相继开展了铁路货车"五防"（即防燃切轴、防大部件断裂、防配件脱落、防空车脱轨、防列车分离）、提速改造、完善改造、"四车"整治等活动。

（一）铁路货车五防

1.防燃切轴细化措施

首先，加强 THDS、TADS、TPDS 和 TFDS 设备的使用和日常维护管理，对 THDS、TADS、TPDS 设备的预报情况进行综合分析，提高设备的使用率和预报兑现率；其次，运用列检滚动轴承"听、看、摸、捻、转、诊、鉴"七字检查法进行检查，提前发现滚动轴承内部故障；第三，积极推广应用滚动轴承故障智能检测仪，提高轴承故障判断处理的准确性，防止漏判，减少误甩。

2.防大部件断裂细化措施

加强对侧架、摇枕、非提速铁路货车制动梁、提速转向架交叉杆及支撑座、车轮等大部件的检查。检查摇枕重点是A区、B区、底部各工艺孔周围和立面，铸造日期较早的要全面检查。检查侧架重点是A区、B区、导框弯角、三角孔弯角和悬梁，铸造日期较早的要全面检查。检查钩缓装置重点是钩尾扁销及螺栓螺母、前从板、缓冲器、钩尾框、钩尾框后部弯角及前从板下方。检查制动装置（交叉杆）重点是检查梁体、支柱、端轴，下探检查交叉杆和支柱下片，确认交叉杆、下拉杆、制动梁支柱及下拉杆圆销开口销状态。检查车轮重点是发现轮辋较薄时须用专用量具确认；发现有透锈、裂纹疑问时须用重锤敲打；发现轮辐板孔周边有裂纹迹象时必须用砂布进行打磨，确认辐板孔裂纹不超限。

3.防配件脱落细化措施

首先，要加强对非提速铁路货车制动梁及各杠杆、拉杆圆销、开口销的检查确认；其次，要加强底架各悬吊件连接螺栓、吊架焊接质量和平车附加杠杆支点座及附属件的检查确认；第三，要加强对人力制动机闸杆及手闸轮、拉杆及链的检查确认；第四，要加强罐车上部车顶走板及防护栏的检查确认；第五，要加强棚车车门滑轮及滑道、敞车车门折页的检查确认；第六，要加强对平车端板（渡板）折页的检查确认。

4.防空车脱轨细化措施

首先，要加强提速铁路货车车轮踏面磨耗过限、轮缘单侧偏磨以及非提速铁路货车转8A型转向架侧架立柱磨耗板、斜楔、摇枕八字面、弹簧、承载鞍、侧架导框、下心盘螺栓及垫板、下心盘移位、旁承间隙等部位的检查；其次，要加强对斜楔摩擦副、接触式旁承（非接触式旁承间隙）、承载鞍及接触件、枕簧和心盘螺栓的检查确认；第三，要加强对TPDS铁路货车运行状态不良联网一级预报车辆的检查确认。同时，要重点检查X6A型铁路货车技术状态，发现异状及时扣车进行鉴定和处理。

5.防列车分离细化措施

首先，列检要严格按照规定的检查范围和质量标准作业加强对车钩缓冲装置的检查；其次，加强对车辆连挂状态的检查确认，保证配件齐全、技术状态良好，互钩高差、钩提链松余量符合规定；第三，对有特殊要求的列车按规定将上锁销和钩头用铁丝捆绑牢固，下作用车钩将钩提杆与座捆绑牢固，并在下锁销与钩锁铁间隙处加木楔，用铁丝捆绑牢固；平板车手闸（放倒后）须用铁丝与手闸托捆绑牢固；折角塞门手把齐全，捆绑牢固（车列两端折角塞门手把除外）。

（二）"四车"专项整治

首先，加强"制动故障关门车、车轮踏面擦伤车、车体车门破损车、定检过期车"等"四车"专项整治的组织工作，进一步提高各站修车间检修能力，配齐检修工装，配强站修车间生产人员，配足配件和材料，加强生产组织，确保制动故障关门车、车轮踏面损伤车、车体及车门破损车得到及时整治。其次，强化责任落实。坚持每月对铁道部运输生产挖潜提效考核通报进行分析，落实责任，查找"四车"整治工作中存在的不足，制定措施并认真抓好落实。

（三）车辆防溜和列车放场专项整治

一是抓好关门车检查确认和列车队处理；二是组织在卸空地进行监控和组织扣车；三是全部使用尾部压力监控装置对列车制动机试验作业情况进行全过程监控、记录；四是严格控制制动关门车数量，不准超标排放关门车。

（四）劳动安全和特种设备专项整治

首先，以提高认识、纠正违章蛮干为重点，消除劳动安全意识淡薄、违章蛮干、惯性违章屡禁不止的问题，其次，以遵纪守法为重点，抓好交通安全管理制度和交通安全培训、教育、考核、奖惩的落实，重点治理领导干部驾驶公车、司机违章驾驶、人机混装和超载行为等。第三，以严格管理、设备达标为重点，抓好特种设备管理、考核、奖惩制度的落实，重点抓好特种设备的检验、注册登记、持证上岗等问题。第四，以消除安全隐患为重点，抓好危险源辨识管理和监控工作，重点做好对重大危险源的研究、辨识、评价、日常管理、监控、转移情况等工作。第五，以施工作业防护工作为重点，抓好施工劳动安全制度的落实。第六，以健康体检，普及急救知识为重点。重点做好职工健康档案的建立、抓好防止岗位猝死措施的落实和定期研究分析防止职工岗位猝死方面的工作。第七，以优质服务为重点，抓好职工劳保用品的管理、发放、使用工作。第八，以改善职工生产环境为重点，重点做好作业点数量、危害情况、达标情况、职业作业人数的分析、登记以及尘毒治理设备的使用和规划情况。第九，以履行监督职责为重点，抓好对外出租场所或特种设备检验、注册、登记、使用及日常管理工作。

三、安全管理手段

近年来，铁路货车的快速迅猛发展，得益于在铁路货车安全管理手段上的不断创新。铁路货车是铁路运输的重要装备，担负着保障安全、服务运输的双重责任。随着铁路货车提速、重载的发展和铁路运输的深化改革，在大力挖掘运输潜力的同时，对铁路货车的安全性也提出了更高的要求，使得车辆部门保安全、保畅通的形势愈加严峻。而原有的铁路货车安全管理手段简单粗放，越来越难适应形势发展的需要。

首先，技术装备落后，传统的作业模式、检修手段已不适应铁路货车安全管理的发展要求。长期以来，铁路货车的运用维修手段陈旧、技术落后，工具、工装、手段等传统的列检作业方式基本依靠作业人员直观的"眼看、耳听、锤敲、手摸、鼻闻"，还仅仅停留在对车辆进行静态人工检查，不仅劳动强度大，而且作业效率低。近年来，随着数次铁路大范围提速工作的推进和更多直达列车的投入运行，列车开行密集和少停的特点日益突出，列检工作面临着保证区间延长、总体静态检查作业时间缩短的严峻形势，传统的列检作业模式已经不能适应新形势下保障铁路货车运行安全的客观现实要求。同时，铁路货车的运用、检修工装设施相对简陋，科技含量较低。许多检查维修工作，仍延续着人工外观检查和尺具的测量，没有充分利用计算机、网络等先进技术，信息化、自动化、智能化装备在车辆检修方面应用水平不高，致使工作效率低，检测效果差，故障得不到提前预警，跟不上铁路快速发展的进程。

其次，信息化管理手段缺失。信息化是提升企业管理水平，实现企业可持续性快速发展，增强企业竞争力的主要途径。铁路货车信息化是推进修制改革、促进技术发展、保障安全防范能力的必要支持手段。

（一）铁路货车技术管理信息系统（HMIS）的应用

铁路货车技术管理信息系统（HMIS）是为铁路货车技术管理提供宏观决策信息和生产组织、质量控制及信息服务的，各种资源设备统一规划的，应用计算机、网络、通信技术并引进科学的管理方法和系统化的开发方法的人—机系统。

HMIS系统对铁路货车安全管理所起到的现实作用主要有以下方面：

1.实现技术管理智能化，使铁路货车安全管理手段多元化。生产数据告别了以往集中录入的形式，在检修车间各条流水线上，按工序先后顺序，采用有线网络与无线网络结合的形式，通过手工录入和设备自动采集等方法，达到现场生产作业与生产数据采集同步进行，从而使检修工艺规范化，并将生产质量责任到人。此外，通过建立质量卡控平台，将检修标准由"人控"变为"机控"，对于采集的不符合检修标准的生产数据,系统将实时报警,实现了生产技术管理的智能化。

2.实现生产组织网络化,使铁路货车安全管理手段主动化。生产计划由原来的整车计划细化到各流水线工序的计划,并建立作业预案,形成工作者知道"干什么、怎么干"的单兵指挥模式。通过在现场设置大屏幕,实时显示整车的生产进度以及各流水线工序生产进度,使每个工作者由原来的被动指挥到主动参与指挥。

3.实现智能计算与预警分析,使铁路货车安全管理手段直观化。利用各种统计图直观的展现报表及查询结果。利用计算机数据校核功能,信息工艺线对采集的不符合规范信息实现报警。

4.实现信息的共享化,使铁路货车安全管理手段全面化。共享本单位扣修铁路货车的电子履历信息以及5T故障信息。铁路货车电子履历的下载使检修单位由被动接受现车车况变为提前预知有准备的修车;5T故障信息的共享有助于指导本单位各工序检修铁路货车。

(二)信息化网络在铁路货车安全管理中的作用

信息化网络的广泛应用,为铁路货车安全管理手段创新及实施搭建了基础平台。网络是利用通信设备和通信线路将不同地理位置上的、功能独立的多个计算机、终端及其附属设备连接起来,并配置网络软件,实现计算机资源共享和信息传递的系统

1.计算机网络

计算机网络是计算机技术与通信技术相结合的产物,它将分布在不同地理位置的多台自主计算机(一般称为Host主机或Station工作站),通过传输介质、按一定的几何拓扑结构连接在一起组成了计算机系统(Computer System),而在不同地理范围的计算机网络还可以通过互连设备和传输介质在更大范围内被连接在一起组成互联网络(Intemet)。

2.网络总体结构

铁路货车管理信息系统网络要依托于现有的铁路计算机网。其中:铁道部车辆管理信息系统居于铁道部机关局域网中的一个或多个子网。铁路局车辆管理信息系统居于铁路局机关局域网中的一个或多个子网。已经联网的车辆段根据需要在原网络基础上可适当补强。没有联网的车辆段要按照铁路计算机网络结构进行网络建设,并按照铁路计算机网络安全总体方案将车辆段局域网划分成安全生产网和内部服务网。车辆段异地下属机构(异地车间、班组)根据应用规模进行合理的局域网设置,并租用广域网传输通道就近接入到联网车站或网络汇接点,也可根据实际情况直接连入车辆段路由器。

(三) 动态监控手段在铁路货车安全管理中的应用

随着铁路货车工作的不断发展，以及重载、高速、长交路、大密度运输格局的形成，对列车运行安全的监控能力提出了更高的要求。为有效利用依靠先进、成熟、经济、高效的科技装备来满足运输需求，建立集成化、信息化、网络化的安全保障体系，推进5T安全监测系统建设，在全路大范围推广使用。该系统采用智能化、信息化、网络化技术实现地面设备对铁路客货车运行安全的动态检测、数据集中、联网运行、远程监控、信息共享，安全防范关口前移，充分体现了"预防为主"的安全指导思想，有效地提高了铁路货车运行安全防范能力，同时也为提高铁路货车安全管理综合能力奠定了坚实的基础。

1. 5T现代化监控的应用

5T现代化监控设备按照"分散检测、集中报警、网络监控、信息共享"的基本要求，建成覆盖全路的车辆运行安全监测信息网络。5T系统由轨边THDS、TPDS、TFDS、TADS探测站和TCDS车载安全监测诊断设备、基层数据汇聚节点、铁路局监控中心、铁道部查询中心组成，并在列检所和车辆段设置监控复示终端。各级中心间以及基层数据节点与探测站、列检所、车辆段间通过介入铁路计算机网络互相连通，实现检测信息的自动收集、集中储存和管理，采用层次化的分布式数据存储和处理技术方案，构成三级联网、三级复示、三级管理信息系统。

5T系统包括：车辆轴温智能探测系统（THDS），对运行列车轴承温度进行监控、跟踪、预报；车辆运行品质轨边动态监测系统（TPDS），对铁路货车超偏载、车轮踏面损伤、运行状态进行动态监控；车辆滚动轴承故障轨边声学诊断系统（TADS），对轴承内圈、外圈、保持架、滚子等进行声学监控、预警；货车故障轨边图像检测系统（TFDS），对铁路货车关键部件（制动梁、转向架、车钩等）准确定位并抓拍图像，由动态检车员进行分析、预报。

2. 5T现代化监控的作用

（1）实现了"人控"向"机控"的转变。列检现场作业受作业者心理因素、精神状态及检查视觉等客观因素的影响，作业行为可控程度较差，检修质量难以保证。通过系统替代人工作业后，按照检测分工范围，实行专业检查，使作业者能够专注于具体的检查部位，提高了列车检测质量。

（2）实现了"室外"向"室内"的转变。列检作业是在露天环境下进行，铁路货车检修质量直接受环境因素的影响。TFDS系统则不受这些因素的影响，对铁路货车实行全天候检测，改善了作业环境，减轻了劳动强度，增强了故障检测能力，实现了"室外"向"室内"的转变。

（3）实现了"静态检查"向"动态检测"的转变。列检人工作业是对列车进行静态检查，而 TFDS 系统是对运行中的列车进行动态检测，将铁路货车故障情况预报给现场作业人员，使修车人员有充足的时间进行故障处理。

（4）满足了检查铁路货车新技术、新结构的要求。TFDS 系统弥补了传统作业方式的缺陷，将检车员难以检查的部位清晰地显现在计算机上，明显地提高了检查的彻底性。

（5）压缩了列车技术检查时间，解决了列车密集到达，列检作业与运输畅通之间的矛盾。

（7）便于进行原因分析、责任追究。

（6）减少了现场作业人员，提高了列检劳动生产率。

（8）实现了数据采集、资料统计查询和报表自动生成。

5T 系统是实现铁路货车运行安全的重要组成部分，对我国铁路安全运行管理具有深远意义，该技术的推广与应用，必将促进铁路行车安全，确保运输秩序和效率的提高，确保生产力布局开创性的调整，确保铁路货车维修制度改革稳步推进，确保铁路跨越式发展的远景目标得以顺利实现。

（四）智能化检修监测手段的应用

铁路货车信息化、检修信息化建设是保障铁路货车运行安全、提高生产效率和管理水平的重要手段，是铁路货车生产力布局调整、修制改革、装备现代化的重要技术支撑。

随着生产力布局逐步调整，检修车间的生产能力进一步提高，检修场地扩大、生产节拍加快、数字检修设备增加，精细管理的管理思想逐步深化，既有的检查、检修手段不适应铁路货车技术进步对铁路货车安全质量控制的实际需要。虽然近年来铁路货车装备技术进步有目共睹，但车辆段检修车间的信息化建设已经不满足于仅仅作为铁路货车检修数据库"信息采集终端"的角色，因此，铁道部大力推行铁路货车段修安全质量智能化管理系统，不断规范铁路货车检修技术履历信息录入行为，服务于现场检修生产组织管理、技术控制协调、质量分析预警，从而为提高铁路货车定检源头质量、工艺标准规范落实、补强安全管理环节提供有力保障。随着生产现场自动化程度的不断加强，大量的智能自动化微控检测设备应用到了现场，轮对自动测量机、轴颈自动检测机、轮对磁粉探伤机、轮对微控超声波探伤机、各种制动阀型的试验台、微控单车试验、转向架正位检测台等设备的应用，代替了以往的人工加工、测量、手工抄录数据。在大量运用智能微控检测设备的今天，设备的运转状态密切关系到产品的质量。设备的加工、检测结果通常预示着设备的运转状态，以往这些智能微控设备仅将采集的加工、检测数据单纯的记录在系统中，反馈给加工者每次的加工结果，智能微控设备本身并没有对这些加工、检测结果进行科学、系统的分析，如果此时设备运转已经处于故障边缘、或者加工精度已经趋于合理范围的临界点，对于工作者、管理者来说，都是毫不知情的。只有当加工结果出现了不合格品，或者设备发生了故障，工作者才知道出了问题。这种情况一旦发生，不仅严重影响企业的生产效率、产品质量，还造成了生产成本的增加。因此，我们亟需一个帮助工作者、管理者提前知道影响生产的不良因素将产生的预警，对产品生产过程中的各个环节进行监控、分析，及时发现、整改影响产品质量的不良因素，有效地预防不合格品的产生，使产品质量得到保障。

在生产过程中，产品的加工尺寸的波动是不可避免的，它是由人、机器、材料、方法和环境等基本因素的波动影响所致，但是一个正常运转的设备，它的加工尺寸应该在一定的合理范围内，围绕一个平均值随机的上下波动，而不是突然的、或持续的偏向某一个值。通过全方位接入生产现场各种带数据存储功能的智能微控设备，运用数理统计分析技术，对生产过程中接入的各种智能微控设备进行实时监控，对智能微控设备采集的加工、检测数据做系统的分析，识别出生产过程中的异常情况，对生产过程的异常趋势提出预警，以便生产管理人员及时采取措施，消除异常情况，恢复生产过程的稳定，从而达到提高和控制质量的目的。

（五）列检静态监控手段的应用

随着列车提速、重载及铁路运输发展的需要，在大力挖掘运输潜力的同时，对铁路货车的安全性也提出了更高的要求，一方面，对铁路货车运行当中的动态监控提出了新的要求；另一方面，对铁路货车列检作业方式以及列检检测手段提出了更高的要求。信息化、现代化的监控装备的运用发展，运用铁路货车动态安全监控能力得到全面加强。

但传统的列检作业方式和落后的技术装备已不能适应新形势下保障铁路货车运行安全的客观要求，因此，全路铁路货车系统深化安全基础建设，做好列检作业场基础设施建设规划，大力加强列检所技术装备的投入力度，实现列检作业设施的突破和创新，列检现场静态检测、监控装备也得到了极大地完善，铁路货车运用检修质量明显提高，运行安全防范能力得到进一步增强。

（六）铁路货车安全防范体系的综合运用管理

依托铁路货车信息化建设，铁路货车安全管理手段朝着多元化的方向发展，对提高安全管理起到了的重要作用和积极深远的影响，也为构建新形势下的铁路货车安全防范体系创造了条件，使全路铁路货车系统在安全管理、安全防范方面的综合能力发生了质的飞跃。实施新形势下的安全防范体系，运用铁路货车安全信息管理系统的共享通道，实现列检、定检、5T系统、AEI系统、HMIS系统的信息互联和信息共享，做到铁路货车运用、检修信息及时有序地收集、处理、散发是构建新型铁路货车安全防范体系的核心，为实现货物列车作业、铁路货车检修手段现代化提供有力支撑，为货物列车长交路运行、列检保证区段进一步延长提供安全保障。

铁路货车安全防范体系的综合运用管理是铁路货车安全管理工作的重要组成部分。为适应我国铁路运输发展对铁路货车的安全要求，必须有效利用大量安全管理手段创新的条件下，在信息化、现代化、智能化手段的运用实施过程中产生大量、准确、及时的数据信息，并将其转化为保障安全的生产力、提升管理的决策力，进而为保安全、保畅通提供服务，达到信息利用最大化。因此，如何充分发挥铁路货车安全防范系统的作用，对铁路货车安全防范系统的综合运用管理方面提出了更高标准及更严格的要求。

铁路货车信息系统的建立，安全管理手段的多元化，提高了信息的精确度和工作效率，实现了铁路货车信息资源的共享，加快了信息流转速度，也为构建新形势下的安全防范体系创造了条件，为增强铁路货车的安全保障能力打下了雄厚的基础。

1. 构建安全信息共享通道

随着铁路运输的不断发展，铁路货车运用实施长交路、大跨度、高密度的运行组织方式。为进一步解决铁路货车故障信息传输通道相对独立、信息较为分散、不能全面共享的问题，依托信息技术，运用铁路货车车号这个固定不变的载体，由车号携带各类信息，在通过各AEI站点的车号识别系统时，实时弹出所携带的信息，形成一个有效的信息链，对铁路货车检修信息实时跟踪，发挥铁路货车信息管理系统的共享功能，让各列检、5T系统、定检系统通过搭载这一共享信息通道，进行信息链接，确保故障信息延续、重点部位加强、故障不失控，信息能共享、人员能减负，提高检修效率，从而实现大跨度下铁路货车运用安全全线防范的目的。

2. 整合铁路货车运用系统资源

（1）整合定检、运用信息资源。

在发现故障、提高检修质量方面，列检与定检之间具有较强的互补性和指导性，运用安全信息共享通道，建立有效的联系纽带，在铁路货车入段前，弹出车号携带的信息，包括列检发现的"TFDS、TADS、TPDS、THDS"故障信息历史，针对性地强化重点部位的检修，如轴承检修、制动装置、转向架等；同时维修后处理的故障信息在出段后，利用AEI车号识别系统，随车号向下一列检进行预警提示，提高了列检作业的针对性和辨别故障的能力。通过定检、运用信息资源的共享，相互间可及时发现另一方在检修中存在的薄弱环节和倾向性问题，强化了两大系统之间的监督和互补，从而形成检修质量的连续、全过程、全方位的控制。

（2）实现列检与列检之间的故障信息延续，故障不失控。

充分利用 AEI、5T、HMIS 共享信息资源，建立列检作业场的场际互控，使铁路货车安全卡控由"点"转变为"线"，由表面检查转变为对运行品质的综合监控，形成了系统化的防范能力。对放行的故障铁路货车实行安全联保质量联控，特别是对接入列车首次技检时，重点进行铁路货车检查，对于发现未超限的铁路货车故障继续放行时，将故障信息（包括 5T 发现的故障信息）录入安全预警系统，铁路货车到达下一个列检时，技检列检可通过进站 AEI 实时弹出的故障信息，及时获取已存在故障的第一手资料，以便加强该部位故障检查、确认、处理。由以前"车到后检查发现"提升为"车未到，故障先预警提示"，提高故障信息的传输效率和警示效果，特别是卡控了长交路列车运行过程中既有故障的发展势态，确保该故障在危及行车安全时，能够及时发现、妥善处理，减少甩扣车对运输的影响。

（3）整合 5T 系统信息资源。

全路已形成铁路货车动态监控网络，在不断强化列车运行中间区段的安全控制能力的同时，把 TADS、TPDS 等信息引入铁路货车安全信息管理系统，实现了运用系统信息共享、综合利用的阶段性突破，拓展 5T 信息系统间对铁路货车运用安全的防范手段。轨边 THDS、TPDS、TFDS、TADS 探测站实时检测通过列车车辆的状态，各级中心收集所辖下级系统的监测数据，执行监控、追踪、查询、管理、分析、评判等功能；列检所、车辆段实时监测探测站过车检测情况。接收上级下达的危险车监控名单及综合评判结果，并负责铁路货车检查和处理任务的具体执行。它作为各级铁路货车管理决策、现场作业、维修及调度指挥部门的电子化铁路货车运行安全监控与管理信息综合服务平台，使他们能够利用系统提供的各种应用软件工具，实现监控和管理信息的采集、传递、交换、发布、自动化处理及统计分析，构筑及监测控制、安全管理、维修支持、决策分析为一体的地对车运行安全监控网络信息系统。

（4）实现"人机结合"互补防范。

充分发挥 THDS、TADS、TFDS 和 TPDS 系统的内在关联性和综合防范预警功能，充分发挥人机结合的互补性，提高运用安全控制能力。对 TPDS 系统预报的预警铁路货车，利用 THDS 系统连续跟踪监控，列检进行人工技术检查，重点检查轮对踏面擦伤的情况和制动梁端轴等相关部位的技术状态，实现人工"静态检查"与 5T 系统"动态监控"的有机结合。并且在实践过程中，总结出了许多人检难以发现而机检能预报的问题以及机检无法发现必须由人检去加强的问题，并就静态检查和动态检查的合理匹配方面进行了一些探索和实践，有效地发挥了人机一体化管理的优势。通过人机结合的实施，进一步前移了发现问题的关口，拓展了铁路货车运用安全的防范手段，同时也推动了列检作业方式由人检向人机结合、作业质量由人保向人机共保、作业控制由人控向人机互控的深刻变革。

（5）实现质量信息相互评判。

随着安全防范系统的不断完善，列检作业人员不但是运用车辆的检修员，也是定检质量的评判员和行车事故的预防员。定检人员也是一样，他们的职责作用都得到了进一步的拓展，充分发挥了两者之间的优势，实现了检修质量相互评判、相互补充、共同防范的良性循环，有效地提高了新形势下铁路货车检修工作的整体适应性，实现了共同提高，进一步的延伸铁路货车运用安全管理体系，也促进了铁路货车检修质量的整体提高。如发现入段检修的铁路货车有处理关门车、热轴预报、制动梁端轴开焊等故障历史时，可以针对性强化检查，如轴承、制动装置、轮对等重点部位的检修。如果车号信息中已注明可能是制动缸皮碗破损时，加紧备料及时处理。如果有高等级热轴预报，在分解轴承时要重点检查滚子、滚道是否有问题，再把分解的情况反馈TADS复示及厂家，可进一步加强故障判断和修订预报标准，提高兑现率。同样在车辆维修出段后，随车号将检修处理的故障信息向下一列检预警提示，对于一些已焊修处理的，如制动梁端轴、枕梁、心盘焊缝等修复记录，列检要重点检查，并将信息反馈定检部门进行分析，制定相应对策，重点加强。

四、装卸作业安全

改革开放30年来，我国的现代化建设高速发展，为了满足国民经济的快速发展对铁路货物运输能力不断增长的需求，铁路货物的装卸作业也随之得到不断创新和发展。集中装卸作业方式的采用以及装卸机械的标准化、系列化、通用化工作的普遍应用，使散装货物的装卸从半机械化发展到单项作业机械化，再发展到综合作业机械化，如在港口、钢厂、电厂、水泥厂、焦化厂、铝厂等国有大中型企业广泛应用的翻车机就是机械化的装卸作业方式。大规模的机械化装卸作业为国民经济的快速发展起到了较好的作用，但是铁路货车使用周转频率的加大，以及机械化装卸作业的普遍应用，也危及着铁路货车的运行安全。

（一）散装货物特点及装卸作业方式

铁路运输的散装货物主要有煤、矿石（粉）、砂、石碴、片石、生铁、废钢铁等货物。散装货物的运输一般主要是采用通用敞车进行，也有少量散装货物是将其集成后采取集成装卸的方式运输，还有极少数是用特殊的专用车辆进行运输（如散装水泥罐车）。

铁路货车装卸机械按其技术性能可分为间歇作用机械和连续作用机械。间歇作用机械是在一定时间内只能进行一次装车、卸车过程或搬运过程的机械；连续作用机械是连续不间断地装卸或搬运货物的机械。铁路装卸机械化从总的发展趋势来看，一是发展多种现代化、自动化、智能化程度越来越高的装卸机械类型来适应货物的装卸要求；二是发展专用车辆和采用集装箱、托盘等集装运输方式以满足装卸作业的需要。铁路货车散料装卸所用的卸车机械有多种类型，其装卸作业的形式主要有螺旋卸车机卸车、链斗卸车机卸车、底开门自卸车卸车和翻车机卸车等几种方式。

（二）翻车机、解冻库的检测和安全管理

1. 机械化装卸作业对铁路货车的危害企业为了提高散装货物装卸作业效率，在对铁路货车装载的货物进行装卸作业的过程中，由于受装卸机械操作人员的工作质量、装卸机械的技术质量状态、货物装载的现状及作业环境的不同等环节的影响，容易造成对铁路货车的损坏。

通过专项调查和现场上报反馈的大量数据进行汇总分析，发现机械化装卸作业对铁路货车的损坏和安全危害主要集中在八个方面：

（1）对车钩造成损坏。

由于在翻车机翻卸作业推送铁路货车和连挂铁路货车时撞闭锁钩舌及偏钩连挂，易造成车钩裂损、车钩后丛板座铆钉折断、钩舌销损伤及推铁变形。

（2）对车体造成损坏。

由于在翻车机翻卸作业时需压靠车体，翻车机压车梁及靠车板直接与车体接触，如作用力过大或压车力不释放，极易造成车体擦伤或车体变形，在车体应力集中点形成裂纹。

（3）对转向架造成损坏。

由于在翻车机翻卸作业时横向冲击力过大或压车力偏小，易造成转向架零部件脱落、脱槽、破损；常接触式旁承滚子脱出、滚子轴折断，翻车机地面辅助设施超限易造成交叉杆擦伤变形。

（4）对制动管系造成损坏。

由于在翻车机翻卸作业时，翻车机地面辅助设施超限易造成对车底部空气制动装置的相关管系的支管和车辆两端与主管连接的补助管折损。

（5）对车轮的轴承造成损坏。

由于在翻车机翻卸作业完毕后，厂矿企业清理翻卸作业场地线路两侧堆积的货物时，其辅助清理设施造成对轴承前盖、承载鞍、侧架等部位刮碰损伤。

（6）在对重车推进、对位或卸后进行空车拔车牵出时，造成铁路货车脱轨。

（7）螺旋卸车机卸车、链斗卸车机卸车和底开门自卸车卸车主要对车体造成擦伤及刮碰损伤。

（8）翻车机翻卸作业中对铁路货车造成的隐性损伤。

①上侧梁的隐性损伤。

翻车机压车力的最大值为78 kN/200 mm，铁路货车上侧梁的强度是能够承受的，但由于翻车机在翻卸作业时对铁路货车上侧梁产生瞬间的垂向冲击或作用于上侧梁的压车力值超出规定值，导致铁路货车上侧梁变形受损。据大秦线对经过翻车机翻卸作业后的Cs型敞车现场调查，铁路货车上侧梁均有不同程度的损坏。

②轮对轴承的隐性损伤。

转向架轴承能够承受的最大横向力为100 kN，而翻车机的横向冲击力最大值为150 kN，造成轴承剥离和裂损，而现场无法进行分解检查，只能在定期检修时才进行检查处理，这些隐性故障严重危及铁路货车运行安全。

铁路货车在翻车机工况承受与线路运行截然不同的特殊载荷，由于翻车机作业的频次不断增加，加速了疲劳损伤，降低了运行安全可靠性。

2. 解冻库解冻作业对铁路货车的危害

在我国北方，冬季的散装货物由于含有水分，当温度降到0℃以下会形成冻结，给卸货带来很大困难。铁路货车需要进入解冻库进行解冻。解冻库的加热一般采用煤气转热风方式，可根据需要一次解冻多辆车。由于现有解冻库只有温度显示，没有温度控制，操作人员为了提高效率不按规定操作，随意提高解冻温度，解冻库在解冻装载货物的过程中，由于受操作人员的工作质量、解冻库热风出口设置和调整的高低程度、解冻库温度监控及温度超标报警显示装置的技术质量状态等环节的影响，造成解冻库内温度过高，容易损坏铁路货车，其危害主要有以下几个方面：

（1）制动阀内橡胶件熔化、老化；

（2）软管连接器及皮碗老化、烧毁，造成制动系统充风后出现漏风；

（3）车号标签损坏、脱落；

（4）各种法兰连接处橡胶老化，导致漏风；

（5）车体防锈、防腐油漆脱落；

（6）润滑油溶化流出，润滑效果变差。

参考文献

[1] 康凤伟，王洪昆，王蒙，易彩.铁路货车状态修实践研究丛书 铁路货车状态修方法与实践［M］.北京：科学出版社，2023.

[2] 邓成尧，马贵平，林结良.高等学校交通运输类实践系列教材 铁路货车设计与制造［M］.西安：西安电子科学技术大学出版社，2023.

[3] 中国国家铁路集团有限公司机辆部编.铁路专业系列教材 铁路货车检修［M］.北京：中国铁道出版社，2022.

[4] 中国国家铁路集团有限公司机辆部编.铁路货车段修检测技术 2021年版［M］.北京：中国铁道出版社，2022.

[5] 林枫，郑平标，徐利民.规划型铁路编组站列车集结理论与方法［M］.北京：中国铁道出版社，2022.

[6] 王德明.铁路货车重要零部件技术及典型故障［M］.北京：中国铁道出版社，2021.

[7]《铁路货运岗位作业培训教材》编委会.铁路货运计量安全检测设备运用［M］.北京：中国铁道出版社，2021.

[8]《铁路货车基础》编委会编.铁路货车基础［M］.北京：中国铁道出版社，2020.

[9]《铁路货车集成制动装置》编委会编.铁路货车集成制动装置［M］.北京：中国铁道出版社，2020.

[10] 陈舒，解强.铁路货车概述［M］.北京：北京交通大学出版社，2019.

[11] 李润华，侯跃文.铁路货车转向架［M］.北京：中国铁道出版社，2019.

[12]《铁路货车概要》编委会编.铁路货车概要［M］.北京：中国铁道出版社，2019.

[13] 高崇.铁路货运技术与管理［M］.北京：中国铁道出版社，2019.

［14］王春山，王曦，杨广雪.铁路货车载荷谱及其应用［M］.北京：中国铁道出版社，2018.

［15］王洪涛，仲崇东.铁路货车轮轴组装检修及管理细则［M］.北京：中国铁道出版社，2018.

［16］胡思继.规划型铁路列车运行组织理论与方法［M］.北京：中国铁道出版社，2017.

［17］王春山，金星，刘宏友，罗运康.铁路货车纵向冲击特性［M］.北京：中国铁道出版社，2016.

［18］杜永明，刘吉远，张斌.铁路货车轴承失效机理及伤损图谱［M］.北京：中国铁道出版社，2015.

［19］王春山.铁路货车铸造技术 摇枕、侧架、车钩［M］.北京：中国铁道出版社，2014.

［20］陆东福.铁路"十二五"发展规划研究［M］.北京：中国铁道出版社，2013.

［21］周磊，陈雷编；陈伯施.铁路货车主要结构与使用［M］.北京：中国铁道出版社，2011.

［22］周磊，陈雷.铁路货车安全管理概论［M］.北京：中国铁道出版社，2010.

［23］杨绍清主编；王启铭.铁路车辆技术［M］.北京：中国铁道出版社，2011.

［24］陈雷.铁路货车技术与管理［M］.北京：中国铁道出版社，2010.

［25］黄毅，陈雷.铁路货车检修技术［M］.北京：中国铁道出版社，2010.

［26］黄毅，陈雷.铁路货车检修重点工艺与质量控制［M］.北京：中国铁道出版社，2011.

［27］刘吉远，陈雷.铁路货车轮轴技术概论［M］.北京：中国铁道出版社，2009.

［28］赵长波，陈雷.铁路货车现代化检查技术［M］.北京：中国铁道出版社，2012.

［29］杨绍清，陈雷.铁路过车段修技术与管理［M］.北京：中国铁道出版社，2004.

［30］陈雷，赵长波.铁路货车信息化应用技术概论［M］.北京：中国铁道出版社，2010.